自　序

　　民國九十四年，拙著《土地稅》出版以後，忽經七載。此間，不僅社會經濟情況有所改變，土地稅制亦有局部變更，此外，遺產稅率亦見大幅調降。此等對我國土地稅制的基本理念，勢必產生或多或少的影響。針對此等環境條件的變化，加上拙著論點比較注重稅務行政實務的處理，由於時間的經過，內容恐已有不十分配合實際情況者，因而促使作者萌起修書意念，業已有一段時間。惟因瑣事纏身，加上惰性成習，徒讓時間流逝，致遲滯未能動筆，良不勝慚愧。

　　竊惟土地稅的徵收，除具有充裕歲入預算、達成財政目的以外，亦具抑制土地投機、穩定地價、促進土地利用等政策任務。亦即，實行地盡其利、達成地利共享的政策目標。此與國民經濟的永續發展，息息相關，功能極為重要。惟欲達成此等目的，現行土地稅制究能否勝任，實在無法斷言，而須審慎實施理論上的檢驗，詳細分析以往土地增值稅及地價稅的實施效果，藉此分析其經濟功能。為之，除應認識土地稅的基礎理論以外，亦須仔細研究比較分析徵收土地稅的經濟及社會面的正負效益，藉此建立最符合現行社會的土地稅制，俾利增進全民福利。

　　本此原則，茲再撰著《土地稅之經濟分析》一書。該書內容，除了闡述土地稅之基本概念以外，並探討財稅與資源分派（resources allocation）、財政與所得分配（income distribution）的問題，同時，亦討論土地稅對地租與地價的影響、課徵地價稅對土地利用的影響等問題。上述的研討，除使用圖形說明並作基礎理論的分析以外，亦應用數學程式實施補充說明及驗證。同時，在分析過程中均採用客觀的分析立場，不偏不倚，基於超然的態度以提高分析結果的公信力，並增進其學術性價值。

　　其實，這種研究探討及比較分析，都屬於部分均衡理論分析的範疇，

而欲將其研究結果應用於實際問題的解決，誠與充分有效尚有一段距離。縱令如此，此等研究均將提供解決問題所需要的基本理論。故凡有志於斯學者，希望都能認真努力研鑽。惟本書的撰述僅限於基礎理論的論證，只是土地稅理論分析的起步而已。今後，尤切望同道學人能夠致力研析，並開拓理論的新境界、諒必能獲取更大的成就。

　　作者學識有限，書中敘述不詳、考慮不周、甚至疏漏誤謬之處，在所難免，盼望斯學先進，讀者同道，不吝指正，良不勝慶幸。

殷章甫

民國一〇〇年十一月十一日

於中國土地經濟學會

目　錄

土地稅之經濟分析

殷章甫 著

五南圖書出版公司 印行

第一章

現代經濟社會之財稅功能

第一節　不透過市場交易的財貨

在現代經濟社會裡，對人民生活必需而不可缺乏的財貨及勞務，大部分均由民間企業生產並透過市場。然而，人民所需財貨與勞務中，也有民間部門完全不予提供者，縱予提供，其供給量也非常有限，根本不夠社會所需求。屬於此類財貨與勞務，有如，國防、司法、外交、警察、消防、教育、公共衛生、道路、廣場、公園、下水道等。

關於民間部分不會提供或不能充分提供的此等財貨與勞務，政府及公部門當具負責提供的責任。為了提供此等財貨與勞務，政府便可以採取徵稅或發行公債等辦法，以資籌措其財源。通常，將政府的此等經濟行為統稱為「財政」。在各種財政收入當中，其所占比率最大者為課稅收入。一般而言，政府財政的一般支出在國民生產毛額（GNP）所占的比率，雖然各國情況不一，但大致都在 30～50% 左右。如眾所周知，現代自由經濟社會係由民間部門和公共部門組成的混合經濟，而財政在國民經濟裡面所占的比率，也非常巨大。

在資本主義經濟的發展初期（18 世紀後半葉至 19 世紀前半葉），基於亞當‧史密斯（Adam Smith）於其所著《國富論》所提「看不見

的手」（invisible hand）的理論，【註1】以為只要能夠普遍採行自由競爭，便能為社會帶來促進調和的發展。這個時期的政府任務仍然限定於國防、司法、公共事業及公共建設等三項，對於其他部門的業務，政府都盡量避免介入。此乃所謂：「廉價的政府」或「夜警國家」的想法。

但自 19 世紀中葉起及至其後半葉，隨著資本主義經濟的發展及其複雜化、所得分配的高低差距擴大、以及市場寡占等，使得以自由競爭理論無法解決的問題漸形顯著。於是，擬借助於政府積極介入民間的經濟活動，俾利於改進所得分配不均，並謀求提升人民福利水準等的想法，而漸有學人積極主張這種想法者。例如：財政學者瓦格納（A. H. G. Wagner）基於社會政策立場，徵稅的任務除具有籌措財源的目的以外，認為亦具有所得重分配的目的。由而主張實施累進稅、最低生活費免稅、重課財產所得稅、輕課辛勞所得稅等。【註2】同時，他認為隨著社會進步，國家的任務，不僅只著重於制法及執行國家權力，而應擴及有關文化及人民福利層面，並自財政觀點，將其定型為「經費膨脹之法則」（law of the expansion of the expenditure）。

及至 20 世紀，資本主義經濟竟發生失業及通貨膨脹等不安定現象，其典型的現象便發生於 1929 年的世界經濟大恐慌。因此，漸有要求政府介入民間的經濟活動，俾利排除失業及通貨膨脹的問題，達成經

【註1】　Adam Smith（1723～1790）出生於蘇格蘭伐夫郡的 Kirkcaldy 州，出生時父親已去世。14 歲進 Glasgow 大學，17 歲轉赴 Oxford，進 Ballial 學校。從小體弱多病，後來終生未娶，體弱為其主因。23 歲時（1746 年）畢業返回故鄉，未就業專心繼續研究。1748 年冬起在 Edinburgh 大學教授英國文學，也教過經濟學，迄 1751 年春天。1751 年受 Glasgow 大學聘為倫理學講師，翌年升為教授，主講道德哲學，直至 1764 年。爾後離開 Glasgow 赴歐洲大陸旅行，於 1766 年回到倫敦，從事名著《國富論》（*An Inquiry into the Nature and Causes of the Wealth of Nations*）的撰定。該書於 1776 年出版，成為經濟學的寶典，凡有志於學習經濟學者必讀的經典。

【註2】　瓦格納（A. H. G. Wagner, 1835～1917），德國之經濟學者、財政學者、亦為統計學者。其名著財政學 *Finanzwissenchaft*（德文）共四卷，於 1877 年至 1901 年間，分年陸續出版。瓦格納將原為經濟學一分科的財政學予以獨立，而成為獨立的學科，故被稱為近代財政學的建設者。

濟安定的期盼。關於，要求政府介入民間經濟活動謀求經濟安定的主
張，其理論基礎係由英儒凱因斯（J. M. Keynes）所建立。他在其所著
「就業、利息與貨幣的一般理論」一書中，【註3】展開重視需求面經濟
的理論，並提示，透過政府調整總需求的經濟安定策略。

　　經過此等過程，現代資本主義經濟社會的財稅任務，大約包括下列
三大部門：第一為彌補民間部門無法充分提供的財貨與勞務，以調度派
用於公共目的之資源分派。亦即，執行有效之資源分派功能；第二係如
果透過市場所決定的所得分配，猶未能臻於公平與公正的水平，當應予
實施改正。亦即，擔任所得重分配功能；第三個任務係防範失常及通貨
膨脹等經濟不安定現象的發生，俾利實現充分就業以及穩定物價水準，
並維持適度的經濟成長率。亦即，擔任維持經濟安定的功能。

第二節　財稅之社會經濟功能

一、資源分派功能（resources allocation）

　　在完全競爭情況下，市場對民間部門財貨的供給，將可保證資源
的最適分派（optimum resources allocation）。此際，消費者對財貨及勞
務的需求，首先將反映於市場價格。而消費者的需求比較強大的財貨或
勞務，其市場價格將會上升；反之，消費者的需求較為弱小者，其價格
勢必下降。在另一方面，生產者為了謀求利潤的極大化，將增加生產市
場價格較高的財貨與勞務。於是，市場對民間財貨的資源分派，勢必發
揮有效的調整功能。然而，(1)如果純粹的公共財貨存在時；(2)如果外

【註3】　J. M. Keynes（1883～1946），1936年出版其名著 *The General Theory of Employment,
　　　　Interest and Money，產生了所謂的「凱因斯革命」（The Keynesian Revolution），
　　　　其轟動的情形只有他的「和平的經濟後果」（The Economic Consequences, 1919）
　　　　可以比擬。這一「革命」的主要特色，在於其就業理論、利息理論，以及其工資
　　　　理論。他鼓吹，以公共工程為醫治失業這一措施，亦可以說是經濟理論的一件
　　　　「革命」。

部效果存在時；(3)如有成本遞減產業存在時，則上述情況，使市場機能對資源的分派，或多或少不能充分發揮其效果。由於產生市場失靈（market failure），故必須仰賴政府的預算政策，俾利實施必要的調整措施。

當純粹的公共財貨存在時，將會產生市場失靈。其理由之一係因該財貨的消費為非競爭性之故。亦即，當有人參與消費該項財貨時，並不會因此而導致別人對該項財貨的消費減少，而由社會所有的人共同且平均地消費此項財貨。第二個理由係該財貨沒有排他性（excludability）不能適用排他原則。從技術面而言，乃不能將每一個消費者從其所要消費的財貨，即使從技術上言也許可以排除，但所要的耗費非常昂貴，實際上頗難承擔。此等由人民均等消費且不能適用排他原則的財貨，各個消費者都不願意自動支付代價，卻採取「搭便車」（free rider）方式，免費使用他人提供的財貨。所以，不可能將純粹的公共財貨透過市場予以供給，而須運用政府預算予以供給。屬於此類財貨的主要者，諸如，國防、司法、警察、消防、防洪治水、道路、橋梁、路燈等等。

造成市場失靈的第二個情況，係指當外部效果（external effect）存在的時候。所謂外部效果，係指某一個經濟主體的生產或消費行為雖不透過市場，卻可影響其他經濟主體之意。此際，如其外部效果對其他經濟主體有利，便稱為具有外部經濟或外部利益（external economy）；反之，如外部效果對其他經濟主體帶來損失，便稱為具有外部不經濟或外部不利益（external diseconomy）。就前者的情況而言，其社會利益將大於私人利益，故經濟市場機能決定的均衡產量，就整個社會而言，將大幅小於其最適產量（optimum output）。就後者而言，由於社會成本大於私部門成本，經市場機能決定的均衡數量，就整個社會而言，將大幅超過其最適產量。故欲實施資源的最適分派，假如外部經濟存在時，將由政府直接供給財貨及勞務，或支付補助金以資助經濟主體的生產或消費活動。反之，如有外部不經濟時，政府將可透過課稅以抑制經

濟主體的生產或消費活動。就此而言，教育及醫療服務，為外部經濟存
在的典型例子，而公害及菸酒等為外部不經濟存在的典型實例。

引起市場失靈的第三個可能為，當成本遞減產業存在時的情況。
在完全競爭市場的情況下，產出（output）的數量乃決定於產品價格與
邊際成本相等時的產量，由此而實現資源的最適分派。然而，如產出一
直增加至非常龐大的數量而平均成本亦跟著遞減的產業者，由於邊際成
本將低於平均成本，如採取邊際成本取價，民間企業勢必蒙受損失。對
於以追求利潤最大化為目標的私人企業而言，勢必將產品價格設定於高
於社會所期待的正常價格，於是必定減少其產量。為了確保從整體社會
觀點所期盼的最適價格與最適產量，將需要政府對市場的介入。其方法
有如由政府從事直接生產，或由政府支付補助金以彌補民間企業的損失
等。這樣的案例有如電力事業、自來水、瓦斯業、上、下水道以及電信
電話事業等。

圖 1-1 表示，成本遞減產業之一的自然獨占產業的產品取價情形。
圖中各曲線所代表的意義，如下：

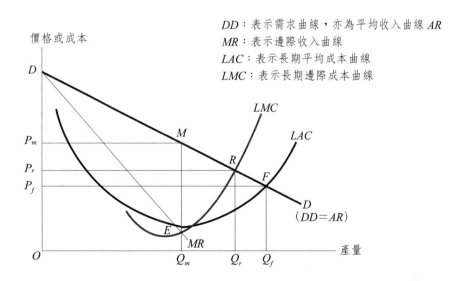

圖 1-1　自然獨占產業之產品取價

　　自然獨占產業如果由民間企業經營時，由於基於追求利潤極大化的目標，其產量將設定於 $MC = MR$ 的 Q_m 點。此際，價格為 P_mO，則價格偏高，產量偏少，使得消費者的負擔加重。同時，社會價格大於社會成本，即（$P > MC$），表示產量不足，資源的派用（resources allocation）受到扭曲。此際形成的價格（MQ_m）稱為獨占取價（monopoly pricing）。

　　其次，擬探討邊際成本取價（marginal cost pricing）的問題。如以價格等於邊際成本（$P = AR = MC$）作為生產決策，則所決定的產量 OQ_r 大於 OQ_m，而價格 OP_r 則小於 OP_m。採取這種取價，因消費者對每一單位產品願意支付的價格（社會價值），等於生產此一單位產品所需要的成本（社會成本），使得社會福利可達到最大，社會資源亦可得到最有效的派用。故價格 OP_r 亦稱為社會最適價格（socially optimum pricing）。

　　另有一種稱為完全（或平均）成本取價（full on average cost pricing）。此乃採取價格等於平均成本（$P = AR = LAC$）作為生產決策，其決定的產量 OQ_f 大於 OQ_r，價格 OP_f 卻低於 OP_r。這種取價的產品價格 OP_f 等於平均成本 O_fF，對此投資將可得正常利潤的報酬，故價格 OP_f 亦可稱為「公平報酬價格」（fair return price）。

　　公用事業通常由政府機關或委由公營企業經營，其取價亦多採取邊際成本取價或平均成本取價。

二、所得重分配功能（income redistribution function）

　　在完全競爭情況下，個人之間的所得分配，將決定於生產要素持有量的多寡與該生產要素的市場價格高低。此際，手上擁有的生產要素數量少者，或其市場價格偏低者，其所得金額亦較少；反之，擁有大量生產要素者或其要素的市場價格偏高者，將擁有較大量的所得。經如此決定的所得分配情況，與被認為「公正」和「公平」的社會之所得分配

情況，未必一致。至於何種情況的所得分配，方可稱為「公正」與「公平」的所得分配，雖因各人的主觀價值觀念不同，而有所差異，但對老年人、病弱、寡婦、孤兒、殘障者的經濟弱者，如能依憲法規定給予適當的保障與照顧，使其得以享受健康而合乎文化水準的生活需求，將可得到全國國民的贊同。

　　為了調整個人之間的所得差距，在財政領域經常運用的方法計有下列幾種：第一，對高所得者課徵累進所得稅，而對低所得者卻給予救濟金或補助金等移轉支出，藉此縮小貧富之間的所得分配差距；第二，乃依累進課稅所收集的稅收中，將其中一部分撥用於低所得階層所需要的免費醫療、平價住宅的提供、冬令救濟等用途的經費；第三，係對高所得階層的奢侈性消費課徵重稅，而對低所得階層所需生活必需品的消費，酌給予補助津貼，俾利安定窮人的生活。前者有如對奢侈品或菸酒類課徵較高的貨物稅，增加富人的稅負。後者如對購買國宅者協助貸款，由政府補助貸款利息的一部分，或減輕健康保險費的一部分付費等。上述各種財政措施，對於市場結構下所決定的所得分配所形成的差距，均有修正的作用。至於教育及就業機會均等的辦法，乃朝賺取所得的機會平等的方向加以努力，具有預先防範日後產生所得分配差距的效果。

三、經濟穩定功能（economic stabilization function）

　　從總體經濟的觀點言，經濟不穩定的原因，蓋由於在總需求與總供給之間，產生了差距之故。則如果總需求小於總供給，民間的經濟活動勢必呈現停滯，由而引發關廠、倒閉及失業問題。反之，如果總需求大於總供給，勢必產生通貨膨脹，影響國民生活。

　　消除經濟不安定的主要辦法，通常有金融政策與財政政策兩種。前者，有如利率政策、貼現率及公開市場政策等，則透過貨幣供給量的變動而影響經濟活動的水準；而後者則透過財政收支的變化，藉此影響

經濟活動的水平。至於實際的作法，乃將此兩種政策互相配合運用者為多。但此處，擬專就後者的辦法進行討論。

具有經濟安定功能的財政辦法，似可分為置入性自動安定器（built-in stabilizer）和自由裁量的財政政策（discretionary fiscal policy）兩種。前者係指，於財政制度中預先設置具景氣自動安定措施之意。此等自動安定措施諸如，累進所得稅制、公司稅（營利事業所得稅）、貧民救濟金、失業津貼、社會保險給付等，便是其常見的例子。如就收入面觀之，當景氣繁榮時，稅收將隨著國民所得的水準提高而增加，而有助於抑制總需求的增大。又於景氣萎縮時，稅收將隨著國民所得水準的下降而減少，而有助於抑制總需求的降低。如就支出面觀之，當景氣繁榮時，由於用於社會保障方面的給付減少，而可抑制總需求的增大，但於景氣蕭條時，由於用於社會保障方面的給付增加，而有助於擴大總需求。

至於自由裁量的經濟政策乃指，政府為了因應景氣的變動而調整財政收支，據此謀求穩定經濟的方法。按此方法，則於景氣繁榮時期便實施緊縮財政支出，藉此抑制總需求、或實施增稅、減少移轉支出等，減少民間的可處分所得，以抑制總需求。反之，當景氣蕭條時，便增加財政支出以擴大總需求，或實施減稅增加移轉支出等，藉此增加民間的可處分所得，以便擴大總需求。

對於自由裁量之財政政策的效果，尚須提出下列幾點問題：第一，須考慮時間落差（time-lag）的問題。通常，自由裁量的財政政策具有三種的時間落差：其一，係自景氣變動的發生至認識必須實施對策的時間落差，即「認識的落差」；其二，係自認識必須實施對策至實際開始實施對策的時間落差，即「實施的落差」；其三，係自實施對策至政策產生效果的時間落差，即「反應的落差」等。如果，此等落差的時間拖長，可能導致對策發揮效果之前，經濟情況業已改變，因而失去良好的時機（timing）。其次，在現代的民主政治環境下，有關執行不景氣

對策的減稅措施或增加財政支出等，雖然很容易得到社會大眾的支持，然而，關於抑制通貨膨脹的增稅措施及緊縮財政支出等，均將容易遭受到人民的反對。因此，於實施自由裁量的財政政策時，將容易導致財政支出膨脹趨勢以及財政赤字的慢性化。諸如此類的批判，可見於 J. M. Buchanan 與 R. E. Wagner 等學者的論著。【註4】關於自由裁量的財政政策是否有效，近來，貨幣學者及供給面經濟學者，經從理論側面亦提出一些疑問。【註5】

【註4】　J. M. Buchanan and R. E. Wagner, "Democracy in Deficit" Academic Press, 1977. J. M. Buchanan, J. Burton, and R. E. Wagner, "The consequences of Mr. Keynes", *The Institute of Economic Affairs*, 1978。

【註5】　本章敘述多處參考，知念裕著，《現代財政理論》之第一章，現代經濟に於ける財政の役割。該書於 1987 年，由東京世界書院出版。

第二章

課稅原則

　　政府為了執行公共支出與公共建設，必須握有對等的財源以供支應。一般而言，政府的主要財源大多來自賦稅收入、發行公債、創造貨幣等。其中，發行公債與創造貨幣因涉及總體經濟層面，且與貨幣理論關聯密切，非如賦稅課徵以探討資源分派的分析方式所能處理。何況，在正常情況下，賦稅乃為政府的最主要財源，亦為財政學的主要部門之一。於是，課稅原則的探討，亦已成為財政學所研議的主要課題之一。

　　自從亞當・史密斯（Adam Smith）於其《國富論》一書中，提出課稅公平、確實、便利、經濟的四大原則後，引起了財經學者的普遍關心。雖然於不同時代及不同環境中，學者們提出種種不同的修正意見與補充原則，但大體說來，公平（equity）與效率（efficiency）兩大目標，都被這些學者們所強調。就公平而言，向來意見分歧，但亦非沒有共同觀點。至於課稅的效率，政府徵收的賦稅，當應以不干預市場價格機能為依歸，以避免扭曲市場的資源分派。任何一種賦稅如影響市場價格時，勢必產生效率的損失，由而不利於資源的有效利用。

第一節　公平與效率

一、課稅與公平

（一）公平的概念

何謂賦稅的公平，學者之間意見分歧，沒有統一見解。但公平一詞，可分成兩個不同的概念來說明。一稱為水平的公平（horizontal equity）；另一稱為垂直的公平（vertical equity）。所謂水平的公平，係表示兩個人在稅前的福利水準相同時，其稅後的福利水準也應該相同；而所謂垂直的公平，係指稅前的福利水準不同的兩個人，其稅後的福利水準也應該不相同，並於課稅後，亦不影響到稅前兩個人之間的福利水準高低次序。

公平的各種主張中，主要有兩種學說，一為受益原則（benefit principle）或受益學說；另一為負擔能力原則（ability-to-pay principle）或能力學說。按受益原則係「對水平的公平認為，受到政府利益相同的人，應承受相同的負擔；而對垂直公平認為，受到政府不同利益的人，應承受不同的負擔」。此際，受益愈多者應該承受較多的負擔，受益較少者將承受較少的負擔。至於，就負擔能力原則而言；「其對水平公平認為，具有同等的納稅能力（taxpaying ability）者，應該負擔相等的賦稅；而對垂直公平認為，不同納稅能力者，應該負擔不同的賦稅。」亦即，負擔能力愈大者，應該負擔的賦稅理當愈多；而負擔能力愈小者，其應負擔的賦稅將愈少。

在上述兩種原則尚未提出以前，經濟學者已持有公平的概念。惟早期所提的公平概念，似可稱之為絕對的公平原則（principle of absolute equity）。此項概念的大意為，每一個納稅的經濟主體應付出相等絕對量的賦稅。譬如說：政府一年須支出 1,000 億元，而經濟主體（可以說是一個人，或說是一個家庭）設共有一億個單位時，則每人（或每家庭）應繳付 1,000 元的賦稅。如根據這個概念，政府最公平的賦稅制度

便採取定額稅（lump-sum tax）或人頭稅（poll tax）。顯然地，這種公平理論完全忽視了各個經濟主體的賦稅負擔能力及受益大小，故都得不到學者們的重視。繼之而起者，為修正的公平原則（modified equity principle），其主要者有受益原則及負擔能力原則，其內容概要，如下：

1. 受益研究法（benefit approach）

依據受益原則研究課稅的方法，早期係有 J. Rocke 等政治思想家基於國家契約學說的立場而首先採用。後來，自 18 世紀至 19 世紀乃由 J. Bentham、Adam smith 等人承繼之。及至 19 世紀末，便有 M. Pantaleoni、U. Mazzola、E. Sax 等將其闡揚，經 K. Wick Sell、de Vili de Macro 等力加強調，再由 E. Lindahl 等基於自願的觀點，予以提倡。

按受益學說（benefit theory）的宗旨為，「每位納稅人，都應依照其從公共服務所受到利益的大小，負擔其應繳納的稅賦。」基此想法，納稅義務人與政府之間的關係，係著重於報償的觀點，而對公共部門的決定，卻完全適用市場機制。其優點係除了可將公共服務的選擇與，社會上每一個納稅人的偏好連結起來，並可同時決定公共服務與賦稅分攤額等優點。然，受益學說亦具有下列幾項缺點：第一，公共部門與民間部門之間，資源最適分派的目標雖可達成，但所得重分配的目標卻無法實現。因此，欲使受益課稅能夠確保公平，必須預先設定最適的所得分配情況。第二，欲實施受益原則時，有必要知悉特定納稅人從公共服務所獲取的便益多寡。但由於公共服務無法適用排他原則，故納稅義務人將不表明真正的偏好。

茲探討受益學說將只考慮公共財，並擬基於部分均衡的立場予以檢討。首先，為了簡化討論過程，將設定下列幾項假設：1. 只有一種公共財；2. 只有 2 位納稅義務人 A 和 B 享受該公共財；3. 所得分配情況為公平；4. 公共財在成本不變的情況下生產。

　　圖 2-1 表示，兩位納稅人 A 和 B 對該公共財的需求情況。橫軸表示公共財的數量，左縱軸表示總費用中 A 應該負擔的百分比，右縱軸表示總費用中 B 應該負擔的百分比。曲線 *aa* 表示 A 對公共財的需求函數。A 對 *OG* 的公共財願意負擔 100% 費用，對 *OC* 的公共財，卻只願意負擔 50%。曲線 *bb* 表示 B 對公共財的需求函數（亦為 A 對公共財的供給函數）。右縱軸的百分比表示費用負擔額，惟其大小，正好與左縱軸的排列相反。B 對 *OU* 的公共財願意負擔 100% 的費用，此際，*OU* 的公共財對 A 來說，是等於免費的。又 B 對 *OF* 的公共財將願意支付 75% 的費用，而 A 對該數量的公共財，如負擔 25% 的費用便可以利用。但實際上，A 並不支付該 25% 費用，故該公共財的興建將不會成真。

　　曲線 *aa* 與曲線 *bb* 相交於 D 點，A 與 B 兩人的費用負擔合計為 100% 的均衡產出為 *OE*。此際，A 的費用分攤比例為 *ED*，B 的費用分攤比例為 *HD*。公共財的產出大於 *OE* 時，A 與 B 兩人願意分攤費用比例的合計將小於 100%。例如，產出為 *OC* 時，兩人的費用分攤比例的

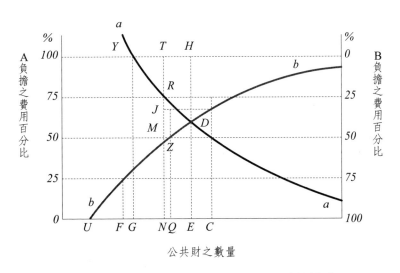

圖 2-1　受益研究法：E. Lindahl 之自願交換模式

合計尚不足 *JM*%，方能達到 100%。結果，無法供給 *OC* 的公共財，故不得不減少公共財的供給量。又如果，公共財的供給量小於 *OE* 時，對任何供給量，A 和 B 兩人願意分攤的費用比例的合計，都必大於其實際所需費用。例如，產出為 *ON* 時，兩者願意分攤的費用比例的合計，將超過實際所需費用的 *RZ*%。假如，A 願意負擔 *NR*% 時，B 僅負擔 *TR*% 的費用，便可利用 *ON* 的公共財。不過，如有必要時，B 亦可能願意負擔 *TZ*% 的費用。如果，B 願意負擔 *TZ*% 的費用時，A 則只負擔 *NZ*% 的費用，便可利用 *ON* 的公共財。但，如有必要時，A 也可能願意負擔 NR% 的費用。如果，A 支付 NJ% 的費用，B 支付 *TJ*% 的費用，則兩人支付的費用合計因小於兩人自動願意負擔的費用合計，所以兩人將贊成增加公共財的供給，一直到 *OE*。

上述為 B. Lindahl 所提出的自願交易研究法（voluntarily-exchange approach）的大概。【註1】惟對此項分析，卻有若干批評：其一，假如可以假設，納稅人均可忽視，他們的意願會影響對方的費用分攤額，則依納稅人自願支付的解決方法，未必能引導出均衡解。第二，如每一位納稅義務人都考慮，公共財數量的變動會影響他們的費用支付額時，最後的解答將決定於兩者之間的討價還價能力，而其均衡解未必為 OE。第三，如果人數增多，任何一個人即使都可以變動其支付額，但這樣亦未必能影響公共財的供給。此際，任何個人都可能過度低估自己的偏好，藉此減輕各個人本身的賦稅負擔。

2. 負擔能力研究法（ability-to-pay approach）

負擔能力學說的想法，係指「各個納稅義務人應與其自公共服務所得到的效益大小無關，而應依各個人本身的納稅能力（taxpaying

---

【註1】　這樣的想法請參閱 E. Lindahl. "Just Taxation—A Positive Solution", 1919, reprinted in R. A. Musgrave and A. T. Peacock, Classics in the Theory of Public Finance, Macmillan, 1958, pp. 168～176。其詳細的解說，請參閱 L. Johansen "Some Notes on the Lindahl Theory of Determination of Public Expenditure", *International Economic Review*, vol. 4, Sep. 1963, pp. 346～358。

ability）大小，負擔稅賦。」按這種想法，則具相等納稅能力的人，應承擔相等的納稅責任；而具有不同的納稅能力的人，卻應承擔不同的繳稅責任。【註2】前者表示水平的公平，後者卻表示垂直的公平。能力學說係將賦稅視為強制性的支付，而對公共部門的決定係不依據市場機能的計畫予以處理。所以，具有實行所得重分配的優點，但卻不能實現朝公共目的之資源分派目標。再者，能力學說對納稅能力的指標，通常有所得、消費、資產等，究以何者為準，時有爭議。惟隨著產業的發展及貨幣經濟的進步，一般都將所得認為衡量納稅能力的最佳指標。惟近年以來，亦有選擇消費為指標將較之所得為佳的意見，由而引發究應依所得為準抑或依消費為準的爭議。但一般說來，目前仍以採取所得指標者較多。

　　下面擬以所得作為衡量納稅能力的指標。所謂課稅的公平，乃指由於課稅以致所得減少，導致效用受到損失（亦即犧牲），對所有的納稅義務人都趨於均等時，方得實現。亦即，基於均等犧牲的觀念進行討論。如以所得函數表示的效用水準（邊際及總所得效用函數）對所有的納稅義務人都是均等時，在該均等犧牲原則下，擁有相等所得的人，將要負擔相等的賦稅，於是可以得到水平的公平；而擁有不相同所得的人，將要負擔不相同的賦稅，於是可以實現垂直的公平。但垂直的公平究竟如何方能實現，便仰賴於均等犧牲的定義為何，以及邊際所得效用函數兩者。故，首先必須將均等犧牲的概念，給予明確的定義，然後再在該概念下，探討究能導出哪一種稅率結構。

【註2】　按負稅能力徵稅的說法，起於利益學說的 16 世紀，並展開許多種主張。關於能力學說產生的背景的討論，請參閱 R. A. Musgrave, *"The Theory of Public Finance*, McGraw-Hill, 1959, pp. 61～73。"其中，J. S. Mill 有嚴厲的批評。蓋窮人較之富人，通常需要國家的更多的保護，而按利益學說，卻有逆向徵稅的情形。

（二）均等犧牲的概念（concept of equal sacrifice）

首先擬設定下列假設：1.個人之間的效用是可以比較的；2.所有的人的嗜好是相同的；3.所得的邊際效用將隨著所得增加而遞減。至於均等犧牲，將可分為均等絕對犧牲、均等比例犧牲，以及均等邊際犧牲等三種觀念。此種觀念可以用圖 2-2 加以說明。

圖 2-2 中的橫軸表示所得，此際，*OZ* 及 *DC* 表示維持最低生活水準所需的所得額。縱軸的 *O* 至 *D* 係表示所得的邊際效用，*D* 線的上方表示所得的總效用。*CE* 表示總所得效用曲線，*CF* 表示邊際所得效用曲線。茲擬比較，扣除最低生活費後，尚擁有所得 *ZG* 的納稅義務人 A，與扣除最低生活費後尚擁有所得 *ZH* 的納稅義務人 B 的所得效用。A 於納稅前的總所得效用 *IE*，所得邊際效用為 *GF*；而 B 於納稅後的總所得效用為 *JK*，所得邊際效用為 *HL*。

茲擬引進能夠達成稅收 *MG* 的所得稅制。在均等絕對犧牲原則下，A 將支付 *NG*，而 B 將支付 *TH* 的所得。此際，*NG+TH = MG*。至

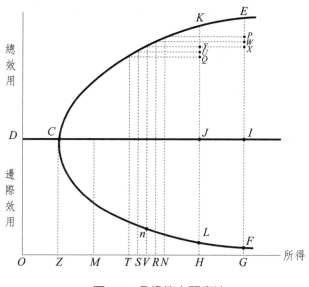

圖 2-2 負擔能力研究法

於 *NG* 與 *TH* 的數額，乃將 A 要喪失的總效用 *EP*，與 B 要喪失的總效用 *KQ*，兩者令其相等便可得之。由於所得的邊際效用是遞減的，所以，*NG* 將大於 *TH*。換言之，均等絕對犧牲乃指，每一個人因課稅導致損失的效用總量為相等。茲設以 *Y* 表示所得、*T* 表示賦稅、*U*(*Y*) 表示所得之效用，此際，相等絕對犧牲便為 $U(Y) - U(Y-T)$ 為固定不變。這種觀點，首由 H. Sidegwick 倡導，而 A. Marshall 贊同此想法。他們認為，政府向每一個人課徵的福利水準，應該保持相同。

其次，在均等比例犧牲原則下，A 將支付 *RG*，而 B 則支付 *SH*，此際，*RG+SH* = *MG*。而各納稅人的賦稅分攤額仍將維持 *EW* ╱ *EI* = *KU* ╱ *KJ* 的關係。由於所得的邊際效用為遞減的，所以，*RG* 將大於 *SH*。換言之，均等比例犧牲乃指，每一個人因課稅而損失的效用數量，佔原有所得效用的比例為相等而言。亦即，$U(Y) - U(Y-T) ╱ U(Y)$ 為固定不變。這個觀念乃由 A. J. Cohen Stuart 所主張。

其次，在均等邊際犧牲原則下，A 將支付 *VG*，而 B 將支付 *VH* 的所得。此際，*VG+VH* = *MG*，兩者的邊際犧牲 *Vn*，且總犧牲（*EX+KY*）將為最小。又於課稅後，兩者的所得均成為 *OV*，為相等。換言之，均等邊際犧牲乃指，課稅後，每一個人的所得邊際效用都是相等的。則 $\Delta U(Y-T) ╱ \Delta(Y-T)$ 為固定不變，例如早期的 T. N. Carver 及稍後的 A. C. Pigou 都贊成這種觀點。

·稅率結構之導出

下面擬探討，在上述三種均等犧牲的觀念下，究能否導出稅率結構。依照假設，個人之間的效用是可以比較的，同時，亦假設邊際及總所得效用函數對所有的納稅人都是相等的，且大家都非常清楚此情況。

(1)均等絕對犧牲（equal absolute sacrifice）

假設，所得的邊際效用為固定不變，則在均等絕對犧牲原則下，將要求對所有的所得課徵同額的賦稅。如此，便可導出累退的稅率結構。然而，邊際效用為遞減時，稅率結構究為累進、比例、或為累退，係全

賴邊際所得效用函數的彈性大小。據 P. A. Samuelson 與 R. A. Musgrave 等學者證明，當所得的邊際效用彈性等於 1 時，宜採比例稅；當所得的邊際效用彈性大於 1 時，宜採累進稅；當所得的邊際效用彈性小於 1 時，則應採取累退稅。

(2)均等比例犧牲（equal proportional sacrifice）

如所得的邊際效用為固定不變，便可導出比例稅的稅率結構。但於所得的邊際效用為遞減時，除受制於應徵收的稅額及初期的所得分配情況的影響以外，亦受制於邊際所得效用函數的位置及其彈性大小。當所得效用函數為通過原點並為直線時，稅前所得的效用彈性等於稅後所得的效用彈性者，宜採比例稅；當稅前所得的效用彈性大於稅後所得的效用彈性者，宜採累退稅；如稅前所得的效用彈性小於稅後所得的效用彈性者，則宜採取累進稅。

(3)均等邊際犧牲（equal marginal sacrifice）

如果所得的邊際效用為固定不變時，對納稅義務人將可隨意分攤稅額。假如所得的邊際效用為遞減時，均等邊際犧牲原則將要求最大的累進性（maximum progression）。亦即，依政府所需稅收總額，從高所得階層依次徵收稅賦。就圖 2-2 而言，如所需要的稅收少於，A 的所得超過 B 的所得的部分，即 *GH* 時，則全部稅額將可歸由 A 來繳納。此際，便不適用均等邊際犧牲原則，而可依最小總犧牲原則實行。蓋最小總犧牲原則乃要求，從高所得者依次徵收賦稅，而不必從所有的納稅義務人徵收稅賦。如果，所需的稅收大於 *GH* 時，乃對其超過部分均等分攤於 A 與 B 兩人，使得納稅後兩人的所得趨於相等。此際，均等邊際犧牲原則與最小總犧牲原則，便發揮同樣的效果。而在均等邊際犧牲原則下，社會的效用減低，將可達到最小。

A. P. Lerner 曾進一步指出，縱令每一個人的所得效用水準都不相同，所得的平均化，仍然為最公平的分配形態。茲擬依圖 2-3 加以說明。

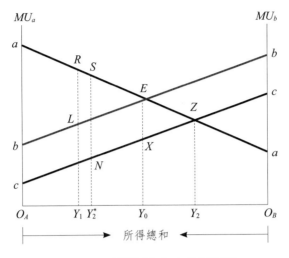

圖 2-3　所得平均化之分配形態

　　圖上橫軸表示所得，O_A 往右為 A 的所得，O_B 往左為 B 的所得，O_AO_B 為社會上 A 與 B 兩人的所得總和。縱軸表示邊際效用，aa 線表示 A 的邊際效用線，bb 線表示 B 的邊際效用線，在個人效用函數相同的情況下，aa 線與 bb 線於 E 點相交，此際，$O_AY_0 = O_bY_0$。依最小犧牲的觀點，此際，社會的最公平分配將為 Y_0 點。

　　如果，所得水準並非決定於 Y_0 時，A 與 B 兩人將可透過所得重分配，使其趨於 Y_0，則具有提高社會效用的功能。譬如說，設所得決定於 Y_1，此際，A 將得到 $\square$ O_AaRY_1 的效用水準，而 B 將得到 $\square$ $O_B\,bLY_1$ 的效用水準。從圖上得知，B 的一部分所得移給 A，使之趨近於 Y_0 時，社會上的效用總和，將隨之增加。

　　當 A、B 兩人的效用函數不同時，設 A 的邊際效用曲線依然是 aa，但 B 的邊際效用曲線為 cc 時，兩曲線便在 Z 點相交，此時的最適所得應為 Y_2 而不是 Y_0，則所得平均化將不再是最適分配。但，依 A. P. Lerner 謂：「個人的效用函數既為主觀的，則事先無法得知他人的效用函數，故最適的所得應決定於何處，應該是無法預知的。」但在每人對

各種效用函數均具有相同機率的前提下，當 Y_0Y_2 等於 $Y_0Y_2^*$ 時，其效用水準係，$\square SNXE > \triangleright XEZ$，表示離開了平均所得 Y_0 時，預期的損失將超過預期的利得，從而預期的損失隨之增加。因此，所得平均化乃最低預期淨損失的條件。故從預期的觀點言，所得的平均化，其預期福利水準最大。

二、課稅與效率

（一）單一稅率的效率原則

就課稅的效率言，政府徵收的賦稅，應以不干預市場價格機能為依歸，藉此避免扭曲市場的資源分派。此乃強調，市場經濟的賦稅中立性（tax neutrality）。萬一，賦稅無法避免影響到市場的相對價格時，應該尋求最小程度的效率損失。亦即，每元稅負的社會無謂的損失（dead weight loss）趨於最小。

在經濟體系中，各個部門都將透過市場某一財貨價格的變動，而互相產生影響。因此，賦稅的課徵如影響到某一種財貨或要素的相對價格時，勢必引起其相關財貨的價格與數量的重新調整，以致扭曲了原有價格機能的資源分派狀態。就這種觀點而言，任何一種賦稅如影響至競爭市場的相對價格時，便將產生效率的損失，以致不利於資源的有效利用。

基於效率的立場，擬予說明賦稅的優劣，乃以 M. Friedman 的所得稅與貨物稅分析，最受人注目。在不考慮要素市場的情況下，對 X 和 Y 兩種財貨如課徵同一稅率的消費稅或所得稅，將較之課徵貨物稅為佳。茲擬以圖 2-4 予以說明。

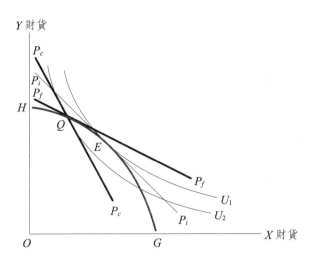

圖 2-4　比較課徵所得稅與貨物稅

　　圖上橫軸表示財貨 X，縱軸表示財貨 Y，曲線 GH 表示生產可能曲線，並於 E 點與無異曲線 U_1 相切。故在 E 點表示邊際轉換率等於邊際替代率，此際，就生產者與消費者言，其面臨的財貨 X 和財貨 Y 的相對價格線，皆為 P_1P_1 線。茲設政府對 X 和 Y 兩種財貨，擬課徵單一稅率的消費稅或所得稅，並將其稅收用在社會，且課稅亦不影響及 X 和 Y 財貨的生產函數時，則稅後的生產可能曲線依舊為 GH。此際，在不改變 X 和 Y 兩種財貨的相對價格情況下，E 點仍然為稅後的均衡點。

　　然而，如果政府為了獲取相等的稅收，對 X 財貨改課貨物稅以替代所得稅時，便可實施差異歸宿（differential incidence）的分析。由於稅收相同，且都使用於社會，並不改變 X 和 Y 的生產可能曲線，於是課徵貨物稅後的生產可能曲線，依然以 GH 表示之。但，政府只對 X 財貨課徵貨物稅，而對 Y 財貨卻不課稅的結果，勢必引起 X 財貨與 Y 財貨相對價格的變動。就消費者的立場言，他會覺得，X 財貨的相對價格 P_cP_c 上漲了，顯示 P_cP_c 線的斜率較之 P_1P_1 線的斜率陡峻。但就生產者的立場言，卻感覺到 X 財貨的相對收入減少了，則生產者的相對價格

$P_f P_f$ 線的斜率較之 $P_1 P_1$ 線的斜率平緩。在均衡情況的 Q 點時，$P_f P_f$ 線於 Q 點與 GH 曲線相切，$P_c P_c$ 線於 Q 點與無異曲線 U_2 相切。從圖上很容易看出，課徵貨物稅影響了市場價格的機能，而產生了消費者滿足效用水準降低。此乃表示，課徵貨物稅的福利水準較之，課徵所得稅或單一稅率消費稅的福利水準偏低。

從圖示又可看出，課稅如不影響市場的相對價格，其福利水準將較之影響市場價格的負利益高。因此，中立性的賦稅不至於影響市場的相對價格，故就效率的觀點言，這便是優良的賦稅。

但上述的分析，並沒有考慮到要素市場。如果考慮到要素市場時，從類似的分析可以瞭解，賦稅的課徵以不改變要素的相對價格為宜。由於要素相對價格的改變，將引起資源的分派而扭曲價格機能的運作。故從效率的觀點言，對要素相對價格的影響愈少的賦稅，便是中立性愈好的賦稅。

從資源分派的效率立場言，賦稅以不干預市場活動者為佳，而干預市場活動愈少的賦稅，便是愈良好的賦稅。為之，茲為作更清楚的說明，將採取供求曲線，以說明課徵貨物稅時的效率損失。

圖 2-5 中的 DD 曲線與 SS 曲線分別表示，X 財貨的需求曲線與供給曲線。在圖 2-4 已說明，所得稅的均衡點 E 乃滿足了 $MRS = MRT$ 的條件，如將 Y 視為所得，並假設所得支出的邊際效用為固定不變時，則邊際替代率反映了圖 2-5 的 DD 曲線，而邊際轉換率可視為邊際成本曲線，而成為圖 2-5 的 SS 曲線。因此，圖 2-5 的 e 點仍表示所得稅的均衡點，並對應於圖 2-4 的 E 點。茲假設改徵貨物稅，則 $MRS \neq MRT$，消費者的價格（OA）高於所得稅的均衡價格 OC，而 OC 又高於生產者的價格 OB。由於市場價格為 OA，但生產者的收入只有 OB，AB 乃為單位稅收。從圖 2-5 可知，因課稅產生了社會的無謂損失（dead-weight loss）$\triangle JHe$。該 $\triangle JHe$ 的超額負擔正是用於表示圖 2-4 的 U_1 至 U_2 之間，福利水準的降低部分。

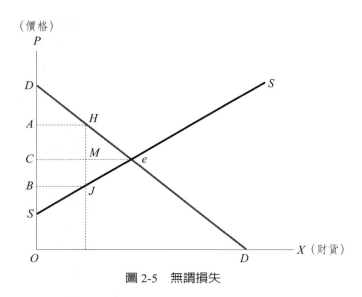

圖 2-5　無謂損失

　　每單位稅收的福利損失（△*JHe*／□*ABJH*）愈低，表示賦稅的效率損失愈少。但效率損失的大小，其實可用供求彈性的大小來衡量。如以 *B_d* 表示稅額 □*ACMH*，*B_s* 表示稅額 □*CBJM*，社會損失 △*JHe* 可分成消費者剩餘 △*HeM* 與生產者剩餘 △*JeM* 的損失。如分別以 *W_c* 與 *W_s* 表示之，則：

$$W_c = \frac{B_d^2}{2I} \cdot E_d$$

$$W_s = \frac{B_s^2}{2I} \cdot \frac{E_d E_s}{E_d + E_s}$$

式中 *I* 表示課稅後的總支出（total outlay including tax），*E_d* 和 *E_s* 分別表示需求曲線與供給曲線的彈性。

（二）反需求彈性的效率原則

　　在單一稅率情況下，符合賦稅的中立性（tax neutrality），乃賦稅的課徵並未造成無謂的損失。但課稅一旦造成社會損失，依據前述，需

求彈性的大小，將影響效率損失的多寡。亦即，需求彈性愈小，稅率則宜愈高；需求彈性愈大，稅率則宜愈低，以利資源的有效分派，使其造成的社會損失趨愈少。

茲擬以圖 2-6 說明此情況。設 X 財貨的價格為 OP_0，需求量為 OX_0，其價格與需求量的現狀將以 A 點表示之。此際，如予課稅，勢必促使價格上升，需求量減少，茲分別以 DD 與 dd 曲線表示兩種可能的需求曲線。DD 曲線的需求彈性較小，dd 曲線的需求彈性較大。此際，如對 X 財貨課徵貨物稅，將促使價格自 OP_0 升至 OP_1。但由於 DD 與 dd 曲線的需求彈性不同，使得減少的需求量分別為 X_oX_D 和 X_oX_d。從圖 2-6 可以看出，dd 曲線的社會損失大於 DD 曲線的社會損失。為使整體的社會損失能夠縮小，對 dd 曲線的課稅應少於對 DD 曲線的課稅。故基於效率原則的立場言，對需求彈性愈低的財貨宜課予較高稅率，而對需求彈性愈高的財貨，便課予較低稅率的賦稅。

按 F. P. Ramsey 曾謂：單一稅率是最好的賦稅。但在現實的經濟社會裡，欲使課稅得以完全不干預市場的經濟活動，可以說幾乎不可能。因此，大多財經學者便專注於，在市場承受賦稅干預的情況下，如何使

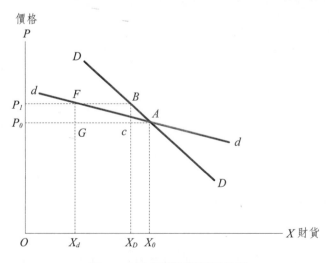

圖 2-6　需求彈性與資源分派

得社會損失能夠降至最低。一般說來，通常將社會損失最小的賦稅體系，稱之為「最適賦稅制度」（optimal tax system）。

第二節　亞當·史密斯與瓦格納之賦稅原則

一、亞當·史密斯之賦稅原則

政府為了執行公共支出與公共建設，必須持有對等的財源以便支應。一般而言，政府的主要財源大都來自賦稅收入、發行公債、創造貨幣等。其中，公債的發行與創造貨幣涉及總體經濟的層面，且與貨幣理論密切相關，非賦稅課徵探討資源分派的分析方式一般。何況，賦稅在正常情況下，乃為政府的最主要財源，亦成為財政學的主要部門之一，於是課稅原則亦成為，財政學所應探討主要課題之一項。

對亞當·史密斯而言，稅收只不過是其四種財政收入辦法中的一種而已。[註3] 但，他否定了國家財產、國（公）營事業收入、公債為政府的財源，卻以徵收賦稅方為政府收入的最主要來源。這便是亞當·史密斯被稱為「賦稅國家論者」的理由之一。他認為：賦稅須向全國國民徵收，將稅源求取於地租、利潤、工資、以及從該三項合成的收入等四種。並提出賦稅的一般原則四種：即公平、確實、便利、經濟（即節省徵稅成本）等四原則。該四原則乃為了納稅人所定的原則，亦為被課稅的原則矣。

（一）公平原則（the principle of equality）

無庸置疑，「公平」為課稅原則中，最重要原則之一種。惟，何謂公平乎。對此，迄今仍議論紛紛，唯未見四海共識的公平定義。依賦稅

【註3】　國家的財政收入有：1.國家財產的出售收入或租金收入；2.國公營事業機構的經營收益；3.公債收入；以及4.賦稅收入等四種。

根據論而言，雖可採取利益學說論斷，但其解釋五花八門，尚沒有統一的結論。亞當·史密斯對公平一詞，亦有利益學說與能力學說的議論，但也未定結論。

基於公平原則，如只對某一種收入課稅，甚為不公平。故僅對地租、利潤、工資中的任何一種所得課稅，顯然不公平，同時，亦尚不如對上述三種所得隨便課稅的方法。就此而言，稅源選擇便受到了相當大的限制。

亞當·史密斯所謂的公平，係欲取消特殊階級的免稅特權，全國人民人人納稅，即已達公平之境。他主張，賦稅的徵收不應變更自然形成的財富分配狀態，亦不應阻礙經濟發展所需資本的形成與累積。亞當·史密斯所謂按照能力納稅，係指國民分別自國家所獲得的利益而言，似依所獲的利益多寡定其能力乎。

（二）確實原則（the principle of certainty）

第二為確實的原則。雖然列於第二，但亞當·史密斯強調其重要性而有謂：「即使為細微的不確定，有時可能引起嚴重大於不公平的大害。」則繳稅的時日、方法、稅額等，絕不能受到繳稅人的意見與意願的影響。在採取私有財產制的社會裡，所有權為神聖不可侵犯者，縱令為公權力亦不可以賦稅侵害私有財產。是以，建立清楚而確實的賦稅制度，為近代化市民社會努力的指標。如能將確實原則建立為制度，不僅對全體納稅人頗為必要，同時，從旁人看起來，畢竟也應該追求確實，尤其於自動繳稅制度的建立，確實原則特別重要。

亞當·史密斯認為，符合上述四原則，方為理想的賦稅制度。但在公平原則與確實原則之間，便已產生了矛盾，那就是人頭稅（poll tax）矣。則其課稅標準究應設定於何者，是一個大問題。假如，將課稅標準設定於納稅義務人的財產或收入，卻因該兩者時常在變動，除非經常實施現值的查估，果真如此，便容易形成估價官員隨意查估而變成不確

實。反之，則將每一個人都因應其身分據此課稅。然而，即使身分相同卻因各人擁有的財產未必相同，由而勢必形成不公平的情況。

　　亞當·史密斯謂：「所以，此類的賦稅（如人頭稅），如求其公平，則變成隨意或不確實；又如求其確實或不可隨意，卻變成非常不公平。不管其稅負輕微抑或沉重，其最大的問題為不確實。雖然具有一些不公平，如稅負輕微，似尚可以忍受，但，假如稅負沉重，勢必變成無可忍受的負擔。」【註4】

（三）便利原則（the principle of convenience）

　　所謂「便利」係指繳稅時間、地點、方法等，都須考慮納稅人的方便之意。換言之，便利乃指擴大選擇的幅度或範圍。譬方說，就消費稅而言，應該非指一般的消費稅而為個別的消費稅，至於究竟買不買課徵消費稅的財貨，便任由購物者的自由選擇，蓋購物者便是繳稅者矣。對奢侈品的課稅，則賦與富裕稅的特性，如此，亦能符合公平的原則。

　　然而，如將便利原則予以擴充，則對產生來自資本的利潤所得予以課稅時，其正當性可能會受到影響。蓋人們擁有的資本總額，自信用的觀點而言，宜當予以保密（商業秘密）。此外，該資本總額時常在變動，欲擬予正確地掌握，實在尚有困難。縱令如此，如欲強行檢查，納稅義務人勢必蒙受不少困擾與不便。加上資本與土地特性不同，資本可以移動，如強行檢查，很可能逼迫資本流出國外。所以很多國家，對資本總額的查估都非常審慎，大多不作嚴格的檢查，而改採低稅率與比較鬆懈的檢查。亦即，其實施或多或少帶有隨意推估的課稅方法。

　　亞當·史密斯謂：「於是，擬對由資本而產生的收入課稅的國家，對資本卻不採取嚴格的查估，而改以具幾分隨便的推估以資替代。惟依

【註4】　參閱 Adam Smith, *An Inquiry into the Native and Causes of the Wealth of Nations*, 1776 (in the Glasgow Edition of the Works and Correspondence of Adam Smith, Oxford University Press, Oxford, 1976), p. 868。

如此方法推定所課的賦稅，不但不公平，也非常不確實，對此只能採取輕稅，方能補救其缺失。這樣一來，每一個人都將瞭解較其實際收入被課徵非常輕微的稅額。所以，即使知悉其鄰居被課徵的稅負，較之自己為輕微時，也不會生氣或表示不滿。」

（四）經濟原則（the principle of economy）

所謂經濟原則係指徵稅成本節省的原則，聽起來，似為徵稅者應該遵守的原則。但亞當·史密斯卻說，這是基於納稅人立場的原則。有四個案例足以妨礙該項原則。就此而言，這顯然是為了保護納稅人的原則。

1.第一個案例，係徵稅機關的膨脹擴大。如果，稽徵人員的人事費大量吃掉賦稅收入時，等於多課徵了一部分稅額。同時，稅務人員的薪資通常有偏高的趨勢，故更有必要限制稅務人員的人員編制。

2.第二個案例，係由於課稅導致妨礙勤勞的國民，喪失工作意願。如對某特定行業課徵抑制性高稅率的賦稅，勢必嚇走原來擬投入當該行業的資本，促其流出國外，或打消投資，或將其改用於消費。這樣一來，不但會使稅收減少，而有礙於正常的產業活動的發展。縱令非為抑制性的高稅率，只要稅率稍為偏高，亦將壓迫小規模零售企業的經營。結果，只讓資本雄厚而負擔能力較大的大規模企業，方能繼續產業活動，由而促進獨占，沒有競爭。此際，生產者雖可享受獨占利潤的好處，但，一般消費者卻必須承受額外的負擔。

亞當·史密斯謂：「如對某種行業課徵相當沉重的賦稅時，勢必壓迫小商人，大多數的零售商人都可能被大商人收編於旗下。果真如此，則不再有小商人的競爭，大商人便可能享受該行業的獨占利益，並與其他的獨占企業一樣，互相共謀串通，而獲取超過其所繳納的賦稅應有的所得好幾倍的利益。」【註5】

【註5】 同註4之p.853。

3.第三個案例,係一方面製造逃稅的誘惑或走私的動機;一方面嚴罰此等行為的違規者,令其破產或使其事業無法繼續經營。Lord Kames的課稅六大原則中首先提出:「只要有稍些走私的機會,務使將其賦稅調整至適當的程度。」所以,如果不分皂白課稅,將很容易引誘走私的行為,故應適度節制課稅。亞當・史密斯所想的節制,係基於重商主義政策的嚇阻性高稅率的關稅。亞當・史密斯謂:「課重稅有時可以減少課稅物品的消費,但有時反而將鼓勵走私行為。故如不作適度的課稅,政府將只能獲取,較其本來應得者為少的收入。」【註6】

4.最後一個案例,係頻繁的查察與不愉快的檢查。蓋頻繁的查察與不愉快而惱人的檢查詢問,勢必增加納稅義務人的時間、麻煩、不方便,增加人民的厭煩。嚴格說起來,不方便雖然不是費用,但很多人樂意支付費用,以便擺脫此等不方便,故兩者是等價的。

二、瓦格納之賦稅原則

亞當・史密斯所處的時代,為生產與資本不足的時代,所以,如何增加資本、擴充生產,可謂為當務之急。亞當・史密斯的基本觀念與中心思想為個人主義,則於經濟政策乃自由經濟、於財政主張國家消費體說,則國家之活動須縮小至最少限度。至於賦稅的課徵應採取中立原則,不可對資本的累積有所影響,並反對發行公債。亞當・史密斯主張之賦稅原則,比較偏於消極面。嗣後隨著經濟發展,賦稅觀念之演變,財稅任務增加,為配合實際需要,遂有修正主張的出現。諸如,法國的西恩蒙等(Sismondi, 1773～1842)、德國的黑爾特(Held)、瓦格納(A. H. G. Wagner, 1835～1917)、雪夫勒(Schaffle)、英國之巴斯泰希爾(C. F. Bastable, 1855～1945)、瓊斯(R. Jones, 1790～1855)等,均發表了賦稅原則,其中,以瓦格納的賦稅原則,比較完整,其概要如

【註6】 同註 4 之 p.884。

下：

　　瓦格納的賦稅原則包括四大項，如（一）財政收入之原則；（二）國民經濟之原則；（三）社會正義之原則；以及（四）稅務行政之原則。該四大原則再分為下列九小原則：【註7】

　　（一）財政收入之原則：分為充分原則與彈性原則。
　　（二）國民經濟之原則：分為稅源之選擇與稅種之選擇。
　　（三）社會正義之原則：分為普遍原則與平等原則。
　　（四）稅務行政之原則：分為確實原則，便利原則以及最少徵收費
　　　　　用之原則。

　　茲再將該九項原則，分別說明，如下：

1. 充分之原則

賦稅收入，必須能充分滿足政府財政的需要。

【註7】　瓦格納，A. H. G. Wagner（1835～1917），德國之經濟學者、財政學者、統計學者。正統學派經濟學者認為，財政學只是經濟學的一分科，瓦格納予以獨立而成一獨立的學科，致被稱為近代財政學的建設者，這可稱為他的最大功業。其主要著作為財政學 *Finanzwissenchalt*，共四卷，分別出刊於 1877 至 1901 年間。在第二卷的賦稅總論部分，瓦格納提出了著名的課稅原則，即四大原則分為九小原則。於其第二項國民經濟原則的稅源論中，瓦格納對於純粹財政觀點與社會政策觀點，曾有下列的解釋：從國民經濟的立場言，應以國民所得為稅源。如果特別著重國民財產，將促使國民資本減少，勢必引起稅源枯竭。但從社會政策的觀點言，資本與所得均可為稅源。亦即，為了達成社會政策的目的，對財產及資本課稅是正當的。其次，於討論第三項公正原則時，他認為，如從個人主義的立場及純粹財政的觀點言，由於課稅的普遍性，應不問所得大小，也不管所得種類，所有的國民應負同樣的納稅義務，而課稅的平均性，便可解作賦稅對於所得的同一比例分配。但從社會政策的觀點觀之，課稅的普遍性，將不宜按字義解釋，則非由每一國民均應負擔賦稅。例如，小所得（如勞工所得）便可以免稅或規定寬減數額。如就課稅的平均性言，亦不能只重視所得及財產的絕對量，而應超比例地加重課徵較高的所得及財富。故，累進課稅是理想的稅制之一，不應只採取單一比例稅制。

2. 彈性之原則

賦稅收入，必須於政府財政需要增加，或賦稅以外的收入減少，而須增加稅收時，得由於國民所得增加而稅收自然增加；或得因為變更稅法、提高稅率、而使稅收增加，藉此以適應其變化。前者稱為經濟之彈性，或稱自然之彈性；後者稱為法律之彈性，亦稱強制之彈性。

3. 稅源之選擇

原則上，稅源應選擇所得，必須避免對財產或資本課稅，以免破壞稅源導致稅收減少，並阻礙國民經濟之發展。

4. 稅種之選擇

賦稅種類之選擇，應考慮賦稅轉嫁之問題，將賦稅歸宿於應該負擔賦稅之人負擔之。故適當之稅種為所得稅。

5. 普遍之原則

其意為人人納稅，但就社會政策觀點言，對勞動所得或小額所得者，減免其賦稅，亦不違背此項原則。

6. 平等之原則

此意乃指按照國民納稅能力而課稅。基於社會政策觀點，宜採行累進稅率，使所得多者多負擔，所得少者少負擔，如此方適合社會正義原則，與亞當史密斯所言平等原則的意義不同。則對最低生活費免稅，對財產所得重課，以求實質之平等。

7. 確實之原則

與亞當・史密斯之確實原則大致相同。

8. 便利之原則

與亞當・史密斯之便利原則大致相同。

9. 最少徵收費用之原則

與亞當・史密斯之經濟原則大致相同。

如上述，瓦格納的賦稅原則，較之亞當史密斯的賦稅四原則，並沒有太大的進步，只是說得比較具體而已。

第三章

財稅與資源分派

　　經濟學的目的之一為，將稀少的經濟資源，如何有效地分派給各種生產活動，並配合消費者的需求，有效地提供他們所需財貨與勞務（service）。一般說來，在現代資本主義國家裡資源的分派，原則上乃透過市場機制（market mechanism）加以處理。就注重規範分析的福利經濟學言，此等市場機制，在一定條件的情況下，其資源分派機能，的確獲得優良的效果。然在現實的經濟社會裡，亦有不透過市場機制而從事資源分派的領域。換言之，除了市場機制以外，亦有透過政府部門或公共部門的資源分派。本章乃基於資源分派的觀點，分析財稅問題。

第一節　市場機構與資源分派

一、市場機構與經濟效率

　　自亞當‧史密斯（Adam Smith）的時代起，便開示市場經濟為實現資源有效分派的課題。後來的經濟學更科學地與更精緻地努力於這個課題。當經濟學思考市場經濟的成果時，通常都在假設一種理想的環境，亦即假設完全競爭市場。此際，形成市場主體的生產者與消費者，在市場裡都是價格的接受者，而只追求本身利潤或效用的極大化，經各自主體性均衡的結果，對財貨、勞務、生產要素等的供給與需求，均以市場價格為指標實施調整。在供求一致的情況下，謀取市場均衡的成

果。下面擬按生產者、消費者、整體經濟、依序導出效率性的條件，並觀察市場機構，如何地實現效率性。

使用一定的生產要素生產財貨或勞務時的所謂效率性，乃指盡可能生產更多的財貨或勞務。茲假設有兩種生產要素（利用可能的數量以 $\overline{K}$ 和 $\overline{L}$ 表之）與兩生產者（各自生產 X 財貨與 Y 財貨）的模型，各生產者的生產函數與資源限制式如下：

$$X = F\left(K_x , L_x\right) \text{，} Y = G\left(K_y , L_y\right) \quad\text{.................................}（3\text{-}1）$$

$$\overline{K} = K_x \text{，} K_y \text{，} \overline{L} = L_x \text{，} L_y \text{..................................}（3\text{-}2）$$

此際，為了達成有效生產（設 Y 的生產量固定，使 X 的生產達到最大）的條件，則將下式用 K_x，K_y，L_x，L_y 予以偏微分，令其為零而求取：

$$M = \left(F\left(K_x , L_x\right)\right) + \lambda_1 \left(G\left(K_y , L_y\right) - Y\right) + \lambda_2 \left(\overline{K} - K_x - K_y\right)$$
$$+ \lambda_3 \left(\overline{L} - L_x - L_y\right) \quad\text{.................................}（3\text{-}3）$$

經消去拉格蘭治乘數（Lagrange Multiplier）再予整理，便得求取有效率生產的必要條件。

$$\frac{\partial F / \partial K_x}{\partial F / \partial L_x} = \frac{\partial G / \partial K_y}{\partial G / \partial L_y} \quad\text{.................................}（3\text{-}4）$$

上述的左邊表示，生產 X 財貨時，K 與 L 之邊際技術替代率（marginal rate of technical substitution），為了達成有效率的生產，勢必謀求各個企業的邊際技術替代率趨於相等。

在完全競爭市場裡，各個企業的自主行動便可實現此種條件。身為價格接受者的 X 財貨生產者，在生產要素價格（以 r、w 代表之）固定的情況下，於第 1 式（3-1）的生產條件下，務求費用（$rK_x + wL_x$）的最小化。企業的均衡條件可整理如下：

$$\frac{\partial F \diagup \partial K_x}{\partial F \diagup \partial L_x} = \frac{r}{w} \cdots\cdots\cdots\cdots\cdots\cdots\cdots\cdots\cdots\cdots\cdots\cdots\cdots\cdots\cdots（3\text{-}5）$$

Y 財貨的生產者也同樣地謀求費用最小化的結果，使得邊際技術替代率與生產要素的價格比趨於相等。對所有的企業而言，生產要素價格均為相等時，便能成立有效生產的條件，如（3-4）式。

接著探討消費的問題。如沒有犧牲其他消費者的效用，卻無法增加某消費者的效用，如做這樣的財貨的分配，則謂其消費具有效率性，或謂為巴瑞托效率（Pareto efficient）。茲設有兩種消費財（X，Y）與兩位消費者的模式。各個消費者的效用函數與消費財的限制，表示於下式：

$$U_1 = U_1（X_1，Y_1），\ U_2 = U_2（X_2，Y_2）\cdots\cdots\cdots\cdots\cdots（3\text{-}6）$$
$$X = X_1 + X_2 \qquad\quad，\ Y = Y_1 + Y_2 \cdots\cdots\cdots\cdots\cdots\cdots（3\text{-}7）$$

設第二消費者的效用為一定，將第一消費者的效用予以最大化而導出。所謂消費的效率性條件可整理如下：

$$\frac{\partial U_1 \diagup \partial X_1}{\partial U_1 \diagup \partial Y_1} = \frac{\partial U_2 \diagup \partial X_2}{\partial U_2 \diagup \partial Y_2} \cdots\cdots\cdots\cdots\cdots\cdots\cdots\cdots\cdots\cdots（3\text{-}8）$$

上式左邊，表示第一消費者的 X 財貨與 Y 財貨的邊際替代率（marginal rate of substitution），而所謂消費的巴瑞托效率性，係指所有的消費者的邊際替代率都必須相等。在完全競爭市場裡，該條件將按下列程序實現。設財貨的價格（P_x，P_y）為固定，在（$\overline{E}_1 = P_x X_1 - P_y Y_1$）的預算限制下，謀求效用最大化的條件，即第一消費者的自主均衡條件乃如下式：

$$\frac{\partial U_1 \diagup \partial X_1}{\partial U_1 \diagup \partial Y_1} = \frac{P_x}{P_y} \cdots\cdots\cdots\cdots\cdots\cdots\cdots\cdots\cdots\cdots\cdots\cdots\cdots\cdots（3\text{-}9）$$

　　第二消費者也同樣地謀求效用最大化的結果，務使邊際替代率與生產財的價格比率相等，則以價格為媒介而成立效率性消費的條件。

　　接著試擬導出，可以同時達成生產與消費的效率性條件。從形式上言，將上述個別處理的模式予以結合起來，便可求取這些效率性條件。亦即，設第二消費者的效用水準為一定，在（3-1）式、（3-2）式、（3-7）式的條件下，求取第一消費者的效用最大化的條件便可。與上述同樣的手法，整體社會資源分派的巴瑞托效率性的條件，可依下列方程式求取：

$$\frac{\partial G \diagup \partial K_y}{\partial F \diagup \partial K_x} = \frac{\partial G \diagup \partial L_y}{\partial F \diagup \partial L_x} = \frac{\partial U_1 \diagup \partial X_1}{\partial U_1 \diagup \partial Y_1} = \frac{\partial U_2 \diagup \partial X_2}{\partial U_2 \diagup \partial Y_2} \cdots\cdots\cdots\cdots（3\text{-}10）$$

　　從第一個相等式可以導出（3-4）式，第三個等號表示可以成立（3-8）式。第二個等號的左邊稱為邊際轉換率（marginal rate of transformation），該轉換率與邊際替代率相等，為促使整體經濟有效率所必須的。在完全競爭市場裡，乃以價格為媒介使該條件得以成立。因為邊際轉換率的分母、分子乃表示各個的邊際生產物，但競爭性的企業為了謀求利潤最大化，務使邊際生產物價值（例如 P_x（$\partial F \diagup \partial L_x$））與其生產要素價格（$w$）能臻於相等，所以邊際轉換率與生產物價格比（$P_x \diagup P_y$）將趨於相等，故（3-9）式使邊際轉換率與邊際替代率趨於相等。

二、實現有效率資源分派的條件

　　上述為完全競爭市場裡的均衡，為實現巴瑞托的效率性資源分派的簡單模式。但，這並不表示可以無條件地接受。茲擬探討市場機制對實現上述條件確具有優越成效的情況。

　　於上述模式，並沒有明顯地表示，競爭性均衡對實現巴瑞托的效率性資源分派，係成立於已普遍設有市場（universality of market）的社

會。此項被謂為福利經濟學第一基本定理的命題，最能明白地表示市場機制的有效性。普設市場係指，對使用的全部財貨都普遍設有市場，所有的經濟交易都要透過市場進行。然而，沒有普遍設有市場的情況，卻除了一部分具有期貨市場者以外，對一般的財貨都非常常見，通常不成立此項條件在現實社會並不稀奇。在缺乏普設市場的經濟環境下，市場機制將很難發揮福利經濟學第一基本定理所預期的效果。

如果社會已經普遍設有市場，由於競爭市場的均衡，將可以實現巴瑞托的效率性資源分派。然而，也可以設想根本不存在競爭均衡的情況。競爭均衡得以存在的充分條件為，消費者無異曲線呈現凸狀特性與企業的生產可能曲線的凸狀特性。亦即，消費的邊際替代率為遞減，又生產與規模之間的關係為產量不變或遞減，方能保證競爭均衡的存在。但現實的生產與規模之間的關係為，收穫遞增或平均成本遞減的情況亦相當常見。在此種環境條件之下，確有競爭均衡不存在的情況，故也有見不到福利經濟學第一基本定理實現的可能。

於是，如能滿足市場的普遍性與曲線的凸狀條件時，也許可以成立所謂福利經濟學第二基本定理的命題。亦即，由於實施適當的所得再分配，任何的巴瑞托效率性資源分派，均可以於競爭均衡中實現。此乃與上述的第一基本定理一齊強調市場機制的有效性，並能使資源分派問題（效率性）與所得分配問題（公平性），在分析上得以分開處理的可能。

其次應予考慮者，係關於完全競爭市場模式的結構本身的問題。當然，完全競爭市場在理論上的意義非常重大，但它畢竟是抽象世界的想法，與現實經濟社會的關係卻必須設定幾個前提加以考慮。尤其，所謂價格指標功能的前提，從政策觀點言相當重要。此乃強調，不應該存在著可影響形成價格的經濟主體（所有主體都是價格的接受者），同時要求能因應市場的供求情況，迅速實施價格的調整〔如價格的伸縮性並沒有調整的時間落差（time lag）〕。但實際上，這些條件很難達成確實

的掌握。

三、公共部門的任務

　　在資本主義國家，原則上採取市場經濟制度，實施各種各樣的經濟活動，同時，也採取不少的非市場機制的經濟活動。市場機制基本上係由，消費者與生產者依私人目的行動的民間經濟主體所組織，並將此稱為民間部門（private sector）。而與民間經濟主體持不同行動原理而由政府執行經濟活動者，稱為公共部門（public sector）。但由個人之間的無償贈與、企業組織內部的資源分派、寇斯（Ronald Coase）定理、俱樂部（club）財貨等，證實市場機構與民間部門、非市場機制與公共部門，並非完全相同的。惟以下的討論，卻將此等視為相同進行探討。一般說來，將上述兩部門併存的經濟稱為混合經濟（mixed economy）。茲將參照上述實現效率性資源分派的條件，認為公共部門對市場經濟得以作政策性介入的理由。

　　市場普遍性不足的情況係指，存有可以無償使用的公共財、外部性的存在、【註1】沒有期貨市場等。此際，單靠市場機制將無法實現效率的資源分派，於是公共部門便具有積極介入的充分理由。這個時候宜採取，將脫離市場的因素再導入市場的政策，例如，為了排除公害，乃透過徵稅手段藉此介入新價格的形成，然後再研擬能使私人經濟行為與效率的資源分派相結合的政策。或另設立能夠替代市場的新機構，透過共同決定決策，藉此實現效率的資源分派。此等政策可稱謂「市場補助政策」。當市場缺乏普遍性時，借助公共部門的「市場補助政策」雖然有效，但這並不表示，除此以外沒有其他辦法。市場缺乏普遍性雖為實施市場補助政策的必要條件，但並非充分條件。至於究應否實施市場補助政策，則應自更廣泛的空間並考慮交易成本（transaction cost）審慎檢

【註1】　外部性，係指某經濟主體可不透過市場，而可影響其他經濟主體之意。

討。

　　當凸狀特性的條件未能完全達成的情況下，讓公共部門介入以資彌補，一般都認為具有正當性。例如，電力、瓦斯事業等其生產活動需要鉅額的固定資本、規模的經濟特別顯著、並且能在收益遞增或成本遞減的情況下生產財貨者尤然。在此情況下很容易產生自然獨占。為防止私人獨占的形成，由公共部門直接參與生產、或運用補助金制度或制定某些限制令公共部門得以間接介入等，實際上確有必要。此等政策通常稱為「公用事業政策」，擬於下節另予探討。

　　完全競爭的條件遭遇阻礙時，也會要求公共部門的介入，藉此減輕限制。當價格指標的功能受到阻礙時，例如，市場產生不完全競爭的價格管制情事時，便可制法禁止獨占，或制定市場有效的競爭市場的產業政策等，由公共部門設法實施補救。當市場缺乏資訊或情報（價格或產品的資訊及情報等）時，亦可仰賴公共部門介入，俾利建立市場資訊得以充分流通。

第二節　市場的失靈

一、市場失靈的分類

　　就資源分派的方式中，市場機制的確具有優越的特性。在現實的社會，當市場機制將發揮其優越性時，有時會產生各種各樣的阻礙因素。此種情況，通常稱為「市場的失靈」（market failure）。早在亞當・史密斯（Adam Smith）的時代，便有人關心造成市場失靈的有關因素，時至今日，這種觀念已普遍受到重視。至於其原因的範圍或掌握的方式，卻未必有統合一致的見解。蓋表示市場失靈的個別案例，常常都受到複數的思考型態所掌握！而無法單獨孤立地加以分析，故都呈現錯綜複雜的情況。下面擬將市場的失靈分成三個型態，爾後依次探討失靈的原因。

　　第一類係違反前節所提普遍性市場造成的「市場的失靈」。亦即，因為「沒有市場」所引起的市場失靈。所以，外部性的存在、期貨市場的不存在，以及公共財的存在等乃成為其直接的原因，以致具有充分的理由，實施依據公共部門的「市場補助政策」。蓋此等失靈的原因，都可認為發生在經濟結構裡面的問題，亦即，內含於市場結構裡面的缺陷。為何容不得市場存在呢？據亞勞（K. J. Arrow）謂：其原因係由於形成經濟組織所必需的交易成本（transaction cost）所使然。【註2】由於市場存在所能獲取的效益，與為了支持市場能夠存在所需要的費用互作比較時，如果後者較大，則市場將無法存在。

　　第二類型為市場可以存在，但由於技術面的原因或制度面的原因，以致無法有效發揮市場機能時，導致市場不存在，亦即，由於「競爭不成立」所造成的市場的失靈。至於技術面的原因者，有如上節所述，缺乏凸狀特性的條件屬之。生產曲線的非凸狀特性或成本遞減現象，將排斥中小企業而形成自然獨占，同時妨礙競爭，成為價格接受者的環境。又於上節所提價格指標機能損害及資訊的不完全暢通，均可視為不讓競爭制度得以成立的制度面的原因。對此等市場的失靈，將可考慮選擇「公用事業政策」或「競爭市場維持政策」等公共部門的介入。

　　第三類型的市場的失靈，係指本來就不期待在市場機制裡發揮市場成果的失靈。換言之，即所謂「市場無法解決的領域」的市場的失靈。如上節於公共部門的任務所提對社會經濟基本因素的整備、所得公平性的實現、經濟安定機能、維持健全的國際關係等成果的實現，市場產生失靈之意。對此等問題，也許不宜將其稱為市場的失靈。但，如能將經濟機構是否對增大社會福利有所貢獻為準以判斷其成果，而對沒有貢獻者，從廣義觀點將其解釋為「失靈」，準此而言，上述等似亦可謂為市

─────────────

【註2】　據 K. J. Arrow 謂：形成交易成本者有「排他成本」、「有關交易條件之資訊傳播成本」、「不均衡成本」等三要素。

場失靈的一種。

二、外部性與公共政策

　　所謂外部性（externality），係指不透過市場而能認定其在各個經濟主體之間，直接具有互相影響之現象者。如將分析方面言，則某一經濟主體的效用函數或生產函數中，含有主體本身無法控制的其他主體的變數者，稱為外部性。一般而言，承受外部性時，對承受的主體有利者，稱為具有外部經濟（external economy），反之，承受外部性卻帶來不利益者稱為具有外部不經濟（external diseconomy）。至於外部性的種類可因產生外部性的主體究係生產者或消費者；或因接受外部性的主體究係生產者或消費者不同，而可分為很多種的外部性。下面擬探討此問題並確定其特性，並瞭解其對市場的失靈時所採取的公共政策。

（一）外部性與效率

　　茲擬在一般均衡分析的架構下，將存於生產者之間的外部性予以定式化，藉此探討資源分派的效率性。在此設有：生產 X 財貨及生產 Y 財貨的兩位生產者、一位消費者、尚有生產要素 K、其存量為 $\overline{K}$、市場價格為 r、此際的生產函數如下。又生產時設有外部性，並與（3-1）式，試予比較：

$$X = F\left(K_x, Y, K_y\right)，Y = G\left(K_y\right) \cdots\cdots\cdots\cdots\cdots\cdots （3\text{-}11）$$

　　亦即，Y 財貨生產者的生產量及其生產要素的投入，成為 X 財貨的生產的外部效果。依米德（J. E. Meade）所舉的例子，則蘋果的生產量（Y）對蜂蜜的生產量（X）的外部經濟、或河川上游企業的產業廢棄物（Y）對下游企業的生產量（X）的外部不經濟等，乃屬於前者的案例；而某一企業引進新技術（K_y）對其他企業的生產（X）的外部效果，乃屬於後者的案例。在此模式中，巴瑞托（Pareto）的效率型資源

分派所需要的條件係，依據（3-11）式與生產要素的限制式（$\overline{K} = K_x + K_y$），求取消費者的效用函數 $U(X，Y)$ 的最大化條件而得之。下式係將其結果加以整理後而得，亦為於生產時具有兩種外部性的時候，資源分派的巴瑞托效率的條件。

$$\frac{\partial U / \partial Y}{\partial U / \partial X} = \frac{\partial F / \partial K_x - \partial F / \partial K_y}{\partial G / \partial K_y} - \frac{\partial F}{\partial Y} \quad\text{.............................（3-12）}$$

上式左邊係 Y 財貨對 X 財貨的邊際替代率，右邊係當外部性存在時的所謂邊際轉換率，兩者相等時，便能實現效率的資源分派。右邊與邊際轉換率乃表示，將（3-11）式與生產要素限制方程式予以全微分，並求取 $-\dfrac{dX}{dY}$ 的解便可確認。$\partial F / \partial K_y$ 與 $\partial F / \partial Y$ 係表示邊際外部性（marginal externality），如為正數表示產生外部經濟，如為負數便表示產生外部不經濟。[註3] 在競爭市場裡，消費者的行為將盡量使邊際替代率與價格比趨於相等；而企業的行為便盡可能使邊際產物價值與要素價格趨於相同（$P_x (\partial F / \partial K_x) = r$，$P_y (\partial G / \partial K_y) = r$），所以市場的均衡條件將如下式，一般而言，不能滿足（3-12）式。

$$\frac{\partial U / \partial Y}{\partial U / \partial X} = \frac{\partial F / \partial K_x}{\partial G / \partial K_y} \quad\text{...（3-13）}$$

當然，邊際外部性各個都為零時，將與（3-12）式一致。當外部性存在時的此等不一致，將使企業於行動時，僅只考慮私人成本（private cost），而不考慮由於外部性所產生的社會成本（social cost）之故。

【註3】 當邊際外部性為零時，產品 Y 的數量本身也能產生外部性的情況。於 J. M. Buchanan and W. C. Stubblebine, "Externality" *Economica*, vol. 29, Nov., 1962，pp. 371-384。乃將此情況稱為邊際下外部性（infra-marginal externality）。

（二）皮古（Pigou）的政策[註4]

由於上述所提外部性而產生的市場失靈，可以透過公共部門運用課稅或核發補助金等手段，強制給它內部化藉此予以解決。按上述模式，設 Y 表示外部經濟的發生，K_y 表示外部不經濟的發生（$\partial F / \partial Y > 0$，$\partial F / \partial K_y < 0$）。對發生外部性的主體，如為產生外部經濟的生產，對每一生產單位便給予補助金，對帶上外部不經濟的生產要素，則對每單位生產要素採取課稅的政策。其邊際補助金率（s），邊際稅率（t）乃規定如下：

$$s = P_x \frac{\partial F}{\partial Y} \, , \; t = -P_x \frac{\partial F}{\partial K_y} \quad\text{..}（3\text{-}14）$$

上式 P_x 代表 X 財貨的價格，但上式規定的意義係，對接受外部性的生產者言，將成為各個外部性原因的邊際產值價額絕對值的變量，擬將其適用於外部性產生主體的邊際率。所以，對外部性產生主體的 Y 財貨的生產者言，表示利潤的數式將更改為，$P_y Y + sY - rK_y - tK_y$，於此情況下為求取利潤最大化行動的均衡條件，將如下式：

$$r = P_y \frac{\partial G}{\partial K_y} + s \frac{\partial G}{\partial K_y} - t \quad\text{...}（3\text{-}15）$$

如果，X 財貨的生產者與消費者，處於與以前同樣的環境時，市場均衡條件（3-13）式將受到修正，並與（3-12）式一致，而可以實現效率的資源分派。這樣的政策，通常被稱為「皮古的課稅」、「皮古的補助金政策」。然，由於公共部門的介入使外部性之內部化這方面，雖具

【註4】　Arthur Cecil Pigou，1877-1952，英國經濟學者，於劍橋大學 King's College 受教於 A. Marshall，1901 年開始講授經濟學，成為 Marshall 經濟學的闡述者，1908 年繼 Marshall 擔任劍橋大學經濟學講座，為劍橋大學歷年來經濟講座中之最年輕者。他任此職長達 35 年，於 1943 年退休。其名著福利經濟學於 1920 年出版（*The Economics of Welfare*, 1920）。

有優越的理論面成果，惟此政策在現實的可行性方面卻尚有問題。又將邊際外部性擬按各個產生主體實施準確的評估，實在尚有困難。縱令可以評估，如欲個別訂定「邊際補助金率」、「邊際稅率」付諸實施，因其費用非常龐大，以致其實行困難重重。

（三）寇斯（Ronald Coase）的定理[註5]

利用寇斯的定理將有利於解除，上述皮古的政策實施困難的問題。蓋關於邊際外部性的資訊（情報），本來就由各個企業所持有，故無須另由公共部門收集此等情報。故因分權所擁有的情報或資訊，可在企業間互相交涉，並自動將外部性予以內部化，這便是所謂寇斯的定理。為了簡化說明起見，設只有 K_y 引起外部不經濟（$\partial F/\partial K_y < 0$，$\partial F/\partial Y = 0$）。對 X 財貨的生產者而言，於外部性不存在時可能獲取的邊際利潤為（$P_x(\partial F/\partial K_x)-r$），而外部性存在時的邊際利潤為（$P_x(\partial F/\partial K_x + \partial F/\partial K_y)-r$），設兩者的差距為 A，即

$$A = -P_x \frac{\partial F}{\partial K_y} \quad\text{……………………………………………（3-16）}$$

上式的 A，稱為 X 財貨生產者的邊際最大支付容許額（marginal willingness to pay）。換言之，對 X 財貨的生產者而言，如果支付額小於此容許額時，為了減少外部性，便願意對 Y 財貨的生產者支付該數額。在另一方面，對 Y 財貨的生產者而言，其邊際最大支付容許額（B），將與其邊際利潤相等。

$$B = P_y \frac{\partial G}{\partial K_y} - r \quad\text{……………………………………………（3-17）}$$

【註5】　R. H. Coase "The Problem of Social Cost"，*Journal of Law and Economics*, vol, 3 Oct. 1960，pp. 1-44。寇斯為制度學派的經濟學家，1991 年諾貝爾經濟學獎得主。

支付額如在 B 以下，為了擴大利潤，當然對 X 財貨的生產者應有支付的意願。經兩方生產者自動交涉，如 $A > B$ 時，將自 X 財貨的生產者向 Y 財貨的生產者實施移轉，使得 K_y 減少，當 $A < B$ 時，將自 Y 財貨的生產者向 X 財貨的生產者實施移轉，使得 K_y 趨於增加。這種交涉的均衡條件為 $A = B$。由於各個生產者從事生產的目的在於追求利潤最大化條件〔$r = P_x (\partial F / \partial K_x)$〕，故該交涉均衡條件與（3-12）式一致（但 $\partial F / \partial Y = 0$），此乃表示可依自動交涉實現巴瑞托的效率型資源分派。再者，亦可將該交涉模式視為將外部不經濟當作一種財貨，而將其產生的源頭（K_y）的價格為 A 時的市場模式。寇斯的定理的另一個貢獻係，依其結論謂：因交涉的結果，無論由何方實施移轉，都可以保證其效率性。換言之，可以將分派問題與效率問題分開個別討論。但從現實的問題言，欲設定交涉的場所以及予以維持，將需要一筆龐大的費用，又主體的數量少時，由於各個主體採取戰略性行動，很有可能致命交涉不成立。

三、不確定性與公共政策

於動態經濟中，每一個經濟主體不僅關心現在的生產與消費，同時也關心將來的生產與消費，故其生產函數與消費函數，將會包含將來的財貨在裡面。在這樣的經濟體制中，市場機構如欲於發揮有效率的資源分派，必須普遍設立處理將來財貨的市場。茲將基於不確定性（uncertainty）的概念，處理將來的財貨，同時亦論及資訊缺乏完全性所引起的市場失靈，探討在此等情況下應採取的公共政策的內容。

（一）有條件的請求權市場

將來某一時點的財貨的實際交易，卻以現在訂定契約，藉此考量將來財貨的市場。但，將來是不確定的，所以，交易契約也有必要考慮不確定的問題。亞勞（K. J. Arrow）乃利用所謂「有條件的請求權

（contingent claims）」財貨將其模式化，假如此財貨市場完全存在時，即使在具有不確定因素的經濟裡，競爭性均衡亦可實現巴瑞托效率的資源分派。【註6】

　　所謂「有條件的請求權」，係指以為將來可能會發生的情況變成事實時實施交易者，例如，保險證書一類的財貨謂之。茲擬以簡單模式為例，俾利探討。將來某時間點可能會發生的情況，設有兩種為 a 與 b。有兩位消費者（1，2），尚有一種財貨（X）。各個消費者於將來某時點的消費量為（X_{ia}，X_{ib}，其中 $i = 1$，2）。這個消費量就是有條件請求權的購買量，如果將來發生狀況 a 時，即獲取 X_{ia} 的量，如果產生狀況 b，便獲取 X_{ib} 的量。各個消費者對可能產生的狀況的機率各為 $\prod_{ia}$，$\prod_{ib}$，則決定消費時，欲令其最大者應為期待效用（expected utility）。

$$EU_i = \prod_{ia} \cdot U_i\,(X_{ia}) + \prod_{ib} \cdot U_i\,(X_{ib}) \quad, i = 1，2 \cdots\cdots\cdots\cdots\cdots (3\text{-}18)$$

　　此際，實現巴瑞托效率的資源分派的條件，乃如同前，將 EU_2 固定，在資源限制（$X_{1a} + X_{2a} = X_{1b} + X_{2b}$）下，將 EU_1 予以最大化而求得。茲將其整理如下：

$$\frac{\prod_{1a}\,(\partial U_1 / \partial X_{1a})}{\prod_{1b}\,(\partial U_1 / \partial X_{1b})} = \frac{\prod_{2a}\,(\partial U_2 / \partial X_{2a})}{\prod_{2b}\,(\partial U_2 / \partial X_{2b})} \cdots\cdots\cdots\cdots\cdots (3\text{-}19)$$

　　此式與沒有不確定性的（3-8）式相對應，係所謂期待邊際替代率（expected marginal rate of substitution），係要求消費者之間的均等者。同時很容易確定，此條件係由各個消費者的期待效用最大化之主體均衡條件引導出來的。換言之，有條件的請求權市場確能實現巴瑞托效率的資源分派。

【註6】　K. J. Arrow, "The Role of Securities in the Optimal Allocation of Risk-Bearing," *Review of Economic Studies*, vol. 41，1964，pp.91-96。

有條件的請求權市場與現實經濟社會裡的保險市場或股票市場,似可見其互相應對的情況,但這未必為一定互相應對。從上述探討可以瞭解,有條件的請求權交易,乃以能完全認識各個經濟主體於將來某時點可能發生的情況,並能正確地預測其發生的機率作為前提,且此等認識及預測都必須成立。果真如此,其所需費用非常龐大,實在不堪負荷。因此,未來財貨的市場很難普遍存在,故勢必招來市場的失靈。

(二)道德的危險與逆向選擇

關於市場的失靈與不確定性的問題,亦可從別的觀點作了重要的提示。如欲實現效率性資源分派,必須資訊(情報)暢通無阻。但於現實的社會裡,經濟主體間的資訊常常都是分布不均。對某種財貨的特性而言,某主體對其資訊也許已完全掌握,但另一方主體也許只有不確實的資訊,這樣的情況於巷間的消費財及勞動市場普遍可見。凡已參加保險者,對將來可能發生的危險,比起尚未購買這種保險財貨者(即尚未參加保險者),對危險的發生較不關心。此乃由於有關保險加入者對危險的態度的情報之掌握,就保險公司而言,係屬於不確定的緣故(對已參加保險者係已確實予以掌握),亦成為妨礙效率性資源分派的原因。這種現象,被稱為「道德的危險」(moral hazard)。【註7】

再者,關於對危險表示十分謹慎的希望參加保險者,與對保險的關心比較淡薄者,如此兩種人同時存在時,保險公司如欲掌握其特殊的差異,實在確有困難。於是對此兩種希望參加保險者,只好依照平均保險費索取費用。果真這樣,對危險較謹慎的希望加入者很可能因為保險費率偏高,而產生不願意加入保險的情況。於是發生了參加保險者對危險的關心均比較淡薄者的特殊情況。在這種現象時,於市場從事交易時亦

【註7】 道德的危險屬於保險領域的用語,於經濟模式中使用此用語者有:K. J. Arrow, "Uncertainty and the Welfare Economics of Medical Care", *American Economic Review*, vol. 53, Dec., 1963, pp. 941-973。

只能利用不確實的資訊（情報）。由於資訊的完全性受到破壞，使得資源的分派失去效率性。這種現象稱為逆向選擇（adverse selection）。

　　如上所述，如有條件的請求權市場尚未普遍成立時，將無從實施效率性資源分派，縱令市場已普遍成立，但資訊（情報）的分布有偏倚時，亦無法實現效率性資源分派。針對這種市場的不確定性，如由私人經濟主體單獨設法處理雖非為不可能，但所需費用非常龐大，同時，一旦能夠減少此項不確定性，則所有的經濟主體都可以利用其資訊（資訊的提供成為一種公共財貨任何人都能夠利用），最後勢必失去由主體單獨設法處理的誘因。因而產生公共部門積極介入的合理意義。例如，國民健康保險制度係為補助民間附有條件的請求權市場；政府的經濟計畫、景氣預測、氣象預測等對各主體形成將來的設想時，減少其不確定性；又設置各種各樣的品質等級制度、證照制度、商標制度等，而有助於消除資訊（情報）傳播的偏倚，並有利於減少不確定性。

四、規模的經濟與公共政策

　　在生產過程中，如產生規模的經濟時，則表示生產曲線的凸狀條件未得滿足，是以可能產生市場的失靈。規模的經濟乃往往見於實施生產時需要巨大資本的產業，但其效率問題究竟怎樣？又究竟希望何種公共部門予以介入？以下擬探討此等問題。

（一）自然獨占與邊際成本取價

　　茲擬採用本章第一節的模式（X 財貨的生產），則在競爭市場裡，廠商為了求取利潤最大化，務使邊際成本等於產品價格（$MC = P_x$），邊際產品價值等於生產要素價格〔$P_x(\partial F / \partial K_x) = r$，$P_x(\partial F / \partial L_x) = w$〕。設該廠商沒有規模的經濟，即生產函數為一次齊次，如將投入的生產要素全部予以 α 倍，產出將增 α^β 倍（$\beta > 1$）。依據歐拉（Euler）定理，可成立下式：

$$\beta X = \frac{\partial F}{\partial K_x} K_x + \frac{\partial F}{\partial L_x} L_x \quad \text{...（3-20）} ^{【註8】}$$

上式兩邊乘以 P_x，如考慮利潤最大化條件，只要 $\beta > 1$ 時，便得下式：

$$P_x X < rK_x + wL_x \quad \text{...（3-21）}$$

上式表示，總收入不及總成本。此表示，如有規模的經濟時，競爭的廠商在生產該財貨時勢必會產生損失，以致無法參與生產。然而，該事實乃表示，對某一廠商而言，一旦其他廠商自該財貨市場撤退時，它就可於此建立私人獨占的地位，再透過價格的控制力，進而獲取獨占利潤的絕佳機會。此際，該財貨的產業被稱為位於自然獨占（natural monopoly）的狀態。

一般而言，只要對某一種財貨的需求大於邊際成本時，該財貨的供給如從整個經濟的效率立場觀之，當然值得期待，但如規模的經濟存在時，卻不能帶來正數利潤，故私人廠商將不會參與生產，要不然，便將形成自然獨占。即使不考慮分配問題，私人獨占從事利潤最大化行為的結果，務使邊際成本等於邊際利潤（但小於市場價格），因而妨礙效率性資源分派。於此可以認定，公共部門介入的合理與充分理由。介入的方式可區分為直接介入與間接介入兩種。直接介入係指公共部門本身從事該財貨的生產，例如，民營化以前的中華電信公司等，有些國營事業或公用事業係基於上述理由而成立。此際，其產品價格應如何決定？如果考慮效率的問題，應該等於其邊際成本為宜。此稱為邊際成本取價原理（marginal cost pricing principle），惟如產生損失時，也許用稅收

【註8】　將 β 次齊次函數：$\alpha^\beta X = F（\alpha K，\alpha L）$，以 α 予以微分，則得 $\beta \alpha^{\beta-1} X =（\partial F/\partial K）K +（\partial F/\partial L）L$，設 $\alpha = 1$，便得導出（3-20）式。

補償。有人主張，欲使彌補損失不致扭曲資源分派，即須以採用定額稅（lump-sum tax）為宜。然自受益者負擔原則言之，此法亦含有分配問題在裡面。則如自利用者以外的人民亦徵收，為了彌補此項損失的負擔，這樣對實際利用者與潛在利用者徵收同一數額的賦稅，其理論基礎便非常薄弱。此外，尚有人批評公共部門本身缺乏對成本最小化的努力，以致公共部門的營運可能發生缺乏效率的缺點。此對公共部門直接介入政策，也引起另一個新的問題。

（二）公共費用政策

所謂間接介入，係指當該財貨的生產仍委由民間廠商執行，但有關產品價格的設定卻由公共部門負責規定。其中一個理由係為了防止私人獨占的弊害，並依邊際成本取價原則管制價格，如果因而產生損失時，則提供補助金予以彌補。此際的問題有補助金的財源以及企業努力誘因的缺乏等，與直接介入的時候一樣，具有相同的困難。雖然公共部門通常採取邊際成本取價原則，但並非規定單一價格，而是引進差別價格制度，藉此實施間接介入。這種情況有如深夜的電話費優惠費率、鐵路學生票之優惠措施、深夜電費優惠費率、夏季電費加成措施、等等，係按需求的價格彈性或消費對象實施差別價格（discriminative price），藉此期以彌補損失；或在電話費、電力費、瓦斯費等設定基本費與使用量費，兩者分別計算收費，以基本費用於損失補償，後者採用邊際成本取價原則收費，兩種收費制度配合運用。當然，實際的公共費用政策，除了效率以外尚須考慮其他的政策目的，以配合實際需要。

第三節　公共財之理論

導致市場失靈的原因之一為公共財的存在。有關公共財的問題中，有前述的外部性及規模的經濟等，但它亦形成了獨自的理論領域，並正

在進行多彩多姿的分析。本節擬先整理公共財的概念,並明示為了實現公共財效率的供給所需條件,探討為了實現效率性分派而設立的公共財供給機構的特性等,為本節的主要內容。

一、公共財的概念

一般所說的公共財(public goods)係包括道路、橋樑、消防、國防等,係與私有財相對立的觀念。而理論觀念所稱的公共財,並非由某公共部門實際所供給的財貨的名稱。例如郵政、交通運輸服務等,雖由公共部門提供服務,但並不屬於此處所稱的公共財。通常公共財所擁有的共同的特徵,係指所有的主體都可以共同消費該公共財,又某一主體的消費活動並不妨礙其他主體的消費活動,此種消費的特性稱為「無敵對性」(non-rivalness)。【註9】當消費時,對互競財的整體經濟的需要曲線為,將以各個主體對一定價格的個別需要曲線的水準和求之;但對非互競財的整體經濟的需要函數,係指各個主體對一定數量的需要函數的垂直和求之,此亦為其特徵之一。某一種財貨可以無敵對性地被消費時,因追加的消費所需的邊際成本為零,故如同討論規模經濟時一樣,從效率的觀點言,限制該財貨的消費措施並非善策。然而,大多數的非互競財的利用如超過某一定限量時,或無限制地被利用時,亦有可能產生部分的競爭情況。此種情況,通常稱為「擁擠」(congestion)。

公共財特徵的另一特性為「非排他性」(non-excludability)。【註10】這表示,當利用該財貨時對不支付相對價格者,即使其為個人消費者,也不可能排除其消費的特性。某一種財貨如為非排他性者,表示其對各個利用者缺乏自動支付對價的誘因,而將引發所謂「搭便車」(free rider)的問題。非敵對性與非排他性並不具有一方導引另一方的關係,

---

【註9】 消費的非敵對性(non-rivalness)一詞與非排他性(non-excludability)出於 R. A. Musgrave, *The Theory of Public Finance*, McGraw-Hill, 1959。

【註10】 非排他性(non-excludability)一語,出處同註9。

在觀念上為各自獨立乘次的特性。

　　一般說來，能同時滿足這兩種特性的財稱為「純公共財」（pure public goods）；具有上述兩種特性中的任何一種者，稱為「準公共財」（impure public goods）；上述兩種特性中均不具備者，稱為「私有財」（private goods）。於現實社會中屬於純公共財者，也許沒有，然在觀念上作如此的分類，仍具有其特別意義。接下去擬探討該純公共財的供給條件。

二、純公共財之效率性供給條件

　　茲擬以一般均衡分析的架構，求取純公共財的巴瑞托（Pareto）式效率供給的必要條件。設生產要素為 1 種（K）之外，其餘類同第一節的模式，則 2 消費者、2 生產者、1 純公共財（X）、1 私有財（Y）等。X 財貨具無敵對性的特質係指：其消費量（設兩位消費者的各自消費量為 X_1，X_2）可成立如下式，[註11] 並欲與私有財的消費限制式（3-7）式比較：

$$X = X_1 = X_2 \cdots\cdots\cdots\cdots\cdots\cdots\cdots\cdots\cdots\cdots\cdots\cdots\cdots\cdots（3\text{-}22）$$

　　另外，在消費方面完全互競的的私有財在分配上的限制，將與（3-7）式一樣，可表示如下：

$$Y = Y_1 = Y_2 \cdots\cdots\cdots\cdots\cdots\cdots\cdots\cdots\cdots\cdots\cdots\cdots\cdots\cdots（3\text{-}23）$$

　　設公共財與私有財各自的生產函數，如下：

$$X = F（K_x），Y = G（K_y）\cdots\cdots\cdots\cdots\cdots\cdots\cdots\cdots\cdots\cdots（3\text{-}24）$$

【註11】　觀念上，非敵對性與等量消費性並非同一物，但此處均當作「拒絕不可能性」（nonrejectability），並沒有予以區別，當作同一物。

K_x、K_y 表示各個供生產的要素投入量,惟其初期賦與量為一定量,以 $\overline{K}$ 表之。

$$\overline{K} = K_x + K_y \cdots\cdots\cdots\cdots\cdots\cdots\cdots\cdots\cdots\cdots\cdots\cdots\cdots\cdots\cdots \text{(3-25)}$$

公共財的巴瑞托(Pareto)式效率性供給的必要條件,係將第 1 消費者的效用:U_1(X_1,Y_1)設為一定,從(3-22)式與(3-25)式的限制下,當作第 2 消費者的效用,U_2(X_2,Y_2)的最大化條件,予以導出,如下:

$$\frac{\partial U_1 / \partial X}{\partial U_1 / \partial Y} + \frac{\partial U_2 / \partial X}{\partial U_2 / \partial Y} = \frac{\partial G / \partial K_y}{\partial F / \partial K_x} \cdots\cdots\cdots\cdots\cdots\cdots\cdots\cdots \text{(3-26)}$$

左邊各項為各個消費者的邊際替代率,右邊表示邊際變換率。於只有私有財的經濟社會裡,巴瑞托式效率性分派條件係指邊際替代率與邊際轉換率均等(可與 3-10 式作比較),而在包含公共財的經濟社會裡,便求邊際替代率的總和與邊際轉換率的均等。如將私有財 Y 予以數值化,上式乃要求各消費者對公共財的邊際收益的合計須等於邊際成本,而各個別的需要曲線的垂直和,亦即整體經濟對公共財的需要曲線與供給曲線(邊際成本曲線)的交點,並表示在此交點實施效率性供給。

三、公共財供給機構

(一)林達兒模式

利益學說系列中,林達兒(E. Lindahl)將公共財的資金籌措與利用者的受益度連結起來,藉此以期建立效率性分派機構。【註12】此乃欲將類似市場機構的調整方式,引進於含有公共財的經濟社會,並將各主

【註12】 E, Lindahl, "Just Taxation-A Positive Solution", 1919, reprinted in R. A. Musgrave and A. T. Peacock(eds.). *Classics in the Theory of Public Finance*, Macmillan, 1988, pp, 168-176。

體的個別動機與效率的分配連結起來，基於此種想法，故通常將此稱為「自願的交換模式」（voluntary exchange model）。

本書第二章第一節公平與效率的圖 2-1 表示受益研究法，也是表示 E. Lindahl 的自願交換模式。茲擬利用圖 2-1 再說明該自願交換模式，如下。為了討論的單純化，茲設下列幾個假定：1. 設只有一種公共財；2. 該公共財由 A 與 B 兩位納稅者共享；3. 所得的分配狀況是公平的；4. 該公共財係在成本不變的情況下生產。圖 2-1 係表示，兩位納稅人 A 與 B 對該公共財的需要情況。圖的橫軸表示公共財的數量；左縱軸表示，總費用中 A 應該負擔部分所佔的百分比；右縱軸表示，總費用中 B 應該負擔部分所佔的百分比。曲線 *aa* 表示，A 對該公共財的需求函數。則 A 對 *OG* 的公共財乃願意負擔 100% 的費用，而對 *OC* 的公共財卻只願意負擔 50% 的費用。又曲線 *bb* 係表示，B 對該公共財的需求函數（亦即，A 對該公共財的供給函數）。右縱軸表示，總費用中 B 應該負擔的百分比，惟百分比的大小排列，正好與左縱軸的大小排列相反。則 B 對 *OU* 的公共財將願意負擔 100% 的費用，但此際，*OU* 的公共財對 A 而言，是免費的。又 B 對 *OF* 的公共財乃願意支付 75% 的費用，而 A 對該數量的公共財，則如負擔 25% 的費用便可以使用。但實際上，A 並不願意支付該 25% 的費用，故該公共財的生產（興建）將不會成真。

曲線 *aa* 與曲線 *bb* 相交與 *D* 點。A 與 B 兩人的費用負擔合計為 100%，其均衡產出為 *OE*，此際，A 的費用的分攤比例為 *ED*；B 的費用分攤比例為 *DH*。假如公共財的產出大於 *OE* 時，A 與 B 兩人願意分攤費用比例的合計小於 100%。例如，產出為 *OC* 時，兩人費用分攤比例的合計尚須補足 JM%方能達到 100%。結果，無法供給 *OC* 量的公共財，而不得不減少公共財的供給量。如果，公共財的供給量小於 *OE* 時，對任何供給量，A 和 B 願意分攤的費用比例的合計，均大於其實際所需費用。例如，產出為 *ON* 時，兩者願意分攤的費用比例的合計，

將較其實際所需費用超過 *RZ*%。假如，A 願意負擔 *NR*% 時，B 僅負擔 *TR*% 的費用，便可利用 *ON* 的公共財。然而，假如有必要，B 亦可能願意負擔 *TZ*% 的費用。如果，B 願意負擔 *TZ*% 的費用，A 則只負擔 *NZ*% 的費用，便可利用 *ON* 的公共財。惟如有必要時，A 可能願意負擔 *NR*% 的費用。如果，A 負擔 *NJ*% 的費用，B 負擔 *TJ*% 的費用，則兩人負擔的合計費用將小於兩人原先願意的負擔額，故 A，B 兩人將贊成增加公共財的供給，一直增加到 *OE*。

上述為林達兒（E. Lindahl）自願交易模式的大概。但對此項分析，卻另有一些批評。其一，如果可以假設納稅人均可不考慮他們的意願表示，是否會影響對方的費用分攤額，則依納稅人自願支付的解決方法，未必能導出均衡解；第二，如果每一位納稅人都考慮，公共財數量的變動會影響他們的費用支付額時，則最後的解將決定於兩者之間的討價還價的能力，故其均衡解並不一定是 *OE*；第三，如果人數增加很多，任一個人縱令改變其支付額，亦未必能影響公共財的供給量。此際，每一個人都可能故意估低自己的偏好，藉此減輕自己的費用負擔額。

茲擬以數式說明林達兒（E. Lindahl）模式的要旨。

假設兩位消費者的私有財期初保有量（$\overline{Y_1}$，$\overline{Y_2}$）為一定，並將此投入公共財的生產。兩位消費者為了生產公共財而各自提出 Y_x^1 與 Y_x^2，其餘方供自己消費。亦即，各消費者的資源限制與公共財的生產函數，如下：

$$\overline{Y_1} = Y_x^1 + Y_1 , \qquad \overline{Y_2} = Y_x^2 + Y_2 \quad\cdots\cdots\cdots\cdots\cdots\cdots\cdots（3\text{-}27）$$

$$X = F（Y_x）, \qquad 但 Y_x = Y_x^1 + Y_x^2 \quad\cdots\cdots\cdots\cdots\cdots\cdots\cdots（3\text{-}28）$$

由於私有財為 $Y = Y_1 + Y_2$，這裡的邊際轉換率為 $\partial F / \partial Y_x$ 的逆數。其次，再思考各主體的行動形態。林達兒（E. Lindahl）模式的構想特徵在於，當消費者消費（使用）公共財時，予以課稅為特點。對各消費

者的個別課稅價格設為 P_x^1，P_x^2。如以 P_y 表示私有財的價格時，消費者的行動方式為，以 $P_y \overline{Y_i} = P_y Y_i + P_x^i X_i$（$i = 1$，$2$）作為預算限制，使效用函數 $U_i(X_i, Y_i)$ 最大化。其本身的均衡條件，表示如下：

$$\frac{\partial U_i / \partial X}{\partial U_i / \partial Y} = \frac{P_x^i}{P_y} \quad i = 1，2 \cdots\cdots\cdots\cdots\cdots\cdots\cdots（3\text{-}29）$$

由上式，可將 P_x^i 解釋為，將私有財數值化時，從公共財獲取的邊際利益，或對公共財的邊際最大支付容許額。在另一方面，如將公共財的價格訂為 P_x（此等於各個別的課稅價格的合計 $P_x^1 + P_x^2$），競爭的生產者為了利潤的最大化，將使生產投入要素的邊際產值等於產品價格。

$$\frac{P_x \partial F}{\partial Y_x} = P_y \cdots\cdots\cdots\cdots\cdots\cdots\cdots\cdots\cdots\cdots\cdots（3\text{-}30）$$

上式為生產者本身的均衡條件。林達兒（E. Lindahl）的均衡可定義為，透過（3-29）式求得的公共財需要量與私有財需要量，與透過（3-30）式求得的公共財供給量與私有財的供給量，各組各成為一致。林達兒的均衡係透過各主體的自願行動，而成為巴瑞托式效率性分派（亦即成立與（3-26）式相呼應的條件），將得由（3-29）式與（3-30）式以及公共財價格所設定規範，容易予以確認。林達兒模式係某種拍賣人對各消費者提示公共財的個別課稅價格，各消費者乃令其能與邊際替代率相等而告知對公共財的個別需要量，然後把其合計務必能與供給量趨於相等，由拍賣人調整個別課稅價格。如此說來，它有點類似市場機構，則此處的消費者乃扮如課稅價格的接受者，採取與其在私有財市場相同的行動。

（二）搭便車

林達兒模式確實具有有效率的公共財供給機構的特徵，但其現實的

實踐性尚有問題。上述的討論，乃僅由公共財特徵之一的非敵對性所構成，而未論及公共財另一特徵的非排他性。如於林達兒模式中，各主體如將非排他性積極地引進於其行動模式裡面，自然會產生新的問題。

各個消費者將不會誠實地表示，與僅由其本人知悉的邊際替代率一致的個人需要量。又為了獲取較低的課稅價格，故很可能操作其行動模式。加上，由於公共財的特性，更希望能以較少的費用負擔，利用所供給的公共財。則無法排除，趨向搭便車（free rider）的主體。但，按林達兒模式，則較少的費用負擔，勢必導致公共財供給量的減少。故是否能產生搭便車的情況，乃尚有審慎檢討的必要。茲擬探討，需求量告知過少，是否可能發生的問題。茲假設，第 2 消費者將依照（3-28）式，誠實地表示其個別需要量，設其需求函數的逆函數為 $H(X_2)$

$$P_x^2 = H(X_2) \quad\cdots\cdots\cdots\cdots\cdots\cdots\cdots\cdots\cdots\cdots\cdots\cdots\cdots\cdots（3\text{-}31）$$

只要公共財對私有財的邊際替代率一直在遞減，其導函數 $H'(H_2)$ 將為負數。此行動方式與認知林達兒模式規則（$P_x = P_x^1 + H(X_2)$）的第 1 消費者，其一般問題為，以 $P_y Y = P_y Y_1 + (P_x - H(X)) \cdot X$ 作為限制預算的效用 $U_1(X, Y_1)$ 的最大化。為達到此目的的條件，係如下式：

$$\frac{\partial U_1 / \partial X}{\partial U_1 / \partial Y} = \frac{P_x^1}{P_y} - \frac{H'(X)}{P_y} \quad\cdots\cdots\cdots\cdots\cdots\cdots\cdots\cdots（3\text{-}32）$$

由於上式右邊第 2 項為正數，使得第 1 消費者表示的個別需要量將較之（3-29）式為小一些。於新的均衡時，一邊由於公共財供給量減少，一邊由於個別課稅價格降低，消費者的效用本身卻在增加。亦即，他對某一個提示的個別課稅價格，將基於虛偽的效用函數，並具有顯示需要量的積極動機。

一般而言，某一個模式對各個主體所設想的行動，盡可能讓各主體的替代行動方式中，能與合理的行動一致時，或各主體由於表示虛偽的

反應，藉此找不出對從事操作模式的積極理由時，則稱此為具有「個別誘因互用性」（individually incentive compatibility），只要某一個主體採取戰略性行動，縱令為均衡，亦不能實現效率的分派。

第四章

財稅與所得分配

　　雖然市場結構制度具有幾個前提條件，但從效率這個基準而言，原則上，它的在資源分派方面確實具有優良的特性。然而，根據廣義的「市場失靈」所謂的財富或所得分配問題來說，市場機制的確並沒有達成良好的成果。或許，由於評估其成果的基準遠不如巴瑞托（Pareto）的效率那樣，已經形成一般的共識，使得所得分配問題增加了一些困難也說不定。本章擬探討所得分配問題的理論與實際，則在市場經濟中，所得分配究竟由何種因素決定？又財稅對所得分配問題的介入程度究竟如何？即須明確瞭解「理想的分配」的價值基準。此外，尚須探討所得分配的規範原理，以及不平等程度的測試等，為本章的重點。

第一節　市場所見的所得分配

　　在市場機制裡面，原則上，所得的分配係依據每一個人所有的生產因素，對生產的貢獻程度大小實施分配。但這種分配方式，未必全面受到認同。依據貢獻大小實施分配與依必要實施分配，兩者層次（dimension）不同，市場結構本身對後者，實在無法完全掌握。以下擬探討於市場裡面的分配原理，並提出若干問題。

一、依貢獻度實施分配

自邊際革命以來，將產品的價格決定與生產要素的價格決定採取平行處理，而將所得分配的問題當作要素價格決定的一局面加以掌握，此為新古典學派經濟學所採取的立場。對生產要素的需求，係對使用要素產出的產品的需求所產生的「引申需求」（derived demand）。所以生產要素的價格乃透過生產者的技術，依據產品價格而決定。茲假設 i 廠商的生產函數，如次：

$$Y_i = Fi(K_i \cdot L_i) \quad \text{……………………………………………}（4\text{-}1）$$

但，$Y_i \cdot K_i \cdot L_i$ 依次代表示 i 廠商的生產量、資本投入量及勞力投入量。茲設想一個完全競爭的市場機制，設該市場的生產物價格（p）、資本價格（r）、工資率（w）為固定。廠商的經營目的在於（$pY_i - rK_i - wL_i$）的最大化，故務必使下式能夠成立，而據此以決定生產要素需求量：

$$\frac{r}{p} = \frac{\partial Y_i}{\partial K_i} \cdot \frac{w}{p} = \frac{\partial Y_i}{\partial L_i} \quad \text{………………………………}（4\text{-}2）$$

上面兩式的右邊均表示各生產要素的邊際生產力，並要求各個須與其生產要素的實質價格相等。或邊際生產力與生產物價格的乘積，亦即，要求邊際產品價值須與要素價格相等。一般來說，邊際生產力將隨著要素投入量的增加而逐漸遞減，故廠商的生產要素的需要量，將是生產要素價格的減函數。

又，生產要素的供給量究竟如何決定？茲擬以勞力為例加以探討。

勞力的供給者，欲使自己勞力的效用最大化，將可能利用的時間（T）分別利用於勞動（L）與閒暇（$T-L$）。設具有代表性的個人的效用函數如下式：

$$U = U（L，I）\text{ 但 } \frac{\partial U}{\partial L} < 0，\frac{\partial U}{\partial I} > 0 \dots\dots\dots\dots\dots\dots（4\text{-}3）$$

I 表示所得，它等於工資率與勞動時間的乘積，$I = wL$，將此式代入於上式，如對 L 實施效用最大化，便得下面的勞力供給函數：

$$w = -\frac{\partial U \big/ \partial L}{\partial U \big/ \partial I} \dots\dots\dots\dots\dots\dots\dots\dots（4\text{-}4）$$

上式右邊表示所得與勞力的主觀邊際替代率，一般而言，工資率低時替代率小；工資率高時替代率大。所以，工資率水準相對偏低時，勞力供給量成為工資率的增加函數，而工資率水準相對偏高時，勞力供給量將成為工資率的減少函數。

勞動要素投入量將由（4-2）之第 2 式與（4-4）式決定，對此乘以工資率便成為勞動所得。故如勞動意願強，勞動對生產的貢獻程度愈大者，能歸屬該勞動供給者的所得，亦將愈大。

二、市場機制對所得分配的缺陷

依據市場機制分配所得，係依各種生產要素對生產的貢獻程度，實施分配為原則。這種想法在現代社會裡，似已取得相當廣泛的共識。事實上，上述理論係包含此種意義的一點點價值判斷。但，向來的理論乃依各種生產要素於生產時所發揮功能面的分配方式（稱為功能分配），而不表示如何決定對各個人的所得分配（稱為對人的分配）。如要討論理想的所得分配時，似應在「對人的分配」架構裡實施為宜。實際上，功能分配通常都不考慮「對人的分配」為多。再者，如說各個人對生產的貢獻時，如不按照各個人的努力、責任決定分配時，也失去了按貢獻的大小實施分配的真正意義。

市場機制對所得分配的缺陷，係基於上述所舉原因。其缺陷乃有

下列各點：首先，各個人持有的生產要素初期分配量，與市場機制無關，有時也未必與個人的努力大小有關係。其中，土地或資本等財產持有量的差異，往往形成不可容認的很大的不平等。第二，由於不能歸因於各個人的努力或責任等理由，由而妨礙從事生產活動的情形者。如因失業、疾病、事故等，致未能對生產有所貢獻的個人，當然不能分配所得，這便是市場機構所具功能方面很大的缺陷。第三，對生產的貢獻程度大小係由市場決定。如（4-2）式所示，生產要素的邊際生產力價值，因與生產物價格有關所致。蓋生產的價格未必依個人的努力或責任所決定，所以不能正確地評估其對生產的貢獻。經辛苦努力的結果取得的技術，原來可以提高勞力的邊際生產物價值，惟由於情況的變化，時而可以見到低估該個人所有的技術。

　　為了改正市場機制對所得分配面的缺陷，便要求財稅面的配合。但一般而言，在這方面財稅政策的配合確有其必要性，惟政策性的介入究應及至何種程度方為合理適當，的確為一種很難判斷的問題。事實上，目前已從經濟面及政治面，探討如何解決此問題。值此，下一節有關規範的分析，將具有更重要的意義。

第二節　最適所得分配理論

　　上節探討的所得分配理論，對「理想的所得分配」或「應有的所得分配」問題而言，並不具備積極的意義，而只屬於事實的認知問題。然而，財稅政策如欲涉及所得重分配機能時，應該基於某種價值判斷的「理想的分配」，且有必要設定明確的基準。下面擬探討所得分配的規範理論。

一、巴瑞托最適重分配（Pareto Optimal Redistribution）

　　當今經濟學最常用的所謂「巴瑞托效率」的基準，係基於價值判

斷薄弱的消費者主權，但容易取得人民的共識。一般認為，該巴瑞托基
準，在資源分派問題為中立的。但霍克曼（H. M. Hochman）與羅吉斯
（J. D. Rodgers）對各主體的效用函數，由於引進互相依賴關係，使得
巴瑞托基準也可以對最適重分配而提出一些建議性理論架構。【註1】假
設依效率的資源分派結果，據之決定所得分配，但如有嚴重的分配的不
平等時，由於歷史昭示我們，欲維持經濟秩序的安定，實在非常困難。
如果不願意見到劇烈的經濟變化，卻似可認定由於有一群富有主體的效
用，係依存於另一群貧窮主體的所得水準，這樣的想法確具有充分的理
由。在經濟主體之間如有這種外部性存在時，如毫不減少任何人的效用
而可增加某主體的效用者，便符合巴瑞托基準的情況的改進，並可求取
所得的自願重分配的機會，且可更進一步地討論所得重分配的最適情
況。

　　設有主體兩人，則主體 1 與主體 2。所得水準為互相依賴型，其效
用函數如下式：

$$U_1 = U_1(Y_1 , Y_2) \ , \ U_2 = U_2(Y_2 , Y_1) \ \cdots\cdots\cdots\cdots\cdots\cdots\cdots\cdots\cdots \ (4\text{-}5)$$

Y_1，Y_2 表各個主體的所得，設 $Y_1 > Y_2$，並且 $\partial U_1 / \partial Y_2 > 0$，$\partial U_2 / \partial Y_1 = 0$。又圖 4-1 的縱軸表所得差距，橫軸表從主體 1 流向主體 2 的所
得轉移額。I 表主體 1 的無異曲線，由於 $\partial U_1 / \partial Y_2 > 0$，所以 I 乃向右
下方延伸的曲線。設初期的所得差距為 OA，按此處的設想，從主體 1
至主體 2 的所得移轉，將為主體 1 帶來較高的效用。但超過 OC 以上的
所得移轉，將引起所得的逆差距，所以，OC 表示為其所得最大移轉容
許額，而移轉的限制在 ABC 線的範圍內。就主體 1 而言，其最適所得
移轉額為移轉限制線與無異曲線的切點 D 相對應的數額 OF。這便是依

【註1】　H. M. Hochman and J. D. Rodgers, "Pareto Optimal Redistribution", *American Economic Review*, vol., 59, Sep. 1969，pp.542-557．此理論所說效用函數的相互依存性，係指消費時有外部性的存在。所謂外部性則如第三章第二節所述。

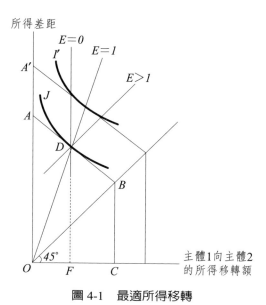

圖 4-1　最適所得移轉

據巴瑞托原理的所得最適重分配論的要點。如果初期所得差距較之更大時（例如圖中的 OA'），最適移轉額究竟作如何的變化？此際，將可使用移轉彈性（transfer elasticity）的概念，乃表示對所得差距變化率的最適移轉額變化率。如 $E = 0$，不管差距多大，一定額的所得移轉將帶動最適重分配，$E = 1$（I' 乃表示此際的無異曲線）、$E > 1$、$E < 0$ 時，則各為表示比例的、累進的、累退的所得移轉，將可藉此改善所得分配情況。

　　此種巴瑞托最適重分配的理論，對實際的所得分配雖可賦與一些指針或方向，但也難免被指出下列幾個缺點：第一，此理論乃以原來的所得分配為起點，基此而考慮最適度的移轉，故對初期分配的不平等、不公平問題，卻無法解決；第二，將實施所得移轉的誘因求之於比較富有的主體慈善行動，其實現基礎不得不說非常不安定。此宛如將窮人的生活擬借助於富人的恩惠加以保障，似有缺確實。原來，最適度的分配，應該求之於能夠反映社會全體成員的意願為原則；第三，所得的重分配

與其具有類似公共財的特性有關。假設在所得分配公平的社會裡欲增進
富人的效用，而擬以移轉其他富者的所得實施重分配時所產生的外部效
果，藉此解決問題。則借助於所得移轉之便，期以實現更平等的社會，
趁機成為搭便車者。因此，實在很難想像巴瑞托最適重分配能夠自動達
成。即使政府想運用其強大的權力強制實行，如果沒有能使他們誠實表
明本身偏好的制度以供配合，它將無法成為有效的辦法。

二、功利主義的分配論

　　一般而言，平等的經濟社會的確優越於不平等的經濟社會，則平等
主義者所主張所得平均分配較為理想的說法，比較容易取得大多數人
民的贊同。但談及平等的具體內容時，如沒有特別的價值判斷新思考，
實在很難有助於問題的解決。在此擬思考，主張平均分配為最適者，
其背後究竟含有何種價值判斷的問題。福利經濟學最基本的價值判斷
乃採取個人主義，亦即，個人的效用不可侵犯，所以社會全體的經濟
福祉（W）的程度，亦可還原於各個人的效用（U_i）。將其價值判斷很
清楚地表明者，為 P. A. Samuelson 及 A. Bergson 所說的「社會福利函數
（social welfare function）」。【註2】

$$W = W\,(\,U_1,\,U_2,\,\dots\dots,\,U_n\,) \quad\dots\dots\dots\dots\dots\dots\dots\dots\dots\dots\dots\dots\dots\dots\dots (4\text{-}6)$$

　　如 J. Bentham 等功用主義（the principle of utility）者所主張「最大

【註2】　A. Bengson, "A Reformulation of Certain Aspects of Welfare Economics", *Quarterly Journal of Economics*, vol. 52, Feb., 1938, pp.310-334. P. A. Samuelson, *Fundations of Economic Analysis*, Harvard University Press, 1944。此外，尚有 K. J. Arrow 之社會福祉函數之觀念，惟它是有關累計手續的問題。

多數的最大幸福」，[註3]已成為擬訂政策時價值判斷的選項之一，其社會福利函數的特性，將以下式表之：

$$W = \sum_{i=1}^{n} U_i \quad\text{(4-7)}$$

　　將「應有的」所得分配問題，擬透過社會福利函數最大化的指標予以探討。皮古教授（A. C. Pigou）主張，所得的增大、穩定的所得，以及改善不平等的分配等乃為增大社會福祉的原則，[註4]並於展開其理論時認為，效用為所得（Y_i）的函數（$U_i = U_i(Y_i)$），而所得的邊際效用為遞減的（$U_i'' < 0$）。於是（4-7）式最大化的條件，便要求所有的個人所得的邊際效用必須為均等。此式表示，只要假設各個人的效用函數的形態相等，則意味所得的均等分配方能使社會福祉最大化。亦即，均等分配方為最適分配的主張出現。雖然如此，惟此處所用的加算效用的可能性及效用函數的同型性，這種假設實在很難令人認同。

　　A. P. Lerner 並不假設主體之間的效用函數的同型性，[註5]反而設想各個人的效用函數究屬何種型態為不確定，進而導出與皮古教授同樣的結論。則就所得分配而言，不知道任意兩人當中的任何一個人，具有較高的所得邊際效用時（假如可以決定時，便朝著所得的邊際效用均等的方向，實施所得的重分配，達成均等分配便能使社會福祉最大化），務求總效用最大化，並主張所得均等分配方能保證總效用的最大化。

【註3】　J. Bentham（1748～1832）生於英國倫敦，放棄律師，專攻政治學。其學說為徹底的功利主義，他憑功利原則（the principle of utility）判斷一切行為的善惡正邪。則一種行為如能增進社會福祉，便為倫理學上的美德（virtue）；反之，如在縮減社會福祉，便屬罪惡（vice）。故社會的唯一目的，係在促使最大多數人享有最大多數的幸福。

【註4】　A. C. Pigou，"The Economics of Welfare"，1920, 4th ed., 1932。

【註5】　A. P. Lerner，"The Economics of Control"，Macmillan, 1944.

三、公正的分配

（一）J. Rawls 的正義論

　　J. Rawls 從社會契約論的立場，批評功用主義以功用的總和當作公正的基準的想法，並擬以分配的公正原理，以替代功用主義者的想法。【註6】與魯梭（J. J. Rousseau）於其「社會契約論」所用的「自然狀態」相對應的觀念「原初狀態」（original position），係由 Rawls 所設為其理論的原點。它是形成社會契約或社會共識以前，為了思考公正問題所設一種理論的假想狀態，亦是人們於社會契約成立後，對自己的地位、身分、本身能力、命運等究竟怎樣，均尚未分明的意思。

　　Rawls 所說公正的「正義的原理」，係在「無知的面紗」（veil of ignorance）背後所作的選擇，並將自己的著眼點放在公正而平等的起源狀態時，或在那種狀態時實施立場的交換時，詢問人們能得共識的原理與基準究竟是甚麼？當將自己的立場置於那種狀態時，普遍能受到支持與同意的原理，據 Rawls 擬自「正義的兩原理」（two principles of justice）引導出來。第一原理係基本的自由應平等予以認定；第二原理指社會與經濟的不平等，係於改善社會成員中受惠最少最可憐的人們生活狀態時，方得予以認定。他主張，第一原理應優先於第二原理，但所得的公正分配當作經濟問題時，多數經濟學者所關心者，係屬於第二原理的所謂「差距原理」（difference principle）。這是於遊戲理論中所說不確定情況下，與行動原理之一的最大原理互相對應的。所謂「原初狀態」而被「無知的面紗」包著的不確定情況下選出來的經濟制度，而欲使其合乎公正者，其所得分配制度務須依下列型態，設法將社會福祉函數最大化。或者於「原初狀態」，人們將依下式的最大化所造成的所得分配，表示合意。

$$W = \min\left(U_1\left(Y_1\right), \ldots, U_n\left(Y_n\right)\right) \quad\text{（4-8）}$$

【註6】　J. Rawls, "A Theory of Justice", Harvard University Press, 1971.

　　將此項特定化於不確定的情況下，作為選擇的基準，係最能避免危險的選擇型態。這在不確定的情況下，能夠作為替代基準的一種，卻也很難受到供一般使用的批評。又欲適用差距原理時，須特定受惠最稀少的人們。因此，必須實施個人之間的功用的比較，這也是如同功用主義常常受到批評的同樣缺點。然而，就現實的問題而言，於思考現在的社會保障制度時的適當最低保障水準時，似可提供原則性的方向。

（二）沒有羨慕的分配（absence of envy）

　　Rawls 認為，羨慕（envy）為人類罪惡的一種，並非道德的感情，所以沒有將其作為公正分配的指標之一。然而，最近的福利經濟學通常由於分析的方便，常將公正（fairness）的觀念比擬為沒有羨慕（absence of envy）的情況。此係基於個人主義的價值判斷，而與功利主義有關聯。但避免與社會福利函數有關聯，又沒有將「立場的交換」放在假想情況的「原初狀態」上面，而比較注重現實的指向。茲設以所得作為變數的主體 i 的效用為 $U_i(Y_i)$，此理論特徵為，主體 i 將主體 j 的所得與自己的效用函數比較，並予以正確的判斷。如果：

$$U_i(Y_i) < U_i(Y_j) \text{，} i \neq j \quad\quad\quad (4-9)$$

　　此際稱為 i 羨慕 j。那麼公正係指，所有的主體都不羨慕其他任何主體的狀態。所以，所得的均衡分配表示，任何人都不羨慕其他主體的所得水準，從這一點言之便是公正。然而，顛倒過來卻未必然，則公正的分配卻未必是均等的分配。圖 4-2 的 A 點與 B 點表示，將兩財貨（X_1，X_2）分配給兩位主體 a 與 b。財貨的價格設為固定，則從圖中的預算 L_a 及 L_b 得知，所得分配為不均等，而 $Y_a > Y_b$。惟無異曲線 I_a 與 I_b 的形狀為 $U_a(A) > U_a(B)$，$U_b(B) > U_b(A)$，其意義表示，任何主體都不羨慕其他主體。換言之，此種不均等的所得分配可謂為公正的分配。假如各主體的無異曲線均為同樣形狀時，公正的分配應該為均等的分配。

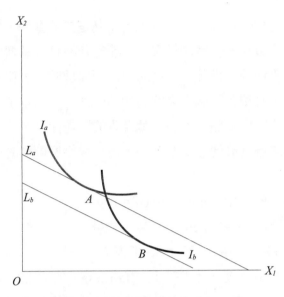

圖 4-2　所得不均但互不羨慕

　　原來，沒有羨慕這一種意義的公正觀念，係為了改善巴瑞托效率的福利經濟學成果基準所具的某種不決定性而設計。巴瑞托效率的分配往往容許連直覺也可認知的不平等。例如，即使有一定的所得單獨集中於一個人時，如限定於巴瑞托基準而言，因為它具有效率，而不得不認為其為正確的。與巴瑞托效率的分配相對應的，則所謂於效用領域上的選擇，乃須依據某種價值基準（通常以社會福利函數代表之），在此處乃以公正的觀念充當其機能。眾所周知，圖 4-3 顯示，艾吉渥茲（Edegeworth）的箱圖，曲線 P 表示巴瑞托效率分配的軌跡，E 點表示均等分配。由通過 E 點的無異曲線包圍住曲線 P 上面的區間 AB 部分，於該部分的分配並不引起各個主體的羨慕。AB 之間 C 的分配，係表示由原點 O_1 觀察時對主體 1 的分配，等同於由原點 O_2 觀察時對主體 2 所帶給 D 的分配，顯然地，主體 1 並不羨慕主體 2 的分配。就主體 2 而言，其情況完全相同，故該區間的分配為巴瑞托效率的分配，同時也是公正的分配。如沒有羨慕之意的公正觀念受到支持時，限制契約曲線上

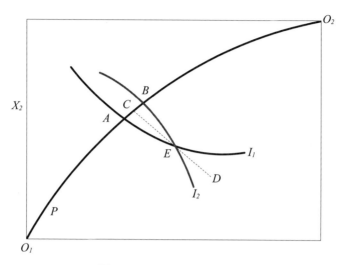

圖 4-3　Edegeworth 的箱圖

的選擇途徑，可以說是成功的。然而，經過後來的研究獲知，巴瑞托的效率與公正的分配，其所以能夠成立係只限定於交換經濟社會，如包括生產行為的經濟社會，將不能成立效率與公正的分配。

第三節　不平等的測度與負的所得稅

一、不平等的測度

　　於實施所得分配政策時，實際的所得分布資料當為不可缺乏的。關於所得分布的統計資料雖然可以取得，但將其分為幾個分布狀況並予比較分析時，須將繁雜的資料予以集約、整理，並設定幾種指標，茲擬將表示不平等的指標當中，選取比較典型的羅倫茲曲線（Lorenz curve）與吉尼不平均係數（Gini coefficient of inequality）加以討論。

　　羅倫茲曲線乃將所得的分布狀況直接訴之於視覺，一目了然，最容易瞭解的表示方法。如圖 4-4 所示，於橫軸表示自低所得向高所得的戶數累積百分比；縱軸表示，從低所得層向高所得層依次合計的所得累計的百分比。曲線 *ODCB* 為羅倫茲曲線，線上各點係自低所得階層依

次累計，表示某一定比率的家庭戶數，佔全體所得的百分比。所以，圖上的對角線 *OB* 表示，所得的絕對均等分配；如全國的所得集中於1戶時，羅倫茲曲線為 *OAB*，表示所得分配絕對不平均。一般而言，羅倫茲曲線通常向右下方形成凸狀，凸狀愈小或曲線的長度愈短，表示

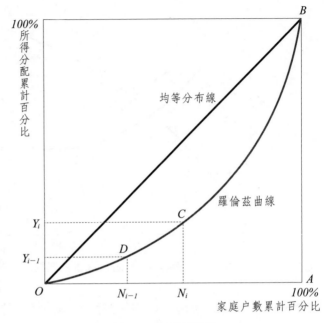

圖 4-4　羅倫茲曲線

分配愈趨平均。設有兩個表示分配情況的羅倫茲曲線中，有一條常在另一條的內側（靠近對角線）時，靠近內測的曲線所表示的分配情況愈趨均等。但，假如兩條曲線交叉時，將無判定哪一條所顯示的分配較為不平等。

　　即使兩條曲線相交時，擬以某一定的不均等程度，用於表示所得分配的順位而設計的尺度，便稱為吉尼不平均係數（簡稱吉尼係數）。吉尼係數的意義係以數值表示羅倫茲曲線，而由均等分布線與羅倫茲曲線所包圍的半月形的面積，除以三角形 *OAB* 的面積的比率。所以：

$$吉尼係數 = \frac{\triangle OAB - \square OABCD}{\triangle OAB} = 1 - \frac{\Sigma(N_i - N_{i-1})(Y_i + Y_{i-1})}{10000} \cdots (4\text{-}10)$$

　　對吉尼係數而言，在數學上有同值的幾種表示法，而對各個均賦與不同的不平等意義。其中之一係依所得順位加權的各人所得的合計，解

釋為所謂社會福利函數而用之。這與上述功利主義所指的公正觀念似有
互通的部分。或者比較任意的一對所得，此際較低所得的人們勢必羨慕
較高所得的人們，如其羨慕的程度與其所得差距程度具有比例關係，吉
尼係數係將所有成對的所得加以比較，並將其羨慕加以合計的方法。這
是與沒有羨慕的公正形成對比的想法。

　　當羅倫茲曲線互相交叉時，吉尼係數對不平等程度將可賦與順位，
但這並不表示，那是依據最受普遍支持的公正觀念（即保障最低生活水
準）所賦與的順位。例如就圖 4-4 的情況而言，擬比較羅倫茲曲線的凸
狀偏倚上方與偏倚下方的兩種情況。即使兩者的吉尼係數相同，就前者
的情況言，將較多的人們過著窮苦的生活，甚至他們連最低限度的生活
都無法維持也說不定。再者，假設所有的人們的所得都被縮小至二分之
一，但羅倫茲曲線的形狀並不發生變化，故吉尼係數也不會改變。這表
示，位於最低限度以下的窮困生活者究竟有多少，吉尼係數無法予以
表示，故它只具有限度的「不平等的標尺」，一旦沒有了「公正的標
尺」，則其功能是有限的。

二、負的所得稅（negative income tax）

　　對生活困苦者，保障其最低限度的生活為目的，並施予公部門的援
助或制定生活保護辦法，乃為現代社會保障制度的一種。但，這種制度
因含有一些問題，而尚有待設法解決者。例如，實際上，其所得水準確
在保護水準以下，然卻未受到保護的家庭，時有所聞。又按保護制度規
定，受保護家庭的勞動所得增加時，便會減少與其等額的生活補助金
額，使得保護制度含有妨礙受保護者的工作誘因。負的所得稅
（negative income tax）的想法在於，利用現行的徵稅制度，依照客觀的
基準對需要保護者均予保障其所得，並設法減輕工作意願的妨礙因素，
俾利實現保障最低限度的生活需要。此種想法，理論上雖有幾種型態而
沒有統一的作法，茲處只擬討論基本型態的負的所得稅。

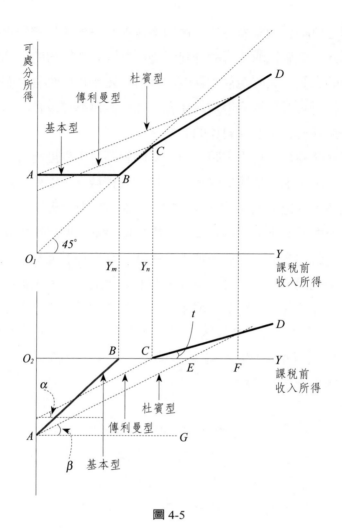

圖 4-5

　　一般保障所得的所得稅制度係，針對一定的最低保障所得水準（Y_m）以下的所得收入（Y）階層者，則支付其差額（$Y_m - Y$）供作生活的保護；而對在一定的課稅最低限度（Y_n）以上的所得階層，便對其課稅所得（$Y - Y_n$）按超額累進稅率（以下此項稅率擬為一定率 t 表之）予以課稅。通常，最低保障所得水準都低於課稅最低限。圖 4-5 的上圖的 *ABCD* 線係表示課稅前（補助給付前）收入所得與課

稅後（補助給付後）可處分所得之間的關係。下圖的 *ABCD* 線係表示與上圖的 *ABCD* 線相差 45 度，則與課稅前（補助給付前）收入所得相對應的課稅額（在原點 O_2 的上方）或補助給付額（在原點 O_2 的下方）。於 Y_m 以下，生活補助的給付，將隨著收入所得金額，依舊能夠取得 Y_m 的可處分所得，支付生活補助。所以，收入所得增加時，勢必減少與所得增加額同金額的生活補助金。換言之，對該所得階層而言，收入所得增加時，實質的可處分所得亦完全不會增加，這是等於課徵 100％的邊際稅率（下圖 *AB* 的斜率表示邊際稅率 1）意義相同，並在妨礙勞動意願。負的所得稅的想法係，將補助給付額與客觀基準的所得連結起來以簡化接受補助的手續、減輕財力調查的心理上負擔。再者，對正負所得稅的分界點（Y_a）以下的所得階層便給予補助（負的所得稅），對 Y_a 以上的收入所得便課徵正的所得稅。此際，可將負的所得稅率設定小於 1，藉此減輕勞動意願的阻礙因素。

茲設負的所得稅率為一定（τ），最低保障所得水準為（Y_m），正負的所得稅分界點（Y_a），他們之間的關係如次：

$$\tau \cdot Y_a = Y_m \quad\text{..}\quad (4\text{-}11)$$

如能決定其中的兩個變數，其他的變數亦將跟著決定，隨著這些決定的方法，勢必提出各種不同的構想。以正負分界點作為課稅最低限（Y_n）的想法，係出自傅利曼（M. Friedman）的提倡，故稱之為傅利曼型負的所得稅。[註7] 此法係對在課稅最低限以下的所得階層，補助課稅最低限與收入所得之間的差額乘以負的稅率的數額，即給付 $\tau(Y_n - Y)$，所以將其稱為「差額補償方式」。按這種方式，乃以（Y_n）與既有的所得稅連結，收入所得在該數額以上的階層，將不受負

【註7】 M. Friedman, "Capitalism and Freedom", The University of Chicago Press, 1962. Chap. 12.

的所得稅的影響。圖 4-5 所示者為 $\tau = \alpha$ 的情況，此際，最低保障所得水準從（4-11）式得知，為 $\alpha \cdot Y_n$。茲假設，最低保障所得水準決定為 $Y_m（= O_2A）$，負的所得稅應修正為 CAG。此際，Y_m 與 Y_n 之間的差距不大時，負的邊際稅率將近於 1，故欲達成減輕勞動意願的阻礙因素，勢必愈趨困難。

茲尚有一種負的所得稅的構想，則所謂杜賓型（J. Tobin），係先設定最低保障所得水準（即基本給付），設計不會大幅妨礙勞動意願的負的邊際稅率。[註8]茲假設其稅率為 β，正負的分界點依（4-11）式將為 $Y_m / \beta（= O_2E）$，對小於分界點的所得階層的補助額為 $Y_m - \beta Y$。於是，收入所得在 CE 間的階層在原制度係為應納稅人，但在杜賓型制度下，則為負的所得稅的受領者，而受領者的範圍亦隨之擴大。與原來所得稅將於 F 的收入所得水準相連結，此水準以上的所得階層將不受此類型的影響，而於 EF 間的所得階層，將被課徵較低的所得稅。然而，如此將負的所得稅的適用範圍大幅擴大，勢必需要一筆巨大的財源，故須考慮財源的籌措問題。

【註8】　J. Tobin, J. A. Pelchman and M. Mieszkowski, "Is a Negative Income Tax Practical?", *The Yale Law Journal*, vol. 77, No. 1, Nov., 1967, pp. 1～27.

第五章

減稅對供給面及需求面經濟之影響

第一節 拉法曲線

一、簡述拉法曲線

　　美國南加州大學的拉法教授（Professor Arthur B. Laffer）於一九九四年某天，於咖啡廳與同僚聊天時，曾在桌上繪出一條所謂拉法曲線（Laffer Curve），用以表示稅率與稅收之間的關係。圖上縱軸表示政府稅收，橫軸表示稅率，並繪出向上凸狀的砲彈型的拋物線。拉法教授認為，一九七〇年代美國的所得稅稅率，其稅率彈性（elasticity of tax rate）已大於 1，所以強調，如欲促進美國經濟復甦，必須降低稅率，以增加納稅人的可處分所得，以增進消費者的有效需求（effective demand）。

　　圖 5-1 的曲線 OMF 為拉法曲線，而稅率 OA 為最適稅率（optimum tax rate），此際的稅率彈性（elasticity of tax rate）等於 1，如將稅率再予提高，稅收不但不增加，反而更加減少，若稅率高至 F 點的 100%，稅收為零。拉法教授將 $\bigcirc AMF$ 稱為禁止區（prohibitive range），而

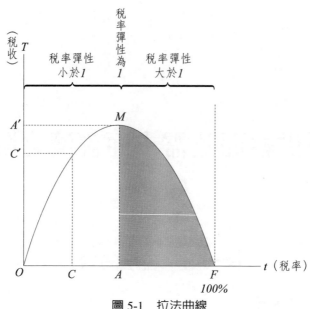

圖 5-1　拉法曲線

△*OMA* 部分便稱為正常區（normal range）。【註1】換言之，稅率不可高於最適稅率 *OA*，否則，有礙生產者的工作意願，於是減少工作時間，使得所得減少，由而導致稅收減少。

　　至於稅率彈性，乃指當稅率變動 1% 時，所引起所得變動的百分比，稱為「所得的稅率彈性」，簡稱「稅率彈性」。故當稅率彈性大於 1 時，表示稅率變動的幅度（即百分比）小於所得變動的幅度（百分比）。則當稅率提高，固然會降低所得水準，惟所得減少的百分比，大於稅率提高的百分比，導致稅收隨之減少。反之，如稅率彈性小於 1 時，表示稅率變動的百分比，大於所得變動的百分比。則當稅率提高，固然會降低所得水準，惟所得減少的百分比，小於稅率提高的百分比，

【註1】　參閱 A.B. Laffer, "An Equilibrium Rational Macroeconomic Framework" in *Economic Issues of the Eighties*, ed. by N. M. Kamiay and R.H. Day, The John Hopkins University Press, 1980, p. 54.

所以稅收將隨著稅率提高而增大。

　　拉法教授認為 1970 年代，美國的所得稅率已大於 *A* 點。因稅率過高，使得工作與投資相對於休閒與消費比較不利，因此應當減稅，以資提高工作意願，促進投資，並可增加政府稅收。當然，稅率是否已過高，乃見仁見智的問題，經常頗受爭議。假如現行稅率在 *C* 點，此際實施減稅，勢必導致政府稅收減少，使得政府的預算赤字擴大，更可能助長通貨膨脹。這便是說，除非現行稅率確已超過最適稅率 *OA*，減稅方能對勞動供給、投資、與政府稅收產生有利的後果，否則勢必引起不利的反效果。

二、以四象限座標引導拉法曲線

　　茲設累進稅率所得稅曲線與工資曲線，亦即後彎型勞力供給曲線（back-bending labor supply curve）為既定，從此兩曲線的關係，得求取政府的稅收曲線。並可從這三曲線的互相依存關係，得以求出所謂「拉法曲線」。

　　圖 5-2 上面各代號所表示的意義，如下：

　　t 表所得稅率
　　w 表工資率
　　N^s 表勞力供給量
　　T 表政府稅收

　　此外，另設兩個假設，如下：
　　(1) 暫不考慮物價水準的變動。
　　(2) 政府稅收全由個人所得稅構成。

　　圖 5-2 的第四象限係表示 *S* 字型的累進所得稅率曲線。縱軸係表示

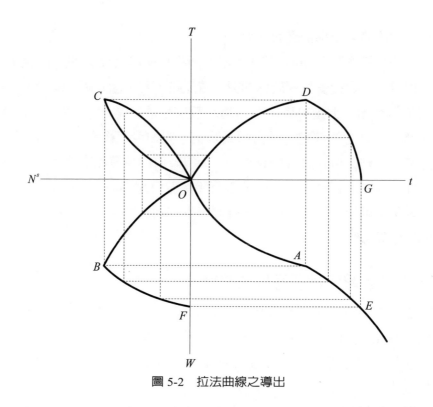

圖 5-2　拉法曲線之導出

工資率，在此可將其視為一整年的貨幣工資所得，亦即應課稅的所得。
由於

$t = t(w)$ ·· （5-1）

但　i) 於 *OA* 局面 $t'(w) > 0$，$t''(w) > 0$ ································①

　ii) 於 *A* 點（轉折點）$t'(w) > 0$，$t''(w) = 0$ ·················②

　iii) 於 *AE* 局面 $t'(w) > 0$，$t''(w) < 0$ ····························③

　　第三象限表示後彎（back ward-bending）的勞力供給曲線，此處將
其視為工資曲線。[註2] 因不考慮物價水準的變動，縱軸乃表示實質工

────────────────

【註2】　於工資率相對偏低的 *OB* 局面，工資率與勞力供給的邊際替代率比較低，但在工
　　　　資率相對偏高的 *BF* 局面，由於工資率與勞力供給的邊際替代率將升高，所以勞力
　　　　供給曲線將成為後彎型。

資率。由於

$$w = w(N^s) \quad\cdots\cdots\cdots\cdots\cdots\cdots\cdots\cdots\cdots\cdots\cdots\cdots\cdots（5\text{-}2）$$

但 *i*）於 *OA* 局面 $w'(N^s) > 0$，$w''(N^s) > 0\cdots$④

　ii）於 *B* 點 $w'(N^s) = \infty$，$w''(N^s) = 0\cdots$⑤

　iii）於 *BF* 局面 $w'(N^s) < 0$，$w''(N^s) > 0\cdots$⑥

第二象限係表示政府的稅收曲線。由於

$$T = wN^s t\cdots\cdots\cdots\cdots\cdots\cdots\cdots\cdots\cdots\cdots\cdots\cdots\cdots\cdots（5\text{-}3）$$

如考慮（5-1）式與（5-2）式，則

$$T = w(N^s) \cdot N^s \cdot t[w(N^s)] = f(N^s)$$

所以政府稅收 *T*，可以繪成勞力供給量 N^s 的函數。下面擬探討政府稅收曲線的形狀。

1. 首先擬探討第四象限的 *OA* 局面與第三象限的 *OB* 局面。

將（5-3）式的兩邊以勞力供給量 N^s 予以一次微分及予以二次微分的方程式的符號，各會變成如何？則成為下式：

$$T = w(N^s) N^s t(w) \quad\cdots\cdots\cdots\cdots\cdots\cdots\cdots\cdots\cdots\cdots（5\text{-}3）$$

$$\frac{dT}{dN^s} = w(N^s) \cdot N^s t + w(N^s) t(w) + t'(w) \cdot w'(N^s)$$

$$\cdot w(N^s) N^s\cdots\cdots\cdots\cdots\cdots\cdots\cdots\cdots\cdots\cdots\cdots\cdots（5\text{-}4）$$

茲將限制條件①與④導入（5-4）式，則

$$\frac{dT}{dN^s} > 0 \quad\cdots\cdots\cdots\cdots\cdots\cdots\cdots\cdots\cdots\cdots\cdots\cdots\cdots\cdots（5\text{-}5）$$

又將（5-4）式的兩邊以 N^s 予以全微分，便得

$$\frac{d^2T}{d(N^s)^2} w''(N^s) \cdot N^s t + w'(N^s) t + t'(w) \cdot w'(N^s) \cdot$$
$$w'(N^s) N^s + w'(N^s) \cdot t(w) + t'(w) \cdot$$
$$w'(N^s) w(N^s) + t''(w) \cdot w'(N^s) \cdot w'(N^s) \cdot$$
$$w(N^s) N^s + w''(N^s) \cdot t'(w) w'(N^s) N^s + w'(N^s) \cdot$$
$$t'(w) w'(N^s) N^s + t'(w) w'(N^s) w(N^s) \cdots (5\text{-}6)$$

將 ① 與 ④ 的限制條件導入（5-6）式，便得

$$\frac{d^2T}{d(N^s)^2} > 0 \cdots\cdots\cdots\cdots\cdots\cdots\cdots\cdots\cdots\cdots\cdots (5\text{-}7)$$

於是，以縱軸表示政府稅收 T，橫軸表示勞力供給量 N^s，則政府稅收曲線將較之（5-5）式為向右上方，而較之（5-7）式向下方凸狀的曲線。此乃表示於圖 5-2 的第二象限，向下凸狀向左上升的 OC 曲線。

2. 其次，擬探討第四象限的 AE 局面與第三象限的 BF 曲面，藉此瞭解第二象限的政府稅收曲線究成為何種形狀？[註3]

茲將課徵累進稅的工資率的彈性 E_t，定義如下：

$$E_t = \frac{\Delta t / t}{\Delta w / w} \text{ 但 } 0 < E_t \cdots\cdots\cdots\cdots\cdots\cdots\cdots\cdots (5\text{-}8)$$

【註3】　與 1 的情況一樣的想法，而將 ③ 與 ⑥ 的限制條件導入（5-4）式與（5-6）式，也無法確定它們的符號。故此處擬利用彈性的概念查考其符號。

又對勞力供給的工資率的彈性 E_s，定義如下：

$$E_s = \frac{\Delta N^s / N^s}{\Delta w / w} \quad 但 \ E_s < 0 \ , \ 又 \ |E_s| > 1 \quad\cdots\cdots\cdots\cdots\cdots\cdots（5\text{-}9）$$

至於政府稅收對勞力供給的彈性 E_T，定義如下：

$$E_T = \frac{\Delta T / T}{\Delta N^s / N^s} = \frac{\Delta T}{\Delta N^s} \cdot \frac{N}{T} \quad\cdots\cdots\cdots\cdots\cdots\cdots（5\text{-}10）$$

將（5-4）式與（5-3）式代入（5-10）式，便得，

$$E_T = \frac{1 + E_t + E_s}{E_s} \quad\cdots\cdots\cdots\cdots\cdots\cdots（5\text{-}11）^{【註4】}$$

將原有條件 $0 < E_t$ 及 $E_s < 0$ 及新條件 $|E_s| > 1 + E_t$ 代入於（5-11）式，便可成立 $0 < E_T < 1$。

因此，如假設該新的限制條件，便成為 $0 < E_T < 1$，設縱軸代表 T，橫軸代表 N 時，政府稅收曲線將向右上方延伸向上凸狀的拋物

【註4】　$E_T = (w'(N^s) \cdot N^s t + wt + t'(w) \cdot w'(N^s) \cdot wN^s) \dfrac{N^s}{T}$

$\qquad = \dfrac{\Delta w}{\Delta N^s} \cdot \dfrac{N^s t \cdot N^s}{wN^s t} + \dfrac{wN^s t}{wN^s t} + \dfrac{\Delta t}{\Delta w} \cdot \dfrac{\Delta w}{\Delta N^s} \cdot \dfrac{wN^s N^s}{wN^s t}$

$\qquad = \dfrac{\Delta w}{\Delta N^s} \cdot \dfrac{N^s}{w} + 1 + \dfrac{\Delta t}{\Delta N^s} \cdot \dfrac{N^s}{t} = \dfrac{1}{E_s} + 1 + \dfrac{\Delta t}{\Delta N^s} \cdot \dfrac{\Delta w}{\Delta w} \cdot \dfrac{w}{N^s} \cdot \dfrac{N^s}{w} \cdot \dfrac{N^s}{t}$

$\qquad = \dfrac{1}{E_s} + 1 + \dfrac{E_t}{E_s} = \dfrac{1 + E_t + E_s}{E_s} \quad\cdots\cdots\cdots\cdots\cdots\cdots（5\text{-}11）$

線。【註5】將此曲線繪於第二象限，便得圖 5-2 的向上凸狀的 *CO* 曲線。基於上述探討便可求得拉法曲線。則在圖 5-2 中：

(1) 從第四象限的 *OA* 曲線、第三象限的 *OB* 曲線、第二象限的下方形成凸狀的 *OC* 曲線等線上各點的互相互動關係，得以求取於第一象限向上凸狀的拋物線左側的 *OD* 線段。

(2) 又在第四象限的 *AE* 曲線、第三象限的 *BF* 曲線、第二象限向上方凸狀的 *CO* 曲線等線上各點的互相互動關係，得以求取於第一象限向上凸狀的拋物線右側的 *DG* 線段。

(3) 縱軸代表政府稅收 *T*、橫軸代表所得稅率時，於第一象限求得向上凸狀成為砲彈型的拋物線 *ODG*，這便是所求的拉法曲線。

【註5】 此處的 E_T 為正數。E_T 的數值與政府稅收曲線之間的相關關係如下：

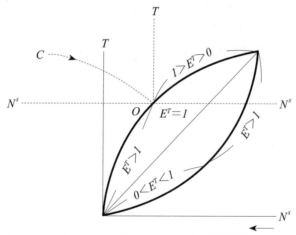

(1) 如果 $E_T = 1$，（5-11）式應為 $E_t = -1$。但由於假設為 $E_t > 0$，所以 $E_T = 1$，亦即，政府稅收曲線不會成為直線。所以，就第二象限而言，政府稅收曲線不會成為連結 *C* 與 *O* 點的直線。

(2) 如果 $E_T > 1$，（5-11）式將必成為 $\dfrac{1+E_t+E_s}{E_s} > 1$，則應該為 $1+E_t < 0$，但由於已假設 $E_t > 0$，故 $E_T > 1$，所以，政府稅收曲線不會向下方形成凸狀。故就第二象限圖而言，不會成為向下方凸狀的 *CO* 曲線。又，*OC* 曲線與 *CO* 曲線未必成為左右對稱。

三、拉法曲線的形狀

1. 首先擬研討圖 5-2 的 *A* 點與 *B* 點之間的相關關係。一般而言，第四象限的累進所得稅率曲線與第三象限的工資曲線（勞力供給曲線）成為後彎狀（back-bending），實際上並沒有直接的相關關係。所以，*A* 點與 *B* 點未必一定互為相對應。但在轉折點的 *A* 點，對於工資所得邊際增加量（Δw）的所得稅率邊際增加量（Δt），將成為最大。如選擇 $\Delta t / \Delta w$ 的最大值，便可假定，將不會再增加勞力供給，果真這樣，*A* 點與 *B* 點勢必互為對應。

換言之，在第四象限的 *OA* 局面依（5-8）式所定義的 E_t 的數值，雖從大於 1 的數值開始逐漸增大，但並沒有達成最大值。及至達到 *A* 點時，E_t 便達到大於 1 的最大值。假如能夠假定，當 E_t 為最大值時，將不會再產生新的 N^s，則 *A* 點與 *B* 點便形成互相對應。

2. 從上述得知，拉法曲線的形狀將決定於第四象限累進稅率曲線的形狀，與第三象限工資曲線（勞力供給曲線）的形狀。所以，第一象限的拉法曲線並沒有理由左右必須形成對稱。一般而言，左右通常都不成為對稱。只是基於這種想法，便可確定拉法曲線的形狀。亦即，只要得知第四象限與第三象限的曲線的形狀，便可獲知第二象限的凸狀的曲線，於是得以確定拉法曲線的形狀。

3. 在 *OD* 局面，提高（或降低）稅率 t 的增稅（或減稅），將使政府的稅收 *T* 增加（或減少）；但在 *DG* 局面，提高（或降低）稅率 *t* 的增稅（或減稅），將使政府的稅收 *T* 減少（或增收）。如此，在 *OD* 局面與 *DG* 局面，*t* 與 *T* 的變動係互朝相反的方向變動。依拉法教授謂；將 *DG* 局面稱為禁止領域（prohivitive range）。如能得知，經濟狀態正在禁止領域時，便如供給面經濟學者所說，減徵所得稅方能復甦景氣增加就業機會，並可減少財政赤字。供給面經濟學者又謂；所得稅的減徵亦有助於抑制通貨膨脹，但截止目前的討論，因沒有考慮物價水準的變動問題，故無法論及抑制通貨膨脹的問題。

4. 關於通貨膨脹的問題，基於上述研析，似可作下列的推論。則當通貨膨脹升高時，人們的實質工資所得勢必下降，但由於貨幣工資所得膨脹，使得人們將適用於圖 5-2 的 *AE* 領域的高累進稅率的所得稅，於是很可能陷入 *DG* 禁止領域的經濟狀態。所以，經濟狀態很可能陷入 *DG* 局面的高通貨膨脹高稅率的賦稅膨脹（tax flation）。【註6】

第二節　減稅對供給面經濟的影響

一、模式的建立

（一）首先設立下列五項假設：

1. 完全競爭市場
為生產要素的資本存量 *K* 與雇用勞力 *N* 的價格，將決定於此等要素的各個邊際生產力。

2. 長期靜態均衡
由於淨投資 = 0 = 淨儲蓄，所以，投資只限於替換投資及補充投資。亦即，企業只須做配合替換投資所需折舊準備，而無須準備新投資所需資金。於是所生產的產品價值將完全分配於生產要素應得的收益，包括工資、利息、地租、股東分紅等。

3. 減稅不僅影響需求面（對產品市場的影響），擬將考慮的重點放在供給面的影響（對生產要素市場的影響）。但此模式所稱的減稅，係為模式的簡單化，乃指比例所得稅的稅率的降低。

4. 生產函數乃指柯布─道格拉斯生產函數（Cobb─Douglas production function），則不考慮技術改進的因素。

【註6】　參閱齊藤精一郎著 *"Supply Side Economics"*，日本經濟新聞社，昭和 56 年（1981年），頁 109。

5.不考慮國際貿易問題。

（二）模式的擬定

1. 產品市場保持供求均衡

$$Y = C〔（1-\theta）Y，r〕+G \quad 但 C_1 > 0，C_2 < 0 \cdots\cdots\cdots（5\text{-}12）$$

2. 貨幣市場保持供求均衡

$$\frac{M^s}{P} = L（Y，r）\quad 但 L_1 > 0，L_2 < 0 \cdots\cdots\cdots\cdots（5\text{-}13）$$

3. 生產函數

$$Y = N^\alpha K^{1-\alpha} \cdots\cdots\cdots\cdots\cdots\cdots\cdots\cdots（5\text{-}14）$$

（三）符號的定義

Y------------實質淨國民所得

C------------消費

θ------------比例所得稅率

r------------課稅後利率

G------------實質政府支出

$C_1，C_2$-----各個消費函數的（$1-\theta$）Y 與 r 的偏微分

M^s----------名目貨幣供給量，假設為固定

P------------一般物價水準

L------------貨幣需要函數

$L_1，L_2$-----各個貨幣需要函數的偏微分

N------------雇用的勞動量

K------------資本存量

α------------對實質淨國民所得的生產彈性乃勞力的分配率

二、YQ 曲線的導出

（一）圖示說明

所謂 YQ 曲線，係指減稅對供給面的影響的曲線。它可從生產要素市場各個供求均衡與生產函數之間的關係，並令其適合 $IS-LM$ 分析[註7] 而按下列的程序導出來。茲擬利用圖示說明之。

茲擬利用圖 5-3 的 K_1 與 r_1 的交點開始檢討。該點乃滿足了生產要素中資本存量市場的供求均衡條件，當然，其稅後的資本邊際生產力與稅後的利率亦是相等。該資本邊際生產力曲線係設計於將勞動量固定於 N_1 規模時，得以求得。

其次，觀察圖 5-4 便得知，生產要素勞力於 N_1 與 w_1 的交點已成立供求市場均衡。縱軸的 w 表示課稅後的實質工資率。則這點就是，將圖 5-3 的均衡資本存量 K_1 固定時，求得的稅後勞動邊際生產力曲線（亦是勞力的需要曲線），與向右上方延伸的一般勞力供給曲線的交點。所以，N_1 便是均衡雇用勞動量。

這樣求得的均衡資本存量 K_1 與均衡雇用勞動量 N_1，將其代入圖 5-5 的柯布—道格拉斯型生產函數 $Y = F(K_1, r_1)$，便可決定均衡實質淨國民所得 Y_1。該 Y_1 一定與圖 5-3 的 r_1 相對應，故可求得圖 5-6 的 (Y_1, r_1) 點。該 (Y_1, r_1) 點乃反映資本與勞力兩要素市場的均衡點。換言之，便是從供給面所觀察的均衡點。

【註7】 IS 曲線定義為，凡利率與實質所得水準的組合能使產品市場達於供需均衡者，其軌跡即為 IS 曲線。而 LM 曲線為，凡利率與實質所得水準之組合，能使貨幣市場之需求（L）等於供給（M^s）均衡者，其軌跡即為 LM 曲線。見於歐陽勛著《經濟學原理》，三民書局印行，民國 74 年，頁 313、315。

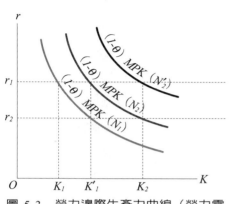

圖 5-3　勞力邊際生產力曲線（勞力需要曲線）

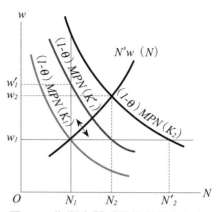

圖 5-4　均衡實質淨國民所得之決定

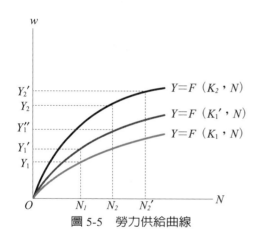

圖 5-5　勞力供給曲線

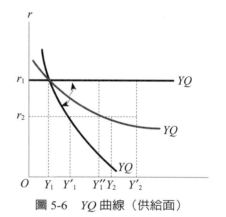

圖 5-6　YQ 曲線（供給面）

　　如繼續進行上述推論，便可瞭解圖 5-3、圖 5-4、圖 5-5、圖 5-6 上面各點，都互相在相對應。如此求得而表示於圖 5-6 上面的三條曲線，便是反映供給面的 YQ 曲線。此等 YQ 曲線各個都依存於圖 5-4 所示勞力供給曲線 N^s 的形狀，如果 N^s 曲線為向右上方延伸或為垂直時，YQ 曲線將成為向右下方延伸。此際，對應向上方延伸的 N^s 曲線的 YQ 曲線傾斜度，將較之對應垂直的 N^s 曲線的 YQ 曲線傾斜度，其絕對值為小。從圖得知，如果 N^s 曲線為水平，其對應的 YQ 曲線亦應為水平線。對應圖 5-3、圖 5-4、圖 5-5、圖 5-6 上面各點及 N^s 曲線的 YQ 曲線

的形狀，整理於表 5-1。

表 5-1　圖別 N^s 曲線及 YQ 曲線之形狀

圖 5-3	圖 5-4	圖 5-5	圖 5-6	曲線之形狀
(K_1 , r_1)	(N_1 , w_1)	(N_1 , Y_1)	(Y_1 , r_1)	
(K_1' , r_2)	(N_1 , w_1')	(N_1 , Y_1')	(Y_1' , r_2)	N^s 曲線垂直 YQ 曲線向右下方
(K_1' , r_1)	(N_2 , w_1)	(N_2 , Y_1'')	(Y_1'' , r_1)	N^s 曲線水平 YQ 曲線水平
(K_2 , r_2)	(N_2 , w_2)	(N_2 , Y_2)	(Y_2 , r_2)	N^s 曲線向右上方 YQ 曲線向右下方
(K_2 , r_1)	(N_2' , w_1)	(N_2' , Y_2')	(Y_2' , r_1)	N^s 曲線水平 YQ 曲線水平

（二）數學的定式化

首先，為了提出，稅後資本邊際生產力與稅後實質利率相等的資本市場的均衡條件，將（5-14）式以 K 予以偏微分，再將（5-14）式的兩邊除以 K，得 $Y/K = (N/K)^\alpha$，據此可得，

$$(1-\theta) \frac{\partial Y}{\partial N} = (1-\theta) \frac{Y}{K} (1-\alpha) = r \cdots\cdots\cdots (5\text{-}15)$$

同樣地為了提出，稅後勞力邊際生產力與稅後實質工資率相等的勞力市場的均衡條件，以 N 偏微分（5-14）式，將（5-14）式的兩邊除以 N 便得 $Y/N = (K/N)^{1-\alpha}$，據此可得下式：

$$(1-\theta) \frac{\partial Y}{\partial N} = (1-\theta) \alpha \frac{Y}{N} = w(N)$$

$$w'(N) > 0 \cdots\cdots\cdots\cdots\cdots\cdots\cdots\cdots\cdots\cdots\cdots\cdots (5\text{-}16)$$

從（5-15）式得知 $K = (1-\theta)(1-\alpha) Y/r$ ⋯⋯⋯⋯（5-15）′
將（5-15）′式代入（5-14）式求 N 之解，如下：

$$N = Y \left\{ \frac{(1-\theta)(1-\alpha)}{r} \right\}^{\frac{\alpha-1}{\alpha}} \cdots\cdots\cdots\cdots\cdots\cdots\cdots\cdots\cdots (5\text{-}17)$$

將（5-17）式代入（5-16）式，便可求取 YQ 曲線，則；

$$\left\{ \frac{(1-\theta)(1-\alpha)}{r} \right\}^{\frac{\alpha-1}{\alpha}} \cdot w \left[Y \left\{ \frac{(1-\theta)(1-\alpha)}{r} \right\}^{\frac{\alpha-1}{\alpha}} \right]$$

$$= (1-\theta)\alpha \cdots\cdots\cdots\cdots\cdots\cdots\cdots\cdots\cdots (5\text{-}18)^{【註8】}$$

惟從（5-16）式可得：

$$Y = \frac{Nw(N)}{(1-\theta)\alpha} \cdots\cdots\cdots\cdots\cdots\cdots\cdots\cdots\cdots (5\text{-}16)'$$

為了求取 YQ 曲線的傾斜度，設 α 與 θ 各為定數，將（5-17）式的兩邊予以全微分而求取 dr/dt，又將（5-16）′式的兩邊予以全微分，再將其各邊除以 dY/dt，便得；

$$\frac{dr/dt}{dY/dt} = S = \frac{-r\alpha}{(1-\alpha)Y} \left\{ 1 - \frac{w(N)}{w(N)+w'(N)N} \right\} \cdots (5\text{-}19)'$$

$$= \frac{-r\alpha}{(1-\alpha)Y} \left\{ \frac{w'(N)N}{w(N)+w'(N)N} \right\} \cdots\cdots\cdots (5\text{-}19)$$

此處的勞力供給曲線乃向右上方延伸的曲線，亦即，假定其為 $w'(N)>0$，所以 S 將成為負數。

再者，當 $w'(N)=\infty$（即 N^s 曲線為垂直）時，S 為 $\dfrac{-r\alpha}{(1-\alpha)Y}$，$S$ 仍為負數，但較之 N 曲線朝右上方延伸時，其 YQ 曲線的傾斜度從

【註8】 〔　〕符號表示函數。

（5-19）′式得知，比 S 大。又，$w'(N) = 0$（即 N^s 曲線為水平）時，從（5-19）式得知，S 為零（YQ 曲線成為水平）。當然，這些結論與（圖5-4）與（圖5-6）的關係完全一致。

　　稅率如從 θ 降至 θ' 時，YQ 曲線究將產生何種變動？茲擬用圖示探討。但在下面擬探討者，乃以 N^s 曲線為向右上方延伸者為對象，故 YQ 曲線乃向右下方延伸的曲線。

三、YQ 曲線的移動

（一）圖示說明

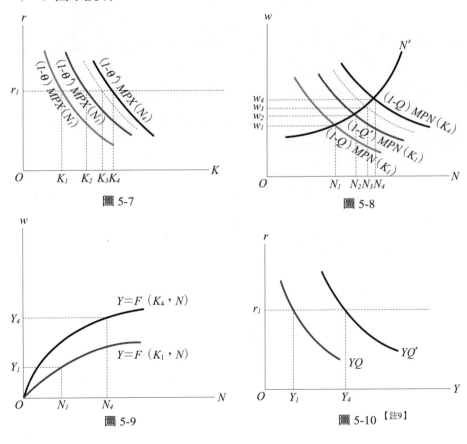

圖5-7

圖5-8

圖5-9

圖5-10 【註9】

【註9】　在圖上兩條生產函數之間，意已含有 $Y = F(K_2, M)$ 與 $Y = F(K_3, M)$ 這兩條生產函數，當然 Y_1 與 Y_4 之間有 Y_2 與 Y_3。

圖 5-7 的（K_1，r_1）點與圖 5-8 的（N_1，w_1）點為各個要素市場裡面的均衡點，同時亦為要素市場間的均衡點。亦即，於實施減稅以前，通過這些點的各個市場的邊際生產力曲線並不移動。

但將稅率 θ 降至稅率 θ' 的減稅，勢必將此等邊際生產力曲線各自朝向右方作水平的移動。即在資本市場，個別邊際生產力曲線將通過圖 5-7 的（K_2，r_1）點，而在勞力市場便通過圖 5-8 的（N_2，w_2）點，各向右方移動。當然，這些移動幅度的大小，只要此兩種要素市場的邊際生產力互不相同，其移動幅度當然也不必相等。於是（K_2，r_1）點與（N_2，w_2）點，在個別市場內將為各個市場的均衡點，但在各市場之間卻無法維持均衡狀態。

亦即，自圖 5-7 的（K_1，r_1）點移至（K_2，r_1）點乃表示，資本存量自 K_1 增至 K_2；而圖 5-8 的（N_1，w_1）點如移至（N_2，w_2）點，係表示雇用勞動量自 N_1 增至 N_2。於是，圖 5-7 的（$1-\theta'$）MPK（N_1）中的 N_1 增至 N_2；而圖 5-8 的（$1-\theta'$）MPN（K_1）中的 K_1 增至 K_2，如此互相之間互相刺激，使得兩個邊際生產力曲線，各再繼續向右方移動。即使繼續向右方移動，如果兩個要素市場之間尚留存著不均衡情形，將會繼續向右方移動。然，茲將勞力供給曲線繪成向右上方並朝下方凸狀，故各自在移動階段時，勞力市場對資本市場的影響力，將較之資本市場對勞力市場的影響力小，所以兩個市場將迅速地在兩個市場之間，達成新的均衡點。則很快地達成如圖 5-7 之（K_4，r_1）點與圖 5-8 的（N_4，w_4）點。各個邊際生產力曲線向該新均衡點的移動，在圖 5-7 與圖 5-8 上皆只繪著波（點）線一條，以便辨別。

如此所決定的圖 5-7 的資本存量 K_4 與圖 5-8 的雇用勞動量 N_4，將此兩者代入圖 5-9 的 $Y = F$（K_4，N），便得 Y_4，將此代入圖 5-10，便得知減稅將促使 YQ 曲線朝向右方作水平方向的移動。【註10】

【註10】從圖 5-7 至圖 5-10 的圖中（K_1，r_1）、（N_1，w_1）、（N_1，Y_1）、（Y_1，r_1）各點與（K_4，r_1）、（N_4，w_4）、（N_4，Y_4）、（Y_4，r_1）各點，各自互相對應。

（二）數學的定式化

將稅率 θ 降至 θ' 時，其對 YQ 曲線移動的影響，擬用數式予以定式化。

將（5-12）式、（5-17）式、（5-16）′式的各數學式兩邊予以全微分，便得下列各式：

$$\frac{dY}{dt} = (1-\theta)\,C_1''\frac{dY}{dt} - YC_1\frac{d\theta}{dt} + C_2\frac{dr}{dt} \quad\text{………………}（5\text{-}20）$$

$$\frac{dN}{dt} = \frac{N}{Y}\cdot\frac{dY}{dt} + \frac{1-\alpha}{\alpha}\cdot\frac{N}{r}\cdot\frac{dr}{dt} + \frac{1-\alpha}{\alpha}\cdot\frac{N}{1-\theta}\cdot\frac{d\theta}{dt} \quad\text{……}（5\text{-}21）$$

$$\frac{dY}{dt} = \frac{w(N)+Nw'(N)}{\alpha(1-\theta)}\cdot\frac{dN}{dt} + \frac{Y}{1-\theta}\cdot\frac{d\theta}{dt} \quad\text{…………}（5\text{-}22）$$

從（5-21）式及（5-22）式，可求取下式：

$$\frac{dr}{dt} = S\cdot\frac{dY}{dt} + V\cdot\frac{d\theta}{dt} \quad\text{………………………………}（5\text{-}23）$$

$$\text{於是 } V = \left[\frac{-r}{1-\theta} - \frac{w(N)\,\alpha r}{(1-\theta)(1-\alpha)\{w(N)+w'(N)N\}}\right]$$
$$\text{………………………………………………………………}（5\text{-}24）$$

此處的 V 係將（5-23）式的 $\dfrac{dY}{dt}=0$ 時的 $\dfrac{dr/dt}{dq/dt}$，乃表示 YQ 曲線的垂直移動幅度的大小。於（5-24）式中，由於 $0<\alpha<1$，$r>0$，$0<\theta<1$，$w(N)>0$，$w'(N)>0$，$N>0$，所以 $V<0$。

因之，實施減稅時，YQ 曲線將向上方垂直移動；反之，如實施增稅時，YQ 曲線將向下方垂直移動。當然，α 或 θ 愈接近於 1 時移動愈大，$w'(N)$ 愈小且愈接近 0 時，移動愈小，而 YQ 曲線的垂直移動 V 的絕對值，將愈趨於大。

至於，YQ 曲線的水平移動幅度的大小，係將（5-23）式的 $\frac{dr}{dt}=0$

時的 $\frac{dr／dt}{dq／dt}=\frac{-V}{S}$ 而決定。如將其水平移動的幅度以 H 表示，則：

$$H=\frac{-V}{S}=\frac{-Y}{(1-\theta)\,\alpha}\left[\,(1-\alpha)\,\left(\frac{w\,(N)}{w'\,(N)\,N}+1\right)\right.$$

$$+\alpha w\,(N)\,\{\frac{w\,(N)}{\{w\,(N)+w'\,(N)\,N\}\,w'\,(N)\,N}$$

$$\left.+\frac{-Y}{w\,(N)+w'\,(N)\,N}\}\,\right]\cdots\cdots\cdots\cdots\cdots\cdots（5\text{-}25）$$

由於 $V<0$，$S<0$，所以很容易瞭解 $H<0$。因此，如果實施減稅，YQ 曲線將向右方作水平移動；而實施增稅時，YQ 曲線將向左方作水平移動。[註11] 當然，α 愈接近 0 時趨愈小；θ 愈接近 1 時趨愈大，w'（N）愈接近 0 時趨愈小，使得 YQ 曲線的水平移動幅度 H 的絕對值趨大。

【註11】

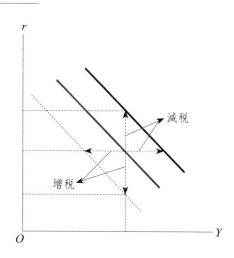

第三節 減稅對需求面經濟的影響

一、YQ 曲線與 IS 曲線的傾斜方向

一般而言，減稅將使 IS 曲線與 YQ 曲線，均朝向右方作水平的移動。此際，減稅使 IS 曲線向右方移動幅度的大小，將比例地決定於減稅對需求面擴大效果的大小；同樣地，減稅使 YQ 曲線向右方移動幅度的大小，亦比例地決定於減稅對供給面擴大效果的大小。惟 IS 曲線的傾斜方向通常為負方向，上述 YQ 曲線的傾斜方向亦為負方向。

其中的問題在於 IS 曲線與 YQ 曲線，兩者傾斜度的大小問題。如予繪圖觀察，將很容易瞭解其情況。假如將 YQ 曲線的傾斜度繪成比 IS 曲線的傾斜度還緩和時，理論上會產生矛盾，其理由如下：

如果實施減稅，首先會刺激需求，促使 IS 曲線向右方按某一定的幅度作水平的移動。一般說來，過了少些時間以後，供給面亦將開始產生減稅效果，促使 YQ 曲線向右方開始作水平移動。此際，經濟如能取得安定的均衡解，LM 曲線亦必向該兩曲線的新交點朝右方移動。如能將名目貨幣供給量保持一定，例如按某一定的幅度繼續將 YQ 曲線向右方移動，勢必引起一般物價水準上昇。亦即，如對供給面的減稅效果微小時，物價水準偏低，而隨著對供給面的減稅效果提高，物價水準將隨著上昇。這樣的結果，從經濟學的立場觀之，顯然是矛盾的。

於是如圖 5-11 所示，茲假設 YQ 曲線的斜率比 IS 曲線的斜率還陡峻。

二、減稅對國民所得、物價水準及政府預算之影響

茲擬以圖 5-11 的均衡點 A 作為此處討論的起點。而 IS 曲線、LM 曲線（P_0）、YQ 曲線（為使討論簡化，均以直線表示）均在 A 點相交。換言之，產品市場、貨幣市場、要素市場等，均在形成供求均衡狀態。以 Y_0 表示，此際的均衡實質淨國民所得。於 Y_0 的政府預算狀況係

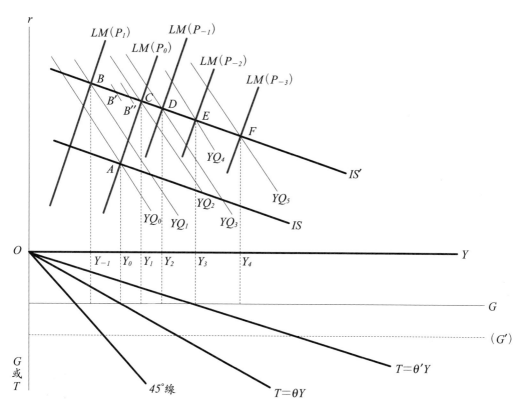

圖 5-11　減稅對供給面與需求面的影響

如圖示，為 $G = T$（$= \theta Y$）的均衡預算。

　　在此經濟情況下，設將比例所得稅率 θ 降為 θ'，藉此實施減稅。如上述，首先將產生 IS 曲線向右方水平移動成為 IS' 曲線，這便是減稅對需求面的影響。然後，減稅對供給面的影響將出現於 YQ 曲線向右方作水平移動。如果，減稅對供給面的影響小，向右方移動的幅度亦小；反之，如影響大，便向右方大幅移動。如能取得經濟安定的均衡解，LM 曲線勢必自動移動至，經各自移動後的 IS' 曲線與 YQ 曲線的交點。

表 5-2　減稅對供給面之影響增大時，對各種經濟變數之影響

經濟變數 經濟位階	均衡實質 淨國民所得	一般物價水準	政府預算收支	減稅對供給面的 影響的顯示情況
A	Y_0	P_0	均衡預算	從 $T = \theta$ 至 $T = \theta'Y$，實施減稅
B	從 Y_0 降至 Y_{-1}	從 P_0 快速上昇至 P_1	產生大量赤字預算	減稅對需求面的影響遠大於減稅對供給面的影響
C	從 Y_{-1} 急劇上昇至 Y_1	從 P_1 降至 P_0 恢復初期水準	赤字預算減少，但仍為赤字預算	物價水準行將恢復至初期水準
D	從 Y_1 上昇至 Y_2	從 P_0 降至 P_{-1}	赤字大量減少，但仍為赤字預算	確實顯示效果
E	從 Y_2 再上昇至 Y_3	從 P_{-1} 降至 P_{-2}	恢復均衡預算	大致恢復均衡預算
F	從 Y_3 又再昇至 Y_4	從 P_{-2} 再降至 P_{-3}	轉為黑字預算	明確顯示恢復黑字預算

　　於是，IS 曲線向右方作某一定幅度（AF）的移動時，按減稅對供給面的影響大小，對實質淨國民所得 Y、一般物價水準 P、以及當時的政府預算收支（$G-T$）等，將產生各種不同的變化。下面擬將減稅對供給面的影響逐漸增大的情況下，對其他經濟變數的影響作成表格如表 5-2。當然，減稅係從 $T = \theta Y$ 向 $T = \theta'Y$ 移動，其情況將現示於圖 5-11 的下半圖。

　　一般而言，如 IS 曲線、LM 曲線、YQ 曲線等的形狀為既定，而且 IS 曲線的移動幅度為已知，從表 5-2 將可瞭解，按減稅對供給面的影響的顯示情況，能夠操作的經濟狀況亦有較大的變化。尤其就一般物價水準而言，移動的 YQ 曲線與已經移動的 IS′ 曲線的交點，如在 $LM(P_0)$ 曲線的左側（或右側）相交時，將較之初期的一般物價水準 P_0 為高（或為低）。

三、數學的定式化

　　茲擬將減稅對實質淨國民所得、一般物價水準以及政府的實質稅收等影響，予以數學的定式化，然後再與圖 5-11 的關係，對照探討。

　　首先，擬求取減稅對實質淨國民所得的影響的數學式，從（5-20）式與（5-23）式，得

$$\frac{dY/dt}{d\theta/dt} = \frac{-YC_1 + C_2 V}{1 - (1-\theta)\,C_1 - C_2 S} \quad\text{（5-26）}$$

而將（5-12）式的 θ 與 G 設為一定，把兩邊予以全微分，

$$\frac{dY}{dt} = C_1\,(1-\theta)\cdot\frac{dY}{dt} + C_2\cdot\frac{dr}{dt}$$

從此，*IS* 曲線的傾斜度為

$$\frac{dr/dt}{dY/dt} = \frac{1 - C_1\,(1-\theta)}{C_2} \quad\text{（5-27）}$$

　　為了審定（5-26）式的符號，將（5-26）式的分母以 *D* 代之，並將其兩邊除以 C_2（< 0），便得

$$\frac{D}{C_2} = \frac{1 - (1-\theta)\,C_1}{C_2} - S$$

　　本數式的右邊係，從（5-27）式與（5-19）式所得 *IS* 曲線與 *YQ* 曲線傾斜度的差距，並據前述假設應為正數。由於 C_2 為負，所以，$D < 0$。於是，（5-26）式的分母應為負數，但分子卻由於 $Y > 0$，$C_1 > 0$，$C_2 < 0$、$V < 0$，所以（5-26）式全體的符號便為正、零、負等不一定。

　　接著擬求取，減稅對一般物價水準的影響數式。為之，設（5-13）式的 M^s 為一定，將其兩邊予以全微分，則得，

$$-\frac{M}{p^2} \cdot \frac{dp}{dt} = L_1 \frac{dY}{dt} + L_2 \frac{dr}{dt} \quad L_1 > 0 \,,\, L_2 < 0 \cdots\cdots\cdots\cdots\cdots (5\text{-}28)$$

從（5-28）式與（5-23）式，求得，

$$\frac{dp / dt}{d\theta / dt}$$

$$= \{ L_1 \frac{dY / dt}{d\theta / dt} + L_2 \left(S \frac{dY / dt}{d\theta / dt} + V \right) \} \Big/ \frac{-M}{p^2} \cdots\cdots\cdots (5\text{-}29)$$

至於（5-29）式的符號，如考慮（5-26）式的符號時成為正、零、負等都有可能。同樣地，將（5-26）式代入（5-29）式時，可得：

$$\frac{dp / dt}{d\theta / dt}$$

$$= \frac{-p^2 L_1}{M} \left\{ \frac{(-YC_1 + C_2 V)(1 + SL_2 / L_1)}{1 - (1-\theta)C_1 - C_2 S} + \frac{L_2 V}{L_1} \right\} \cdots (5\text{-}30)$$

（5-30）式中 {　} 裡面的第一項的分母應為負數，但（5-30）式全體的符號成為正、零、負等都有可能。

最後擬求取，減稅對政府實質稅收的影響數式。

將 $T = \theta Y$ 的兩邊予以全微分，再將其兩邊除以 $d\theta / dt$，便得：

$$\frac{dT / dt}{d\theta / dt} = Y + \frac{dr / dt}{d\theta / dt} \theta \cdots\cdots\cdots\cdots\cdots\cdots\cdots\cdots (5\text{-}31)$$

將（5-26）式代入（5-31）式，得

$$\frac{dT / dt}{d\theta / dt} = \frac{(1 - C_1)Y - YC_2 S + C_2 V\theta}{1 - (1-\theta)C_1 - C_2 S} \cdots\cdots\cdots\cdots\cdots\cdots (5\text{-}32)$$

至於（5-31）式的符號，如果考慮（5-26）式，則成為正、零、負

等都有可能。此對（5-32）式言，情況相同。

從上述探討，如不決定 $\dfrac{dY/dt}{d\theta/dt}$ 的符號究竟為正、零或負數，便

無法決定 $\dfrac{dp/dt}{d\theta/dt}$ 與 $\dfrac{dT/dt}{d\theta/dt}$ 的符號。依據，$\dfrac{dY/dt}{d\theta/dt}$ 的符號究竟

為正、零、或負，而可有限度地限定 $\dfrac{dP/dt}{d\theta/dt}$ 或 $\dfrac{dT/dt}{d\theta/dt}$ 應該使用的

符號。

由這些數式帶來的結果與圖 5-11 之間的關聯，並因經濟位階的變化等，使得減稅對 Y、p、T 的影響的符號，似可略加予限定。

則經濟位階在 B 點時，$\dfrac{dY/dt}{d\theta/dt}$ 為正，此際，$\dfrac{dp/dt}{d\theta/dt}$ 因為（5-29）

式及（5-30）式而成為負，又 $\dfrac{dT/dt}{d\theta/dt}$ 由於（5-31）式而為正。

經濟位階在 B'' 以後，如朝 F 點的方向，$\dfrac{dY/dt}{d\theta/dt}$ 便成為負，但對

$\dfrac{dp/dt}{d\theta/dt}$ 便給與負、零、正符號，對 $\dfrac{dT/dt}{d\theta/dt}$ 便給與正、零、負等符

號。此將上述情況整理於表 5-3。

表 5-3

減稅效果 經濟位階	$\dfrac{dY/dt}{d\theta/dt}$	$\dfrac{dp/dt}{d\theta/dt}$	$\dfrac{dT/dt}{d\theta/dt}$
B	正	負	正
B'	0	負	正
B''	負	負	正
C	負	0	正
D	負	正	正
E	負	正	0
F	負	正	負

第六章

賦稅之轉嫁與歸宿

第一節　直接稅與間接稅

　　賦稅的負擔可分為直接負擔（direct burden）與間接負擔（indirect burden）兩種。直接負擔指由納稅人直接向公庫或公庫代理機關繳納，而不能將其應繳納的稅額轉嫁他人負擔，即納稅人與實際負擔賦稅者為同一人。例如：薪資所得稅或飲食消費稅等屬之。間接負擔係指納稅者得將其所繳賦稅轉移於下購物者負擔，即納稅者是一人，實際負擔賦稅者是另外一個人。例如：貨物稅或關稅等屬之。按英儒 J.S. 彌爾【註1】謂：直接負擔的賦稅稱為直接稅（direct tax），間接負擔的稅稱為間接稅（indidect tax）。

　　納稅者將其所繳納的賦稅全部或一部分轉移他人，並由他人實際承擔其稅負，此種稅負轉移的過程，稱為賦稅的轉嫁（shifting of the tax）。賦稅的負擔落在於最後的承擔者，稱為賦稅的歸宿（incidence of the tax）。所以，賦稅的歸宿便是轉嫁的結果。例如：貨物稅係由製造廠商完稅後將產品出廠，廠商將其稅額加上於產品價格後轉售於代理

【註1】　J.S. Mill（1806～1873）著有 *Principles of Political Economy*，1848。周憲文譯，
　　　　《經濟學原理》，經濟學名著翻譯叢書第六種，臺灣銀行發行，民國五十五年六
　　　　月出版，頁 805。

商或批發商，此稅隨貨物而轉移，謂為轉嫁。貨物經零售商售與消費者後，貨物稅便不再轉嫁而由消費者為最後負擔者，即為賦稅的歸宿。

第二節　轉嫁之方式

賦稅轉嫁之方式，大致可分為下列六種，即：前轉、後轉、旁轉、散轉、轉化、以及還原。茲分別說明如下：

一、前轉

前轉（forward shifting）又稱順轉。例如：貨物稅係由產品製造廠商納稅後，將其後繳稅額加算在該產品的售價後轉嫁於批發商，由批發商再轉嫁於零售商，然後由零售商再轉嫁於產品的購買者或消費者。如此，一直向前方轉移稅負者稱之為前轉。凡課稅客體商品的供給彈性大者，或需要彈性小者，賦稅的歸宿愈趨向於購方。

再者，賦稅前轉的方向不變，經過多次轉嫁而落歸於最後的購買者或消費者負擔，此種情形有者稱為疊轉（onward shifting）。

二、後轉

後轉（backward shifting）亦稱逆轉。凡需求彈性大的商品，如由於課稅而漲價時，廠商勢必很難將其稅額向前轉嫁於消費者負擔，而將稅負轉嫁於生產者或原料供給者負擔，稱為後轉又稱逆轉。凡課稅客體的需求彈性愈大者。賦稅的歸宿將愈趨向於賣方。

三、旁轉

對產品課稅，其稅負既不向前轉嫁由消費者負擔，也不向後轉嫁由生產者或生產要素供給者負擔，而由生產該產品有關的另一賣方，或與消費該產品有關的另一買方負擔者，稱為旁轉（deviation）。例如，布

料商將布料的貨物稅的一部分或全部旁轉與染織業者負擔。而將賦稅轉嫁與另一買方負擔者，有如廠商生產奢侈品與必需品兩種。而奢侈品的賦稅加上於必需品的售價上面，將其旁轉於必需品購買者代為負擔。

四、散轉

散轉（diffused shifting）亦稱複轉。則納稅人將所繳納的賦稅，分散轉嫁於多數人負擔，便是散轉。例如：對布料課稅，布料商將一部分賦稅前轉與消費者負擔，後將一部分賦稅後轉與生產者負擔。散轉的發生，大致由於供給彈性與需求彈性大約相等，賦稅由生產者與消費者雙方各分擔一半，則課稅客體的價格將上升賦稅額的部分。

五、消轉

消轉（transformation）亦稱轉化或排轉。當廠商或生產者無法將其產品賦稅轉嫁於要素供給者或消費者及其他人，而另謀求補償的方法。亦即，納稅者的廠商從其他方面設法獲取利益，以此用以繳納賦稅，這便稱消轉或轉化。消轉的成功，大都仰賴廠方的努力與創意。例如：設法改進生產方法降低生產成本，以抵銷所增加的賦稅，這便是吸收稅負最佳的辦法。則既不增加消費者的負擔，也不降低生產要素或原料供給者的收入，產品的銷售不會受到影響。此外，廠商亦可改善生產及經營管理方法，採取科學的企業管理提高經營效率，降低營運成本；或改進行銷制度，增加銷售額，提高營業收入等，藉此沖銷所增加的賦稅。

六、賦稅的還原

賦稅的還原（capitalization of taxation）又稱償本。則於出售被課稅物件時，買方將其稅額資本化計算，並在所購買物件的資本價值中予以扣除。爾後的賦稅，雖由買方按期繳納，但其稅負卻等於由物件原主負擔。按塞力格曼（E.R.A. Seligman）的說法，於課稅物件的價值減少

時，則運用「賦稅的償還」（amortization of tax）較為適宜；而於課稅物件的價值增加時，則運用「賦稅的還原」（capitalization of tax）較為適宜。此外，亦有將此種情況稱為賦稅的吸收（adsorption of tax），意指將賦稅吸收於課稅物件之資產價值裡面。【註2】茲擬以塞力格曼的說明舉例於下：

（一）賦稅之償還

設投資報酬率為 5%。

如對鐵路債券課稅 1%，其報酬率減為 4%（即 5% － 1% ＝ 4%）鐵路債券票面額為 100 元，則其收益額為 4 元（即 100 元×0.04 ＝ 4 元）。如欲維持 5% 的報酬率，其債券價格必須減低，如下：x 表示債券價格，$x \times 0.05 = 4$ 元，則 $x = 4$ 元／0.05 ＝ 80 元。於是鐵路債券之價格須由 100 元降為 80 元。

如此，債券購買者少付 20 元，該 20 元的普通投資利益為 1 元（即 20 元×0.05 ＝ 1 元），適可支付稅率 1% 的債券的利息。

（二）賦稅之還原

設對所有的鐵路債券均課稅 1%，而債券均按 8 折發售。今因故對某鐵路債券減半課稅，稅率減為 0.5%。此際，某鐵路債券的價格，便漲至按 9 折發售。

課稅 0.5% 的計算式，如下：

$$100 \text{元} \times (5\% - 0.5\%) = 100 \text{元} \times 4.5\% = 4.5 \text{元}$$
$$x \times 5\% = 4.5 \text{元}$$

【註2】 參閱 E. R. A. Seligman, The shifting and incidence of taxation, New York, Columbia University Press，1927。

則 $x = 4.5$ 元／$5\% = 4.5$ 元／$0.05 = 90$ 元

　　上述塞力格曼的區分，可謂相當細密。但，其內容乃正如其本人所言，均係將賦稅吸收於物件之資本價值裡面，而由所有人負擔。

　　一般說來，賦稅的資本還原，比較容易發生於財產稅（property tax）上面。為了說明方便起見，設某財產的每年預期淨收益為 Y，而報酬率為 r 時，則該財產的現值 Y_b 係必等於 Y/r。茲假設對該財產每年課徵 T 之財產所得稅，或說其稅率為 t，這樣，稅後該財產的現值 Y_a 將等於（$Y-T$）／$r = Y（1-t）$／r。此際，Y_b 一定大於 Y_a，而且，$Y_b - Y_a = T/r > T$。一旦該財產所有人出售其財產時，就通常的情況言，其售價 Y_c 將介乎在 Y_a 與 Y_b 之間。如果，$Y_c = Y_b$ 表示所有的賦稅全歸由買方負擔，則所課的賦稅全部轉嫁。如果，$Y_c = Y_a$ 表示所有的賦稅全歸賣方負擔，則所課賦稅全數未能轉嫁。如果，Y_c 介在 Y_a 與 Y_b 之間，則 $Y_b > Y_c > Y_a$ 時，則買賣雙方各自須負擔一部分賦稅。亦即，賦稅產生部分轉嫁。

第三節　完全競爭與不完全競爭市場賦稅之轉嫁

一、完全競爭市場賦稅之轉嫁

　　在完全競爭市場裡，由於擁有多數的企業從事生產等質的財貨，故個別廠商並沒有能力以左右財貨的市場價格，而價格卻只能受制於個別企業集合體的產業行為的影響。在完全競爭市場活動的產業，其在課稅前的均衡，乃決定於該產業所生產財貨的需求曲線與供給曲線。假如課徵從量稅（specific tax），將使供給曲線按稅額部分向上方移動，導致價格與產出量發生變化。至於賦稅的轉嫁與歸宿，將受到供求兩曲線彈性大小的影響。

（一）短期的轉嫁與歸宿

關於短期的供給，將可分為：(1)完全缺乏彈性、(2)比較缺乏彈性、(3)比較富於彈性等三種。【註3】至於需求方面則可分為：(1)完全缺乏彈性、(2)完全富於彈性、(3)比較缺乏彈性、(4)比較富於彈性等四種。茲分別說明其稅賦的轉嫁與歸宿的情形，如下：

1. 供給完全缺乏彈性

所謂供給完全缺乏彈性，係指供給彈性等於零時，生產者無法將生產要素移至不課稅的產業，故其供給曲線將如（圖 6-1）所示，與縱軸成為平行。圖上的 SS 線表稅前的供給曲線，DD 線表稅前的需求曲線。【註4】OP_0 與 OQ_0 係表示稅前的均衡價格與均衡產量。此際，如課

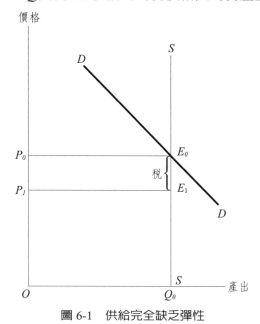

圖 6-1　供給完全缺乏彈性

【註3】　短期時，由於生產要素的移動為完全不可能，所以不包括供給完全富於彈性的場合。

【註4】　該供給曲線表示各個企業供給量的合計，需求曲線表示各個消費者需求量的合計。在供給曲線與需求曲線的相交點 E_0，各個別企業亦各自保持均衡狀態。

徵從量貨物稅，供給曲線亦不發生任何變動，仍然維持原來的狀態。換言之，課稅對價格與產量，均不會發生任何影響。實際上，只會導致收入減少恰等於稅額（P_0P_1）部分。故不管需求彈性大小，稅額（□$P_0E_0E_1P_1$）全部歸生產者負擔。

2. 需求完全缺乏彈性

所謂需求完全缺乏彈性，亦即需求彈性等於零，係如（圖 6-2）所示，因為消費者無法購買課稅物品的替代品，則需求曲線將與縱軸成為平行狀態。

此際，如課徵從量貨物稅，供給曲線（SS）將按稅額（E_1E_0）部分向上移動，成為 S_1S_1。至於價格將自 OP_0 按稅額部分，上升為 OP_1。但產量卻不受影響而維持 OQ_0 的水準。故不管供給彈性大小，稅額（□$P_1E_1E_0P_0$）將全部歸消費者負擔。

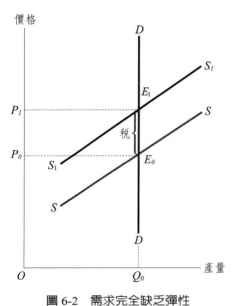

圖 6-2　需求完全缺乏彈性

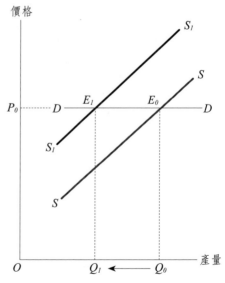

圖 6-3　需求完全富於彈性

3. 需求完全富於彈性

需求完全富於彈性；換言之，需求彈性為無限大時，消費者很容易獲得課稅物品的替代品，則其需求曲線 *DD* 將如（圖 6-3）所示，與橫軸成為平行。

此際，價格雖不受到課稅的影響，但產量將自 OQ_0 減至 OQ_1。此項產量的減少幅度，將與供給彈性的大小成正比。則彈性大，減少幅度大；彈性小，減少幅度小。而所課賦稅，將全部由生產者負擔。

4. 供給較缺乏彈性，需求較富於彈性

當供給比較缺乏彈性，需求比較富於彈性時，生產者擬將生產要素轉移至不課稅的產業，將比較困難。但，消費者卻比較容易取得，不課稅的產品。因此，課稅對價格的影響，將較之需求完全缺乏彈性時為小〔參閱（圖 6-4）〕。

從圖示得知，當課徵從量貨物稅時，含稅價格自 OP_0 升至 OP_1，扣

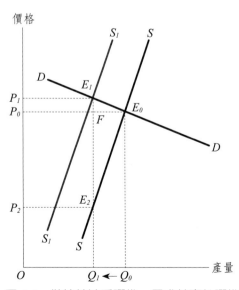

圖 6-4　供給較缺乏彈性，需求較富於彈性

稅後價自 OP_1 降至 OP_2，產量卻自 OQ_0 減至 OQ_1。又□$P_1E_1E_2P_2$ 表示總稅額，其中，□$P_1E_1FP_0$ 部分由消費者負擔，□$P_0FE_2P_2$ 部分由生產者負擔。惟 □$P_0FE_2P_2$ 大於 □$P_1E_1FP_0$，其差額為消費者負擔的減輕部分。

5. 供給與需求均比較缺乏彈性（供給彈性與需求彈性相等）

當供給彈性與需求彈性相等時，生產者擬將生產要素轉移至不課稅的產業，事實上相當困難。同樣地，消費者想獲取課稅物品的替代品，實在也很不容易。所以，因課稅導致價格上升的幅度，將較之上述（圖6－4）情況稍大一點（參閱（圖 6-5））。則如圖示，課稅後含稅價格將自 OP_0 升至 OP_1，扣除稅後的價格將自 OP_0 降至 OP_2，而產量將自 OQ_0 減至 OQ_1。此際，面積 □$P_1E_1FP_0$ 與 □$P_0FE_2P_2$ 相等，則稅負將由生產者與消費者雙方平分。

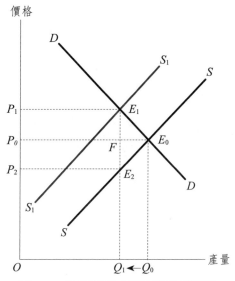

圖 6-5　供給與需求均比較缺乏彈性

6. 供給較富於彈性、需求較缺乏彈性

在供給較富於彈性而需求較缺乏彈性的情況下，擬將生產要素轉移至不課稅的產業，雖然比較容易，但消費者想獲取課稅物品的替代品，卻較為困難。蓋由於課稅導致價格上升的幅度，較之上述 5，供求彈性相等時為大〔參閱（圖 6-6）〕。

由於課徵從量貨物稅，使得稅後的含稅價格自 OP_0 升至 OP_1，而扣除稅後的價格卻自 OP_0 降至 OP_2。從（圖 6-6）得知，面積 $\square P_1E_1FP_0$ 大於 $\square P_0FE_2P_2$，使得消費者的稅負大於生產者的稅負。

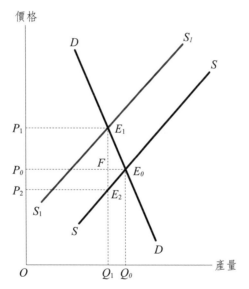

圖 6-6　供給較富於彈性、需求較缺乏彈性

（二）長期的轉嫁與歸宿

下面擬分析長期的賦稅轉嫁與歸宿的問題。長期的分析，可分為生產成本遞增、生產成本固定，以及生產成本遞減等三種情況。茲分述如下：

1. 生產成本遞增產業

隨著產量增大，成本亦跟著遞增的產業，將其情形表示於（圖6-7）如下：圖中的 *LRD* 表示長期需求曲線、*LRS* 表示稅前的長期供給曲線。【註5】

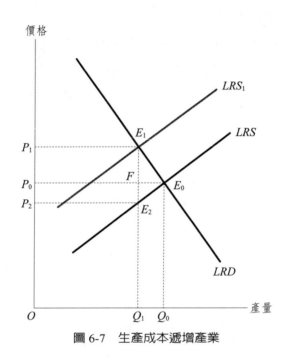

圖 6-7　生產成本遞增產業

茲假設對此課徵從量貨物稅，長期供給曲線 *LRS*，將按稅額部分向上移動成為 *LRS₁*。此際，含稅價格將自 OP_0 升至 OP_1，而扣除稅額後的價格，將自 OP_0 降至 OP_2，惟產量將自 OQ_0 減至 OQ_1。此際，與短期的情況相同，生產者與消費者的稅額負擔，將決定於長期供給曲線與長期需求曲線的斜率。換言之，乃決定於供給與需求的相對彈性。如果，供給彈性大於需求彈性，消費者將要負擔總稅額（□$P_1E_1E_2P_2$）中

【註5】　長期供給曲線中，成本遞增曲線的斜率為正，成本固定曲線便與橫軸成為平行，斜率為零，成本遞減曲線的斜率為負。

較大的比例。反之，如果需求彈性大於供給彈性時，生產者將負擔總稅額中較大的比例。假如，供給彈性與需求彈性相等時，稅賦將由生產者與消費者平均負擔。

2. 成本固定產業

不管生產量多寡，如生產成本固定不變時，生產者得很容易地將生產要素移至不課稅的產業，由於課稅，產品價格將自 OP_0 按稅額部分升至 OP_1，而產量卻自 OQ_0 減至 OQ_1（參閱（圖 6-8））。

此際，不管需求彈性大小，稅額（□$P_1E_1FP_0$）將全部歸由消費者負擔。

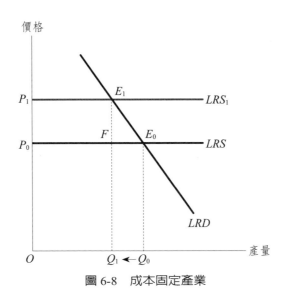

圖 6-8　成本固定產業

3. 成本遞減產業

如圖 6-9 表示，隨著生產量增大生產成本遞減時，賦稅轉嫁的情況。如課徵從量貨物稅時，產品價格將自 OP_0 升至 OP_1，產量卻自 OQ_0 減至 OQ_1。此際，隨著需求彈性增大，價格上升的幅度與產量減

少的幅度將跟著增大。但超過稅額（□$P_1E_1E_2P_2$）的價格上漲部分（□ $P_1E_1FP_0$），將全部轉嫁於消費者。所以，消費者的負擔，將較之成本固定和成本遞減時增大。

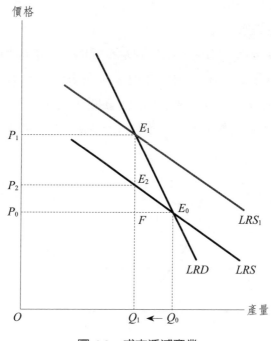

圖 6-9　成本遞減產業

二、不完全競爭市場賦稅之轉嫁

（一）獨占市場賦稅之轉嫁

在獨占市場時，獨占企業因沒有能夠與其競爭的企業，故可自行改變產品的價格與產量，藉此謀求利潤的極大化，務使獨占企業的邊際收入等於邊際成本便可。假如課徵從量貨物稅，邊際成本曲線與平均成本曲線，將按稅額部分向上方移動。此際，賦稅的轉嫁與歸宿的程度，將決定於平均收入曲線（或邊際收入曲線）與邊際成本曲線的斜率大小。

1. 短期獨占之轉嫁與歸宿

（圖 6-10）中的 *MR* 曲線與 *AR* 曲線，分別表示邊際收入曲線與平均收入曲線，而 *MC* 曲線與 *AC* 曲線係表示，課稅前的邊際成本曲線與平均成本曲線。MC_1 與 AC_1 分別表示，稅後邊際成本曲線與平均成本曲線。課稅前的獨占利潤，於 *MR* 曲線與 *MC* 曲線的交點（E_0）為最大。此際的獨占價格為 OP_0，產量為 OQ_0。故課稅前的獨占利潤總額，以面積 □P_0ABC 表示之。

如對此課徵從量貨物稅，邊際成本曲線與平均成本曲線，均將向上方移動，而成為 MC_1 曲線與 AC_1 曲線。OP_1 和 OQ_1 乃表示稅後獨占價格與產量，而稅後的獨占利潤，將以面積 □P_1KMN 表示之。從圖示得知，課稅後的獨占利潤小於課稅前的獨占利潤，其差額如圖示為 □P_0ABC－□P_1KMN 的差額，係由獨占企業負擔的稅額。又課稅後的價

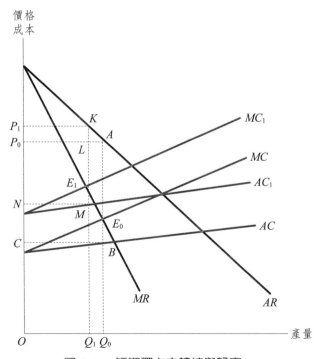

圖 6-10　短期獨占之轉嫁與歸宿

格與課稅前的價格的差額,則 $\Box P_1KLP_0$ 的部分係由消費者負擔的稅額。此際,隨著平均收入曲線(或邊際收入曲線)的坡度變小,或邊際成本曲線的坡度變大,價格的上升幅度將隨之變小,使得獨占企業的稅賦負擔比率變大。反之,如平均收入曲線(或邊際收入曲線)的坡度變大,或邊際成本曲線的坡度變小,價格的上升幅度將隨之增大,使得消費者的稅賦負擔比率,亦將跟著增大。

2. 長期獨占之轉嫁與歸宿

如同完全競爭的情況,於長期也可以考慮成本遞增、成本固定,以及成本遞減等三種情況。長期時賦稅的轉嫁與歸宿,如按上述三種成本型態互作比較時,其情況係如圖 6-11 所示。

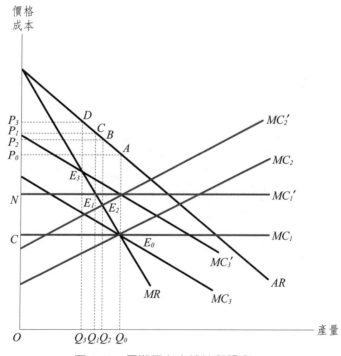

圖 6-11　長期獨占之轉嫁與歸宿

　　首先來探討成本固定產業，其課稅前的均衡決定邊際收入曲線（MR）與課稅前的邊際成本曲線（MC_1）的交點（E_0），而課稅前的獨占價格為 OP_0，產量為 OQ_0。至於課稅後的均衡係決定於邊際收入曲線（MR）與課稅後的邊際成本曲線（MC_1'）的交點（E_1）。至於課稅後的獨占價格係自 OP_0 升至 OP_1，產量卻自 OQ_0 減至 OQ_1。此際，獨占價格的上升額將不管平均收入曲線的斜率大小，將等於稅額的二分之一。【註6】所以，課稅額將由獨占企業與消費者雙方，各自負擔一半數額。

　　當生產成本遞增時，邊際收入曲線（MR）與課稅前的邊際成本曲線（MC_2）乃相交於 E_0 點，所以，課稅前的獨占價格為 OP_0，產量為 OQ_0。此際，如課徵與固定成本時同額的從量貨物稅，隨著邊際成本曲線向上方移動，均衡點亦自 E_0 移至 E_2，使得課稅後的獨占價格將自 OP_0 升至 OP_2，產量卻自 OQ_0 減至 OQ_2。如圖 6-11 所示，由於 E_2 點位於 E_1 點的右方，OP_2 將低於 OP_1，所以，獨占價格的上升額將小於課稅的一半，使得獨占企業勢將負擔稅額中較大的比例。

　　當生產成本遞減時，邊際成本曲線顯現向右下方延伸。如圖 6-11 所示，邊際收入曲線（MR）與課稅前的邊際成本曲線（MC_3）乃相交於 E_0 點，故與成本固定及成本遞增時的情況相同，則課稅前的獨占價格為 OP_0，產量為 OQ_0。由於對此課稅，使得均衡點由 E_0 移至 E_3，故稅後的獨占價格則自 OP_0 升至 OP_3，產量卻自 OQ_0 減至 OQ_3。此際，由於 E_3 點位於 E_1 點的左方，故 OP_3 高於 OP_1，使得獨占價格的上升額大於稅額的半數，於是稅額中的較大部分，將歸由消費者負擔。

　　再者，於成本遞增時，隨著平均收入曲線（或邊際收入曲線）的坡

【註6】　該命題係魯賓遜夫人（J. Robinson）與 R. Carver 等人所發現。但它只適合於平均收入曲線為直線型時，假如平均收入曲線對原點呈凸狀時，價格的上升可能大於稅額的一半，也可能與稅額相等。參閱 J. Robinson, *The Economics of Imperfect Competition*, London, Macmillan and Co., Ltd., 1950, p.80。

度增大，或隨著邊際成本曲線的坡度變小，消費者的稅負比例將跟著增大。至於成本遞減時，隨著平均收入曲線（或邊際收入曲線）的坡度變大，或隨著邊際成本曲線的坡度減小，獨占企業負擔的稅負比例將跟著增大。【註7】

（二）寡占市場賦稅之轉嫁

　　上述完全競爭與獨占的市場，兩者均未能真實表示現實的市場狀況。現實的市場情況係介在上述兩種市場的中間狀態，而主要產業部門，通常大多形成寡占市場。於寡占市場裡，同一種財貨，通常由少數企業從事生產，各個企業亦可各自決定其價格與產量。此際，某一個企業的行為，或多或少仍可影響其他企業。茲擬使用強調僵化性價格的拗折需求曲線（kinked demand curve）的理論，說明寡占市場賦稅的轉嫁與歸宿問題。

　　於圖 6-12 中，OP_0 表示課稅前的價格，OQ_0 表示課稅前的產量。AR 表示，只有一家企業提高價格，而其他企業並不跟進時的需求曲線，而 RS 表示，某一家企業降低價格，而其他企業亦跟著降低價格時的需求曲線。結果，需求曲線乃以現行價格為界線，左上方比較富於彈性，右下方卻比較缺乏彈性。換言之，需要曲線係以現行價格為界限，產生拗折。則 AC 乃對應 AR 的邊際收入曲線，DE 係對應 RS 的邊際收入曲線。至 MC 與 MC_1 乃分別表示課稅前與課稅後的邊際成本曲線。由於需要曲線在 R 點拗折，邊際收入曲線乃在產量 OQ_0 時，變成不連續。

【註7】　但平均收入曲線坡度的變化對價格的影響，並不如完全競爭狀態時重要。因為平均收入曲線坡度的變化會改變課稅前的均衡點，使得不能用同一個均衡點作比較。參閱 J. F. Due, *The Theory of Incidence of Sales Taxation*, New York, Russel and Russed 1942, p. 39。

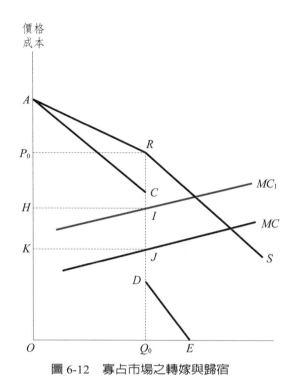

圖 6-12　寡占市場之轉嫁與歸宿

　　此際，如課徵從量貨物稅，邊際成本曲線將按稅額部分向上方移動。惟因稅後的邊際成本曲線，仍位於邊際收入曲線不連續的範圍內，導致價格與產量依舊不變，仍為 OP_0 與 OQ_0。此際，將導致寡占企業的收入按稅額部分減少，故稅額 □$HIJK$ 將全部由寡占企業負擔。

第四節　地價稅之轉嫁與歸宿

一、傳統見解之轉嫁與歸宿

　　關於地價稅的歸宿，依據傳統的想法，係對土地課徵的土地保有稅，應由決定課稅時的當該土地所有權人負擔。這種想法係基於兩個假設：一則土地供給為固定不變，即完全缺乏彈性；二則從部分均衡分析（partial equilibrium approach）的觀點，考察土地市場。

下面擬分為租賃的土地與讓售的土地課徵土地保有稅（地價稅），
探討該稅歸宿的情形：

（一）對租賃的土地課徵地價稅

當將土地出租時，不問承租人將此土地供作居住用途、或供作工
場或農場等生產用途，又不管是否對此土地課稅，對同一塊土地提供
的服務（service）或用役（utility），勢必支付同額的租金（rent）。
如圖 6-13 所示，縱軸表租金，*DD* 表對土地用役的需求曲線，惟不受
課徵地價稅（*tt*）的影響。由於土地供給受到土地存量的限制為固定
不變，所以供給曲線 *ss* 為垂直。因之，邊際需求者也不受到課稅的影
響。市場租金為邊際需求者願意支付的租金，這也不受到課稅的影響。
所以，出租土地者（地主）所收經扣稅後的租金收入，勢必減少稅額

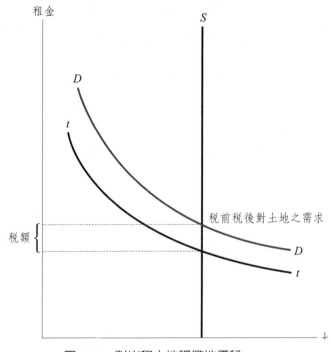

圖 6-13　對出租土地課徵地價稅

部分。換言之，對土地課徵地價稅乃由土地所有人負擔。此乃李嘉圖（David Ricardo）已明確地昭示：「對純地租課稅將歸宿於土地供給者負擔。」

該項分析的重點在於，不管出租人收取的租金多寡，總是提供一定的土地用役或服務，對此必須注意兩件事情，如次：

第一係對不同時間的土地用役的分配。按上述的分析並沒有考慮時間的因素。實際上，可將土地供作現在用途使用，也可將土地留待將來用於其所期待的用途，而暫時不加以使用的兩種問題。假如土地利用的轉用成本很低，當可以採取將此土地用於現在可利用的用途，等至將來可用於更有利的用途時，方予變更用途。但如土地的轉用成本很高時，便不宜採上述作法。一般而言，土地的轉用成本頗高，故如可預見將來確有更有利的用途時，或可犧牲目前的租金收入，而任其土地空閒不加利用，備供將來更有利的用途。如考量此等問題時，現在可供利用的土地（用役）數量，將跟著現在的租金數額而變動。於是土地用役的供給曲線便非為垂直。

第二為市場結構的問題。上述的分析係假定土地用役的供給者為極大多數，且互相競爭供給。然而假如供給者為少數，且有勾結或獨占供給時，其情況究竟如何？其實此際，課稅依然不影響供給量。【註8】茲設 p 表租金，需要曲線為 $q = f(p)$、t 表稅率、租金總淨額為 $R = (1 - t) p \cdot f(p)$。將 p 予以微分為零，使 R 極大化的條件，而得 $f(p) = pf'(p)$。該方程式不受 t 的影響，所以最適供給量也不受到 t 的影響。是以，即使得由寡占供給者或獨占供給者控制整個市場供給量時，土地用役供給量也不受課稅的影響而為一定。因之，對土地課徵地價稅，其稅負仍歸由土地所有人負擔。

【註8】　參閱 H. J. Aaron 著，Who Pays the Property Tax? A New View, Washington D. C., *The Brookings Institution*, 1975, pp.21～22.

（二）對讓售的土地課徵地價稅

其次，擬考察讓售土地所有權時的情況。不問購地者究將其土地供自用住宅使用、或用於工場或農場等生產用途、或供出租，只要地價不大於每年收益（自用住宅者為其歸屬地租）【註9】的現在價值，便願意購買土地。換言之，以收益計算的現在價值，便是購地人的需要價格。此際，對土地課徵地價稅時，每年扣稅後的收益，便會減少稅額部分（如將土地用於生產目的者，可能將其轉嫁予產品價格，此點容後另述）。所以需要價格勢必減低稅額的現在價值部分。如圖 6-14 所示，縱軸表市場地價、對土地的需求曲線呈向右下方延伸、而土地的供給量為固定，是以，其形狀呈現直線（如前述，當考慮不同時間點的土

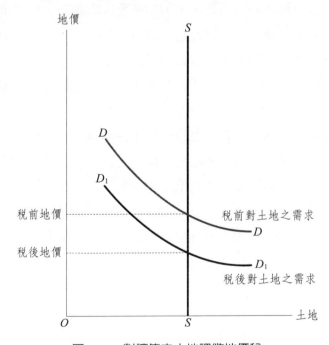

圖 6-14　對讓售之土地課徵地價稅

【註9】　宅地供作自用住宅，地主為宅地使用人，自行享受宅地地租。這種地租稱為歸屬地租（possession rent）。

地分配問題時，此假設便不成立。）因此，邊際購地者不變、市場地價剛好降低稅額的現在價值部分。此情形，亦稱為「負的資本還原」（negative capitalization）。此際，當決定課徵地價稅時，土地所有人便要負擔全部的稅負。

茲擬以數值簡單說明上述情形：假設邊際購地者於課稅前，1 平方公尺土地每年可能取得 1 萬元收益，如利潤率為 10%，收益的現在價值為 10 萬元。又設，每平方公尺土地每年課徵 1 千元地價稅，所以，稅後每平方公尺土地的淨收益為 9 千元，故還原後每平方公尺土地的現在價值 9 萬元。由於土地供給固定不變、邊際購地者不變，故市場地價每平方公尺為 9 萬元。此與課稅前地價的差額為 1 萬元，與稅賦總額的現在價值相等。於是地價稅經資本還原為地價，並由原來的土地所有人負擔。（此處假設地價稅係按單位面積定額課稅）

從前面說明得知，上述結論乃依據幾個假定而得，第一係如同前述租賃的情形，假設土地供給為完全缺乏彈性；第二係假設購地者的稅後收益剛好將減低，稅額的減少部分，如將土地供作居住使用者，此項假定的成立尤其清楚。又租賃土地時，由於出租土地的總量固定，故殊難將地價稅轉嫁給承租人負擔。但如將土地供作工場或農場等生產用途使用者，可能將地價稅轉嫁於產品價格。至於能否轉嫁，當將受到各種因素的影響，其中重要者，為產品的價格彈性。如果產品缺乏價格彈性便容易轉嫁，反之，產品富於價格彈性者，轉嫁卻比較困難。據泥徹（Netzer D.）謂：「由於農產品的轉嫁比較困難，課徵地價稅時大致將全部還原於地價；但對工業產品言，長期時，大部分都可能前轉於消費者負擔。」【註10】

關於結構的第三個假定係，計算現在價值的還原率並不受課稅的

【註10】D. Netzer, Economics of the Property Tax, Washington D. C. *The Brookings Institution*, 1966, pp.250-253。

影響。如果地價稅或財產稅係只針對土地課徵時，此項假定當然正確，但對其他不動產（例如，房屋、或土地改良物）亦課稅時，依一般均衡的觀點言，此假定卻未必正確。這點已由米斯可斯基（Mieszkowski P. M.）提出來。【註11】

　　上述係對土地課徵地價稅的考察。下面擬探討針對土地改良物（improvements）課徵財產稅的情況。換言之，前者係針對不能再生產資本（non-reproducible capital），後者係探討可再生產資本（reproducible capital）。如同上述，賦稅的歸宿擬分為租賃的土地改良物與讓售的土地改良物兩部分，分別探討。

1. 對租賃的土地改良物課徵財產稅

　　如對土地改良物（如建物）課徵財產稅時，起先將與對土地課徵地價稅的情形相同，改良物所有人扣稅後的租金收入勢必減少，其減少額剛好與稅額部分相等。惟在土地市場並不產生再進一步的調整過程，但在土地改良物市場，其情況並不相同。蓋如將資本當作土地改良物或建物的型態保有時，課稅後的租金收入勢必減少，故假如實施再投資時，他們將不再投資於土地改良物或建物而投資於其他對象。於是租賃用建築物或改良物的供給量減少，導致市場的租金水準上升。此種調整過程將繼續實行至扣稅後的租金收入，剛好等於課稅前（即替代投資的收益率）為止。故從長期觀點觀之，租賃用建物（或土地改良物）的供給曲線，乃經扣除一定量稅額後的水準而保持水平的狀態。亦即，如圖6-15 所示，縱軸表租金，供給曲線保持水平，扣除財產稅後供給曲線將往上方移動。由於扣稅後的租金額不變，市場租金上升額與稅額部分相等，故所課的財產稅便由建物的承租者負擔。

【註11】 P. Miesz kowski, On the Theory of Tax Incidence, *Journal of Political Economy*, Vol. 75. (June 1967) pp. 750-62.

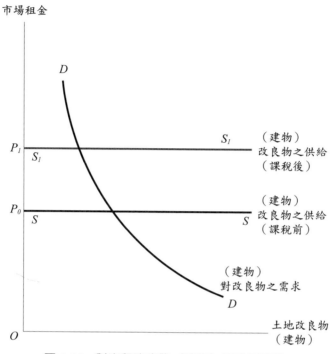

圖 6-15　對出租改良物（建物）課徵財產稅

　　茲設有商用建物的建築費每一平方公尺為 10 萬元。如投資利潤率為年 10%，而商店的租金每一平方公尺每年（可得）1 萬元時，當可對建物實施投資（為使說明簡單化，地租將另予支付）。此際，如對建物每一平方公尺每年課徵 1 千元的財產稅，而租金卻維持 1 萬元時，對建物的投資利潤率便降為 9%，長期言，資本將離開建物而轉向其他的投資對象。直至租金上升至 11 萬元，方能達成最後的均衡。

　　上述分析乃假設，對建物（或土地改良物）課徵財產稅時，不會導致地租下降而產生後轉（backward shifting）。此乃因土地除供興建建築物以外，亦可用於其他用途（諸如，農地、停車場、高爾夫練習場等）之故。所以對興建建物用途的土地供給，認為依一定的地租可無限彈性地（水平的供給曲線）供應。如果土地除供興建建物以外，沒有其他利用方式時，對建物課徵的財產稅，將導致地租降低而產生後轉

（backward shifting），終歸土地所有人負擔。

　　基於上述土地具有替代用途的前提，如對土地改良亦加以課稅時，仍可得與上述相同的結論。茲假設將土地用於農業生產時，一平方公尺每年可得 2 千元收益。設還原率為 10%，供作農地的土地價值等於每平方公尺 2 萬元。土地開發者如購置此等農地實施整地、裝設電氣、瓦斯、上下水道等設施，開發為住宅用地，所需開發費用設每平方公尺為 8 萬元。此等開發完成的宅地每平方公尺租金每年如能獲取 1 萬元時，便可進行宅地開發。

　　茲假設對所有的土地，均按課稅前價值課徵 1% 的地價稅。（通常地價稅係按市場地價的一定比率課徵，故非按課稅前價值而係按課稅後價值的一定比率課徵。此際的計算將容後說明。又由於課稅後的價值為課稅前價值乘以一定比率的數值，故如將稅率予以變更，上述假設並不影響問題的本質。就此而言，對課稅前價值課徵 1% 的稅，與對課稅後價值課徵 1.111%，意義相同。）由於課稅前的宅地價值為每平方公尺 10 萬元，該宅地所有人為土地開發者，每年每平方公尺宅地需繳納 1 千元地價稅。惟如上述，對農地的課稅將資本還原於農地，故每平方公尺農地的價值，將因課稅而降低 2 千元而減為 1.8 萬元，所以土地開發者出租的原價為 9.8 萬元。如租金同前不變為每平方公尺 1 萬元，則扣稅後的收益率降為 9.2%，致不能繼續營運。欲將扣稅後的收益率與替代投資的收益率 10% 維持相等，則須將市場租金提高 800 元達到 10,800 元。結果，每年 1 千元的地價稅中，200 元由原來的土地所有人負擔，另 800 元由宅地的承租人負擔。

　　上述如從另一個角度觀察，宅地價值中的 2 萬元屬於素地價值，8 萬元屬於改良價值；而每年 1 千元的地價稅中，200 元視為針對素地價值的課稅，800 元視為對改良價值的課稅。前者由原來的地主負擔，後者卻由承租者（宅地效益的享用者）負擔。由此可以確定：「針對土地課徵的地價稅係由原來的土地所有人負擔，對建物或土地改良物課徵的

財產稅係由建物效益的享用者負擔」的課題。

2. 對讓售的土地改良物課徵財產稅

建物的購買者，不管將其供作居住使用，或供工場作為生產設施，只要建物價格低於每期收益（如為自用住宅便是其歸屬租金）的現在價值（資本還原價值），則有購買建物的意願。換言之，收益的資本還原價格為購屋者的需要價格。如果對建物課徵財產稅，每年的課稅後收益勢必減少稅額的部分，所以建物的需要價格亦將減少稅額的現在價值。如圖 6-16 所示，縱軸表建物的市場價格時，對建物的需要曲線將向右下方延伸。

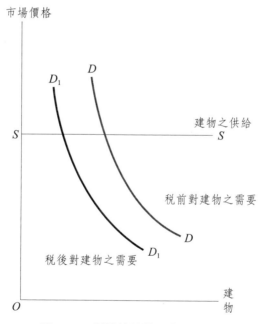

圖 6-16 對讓售建物課徵財產稅

截止目前，情形均與前述尚未改良的土地，情況相同，而所不同者，為供給曲線的形狀。此處的供給曲線乃於平均成本時，形成水平。亦即，供給者如不能回收平均成本時，勢必將資本投資於建物以外的投

資對象，使得建物的市場價格形成固定不變。這表示，新的邊際需要者的需要價格升高達到平均成本以前，乃將這些邊際需要者排除在外的結果。於是財產稅便由建物的購買者（建物效益的利用者）負擔。

茲假設，商業用建物的建造費為每平方公尺 10 萬元。此際的邊際購屋者應為於繳清地租等費用以後的收益的資本還原價值，能夠達成 10 萬元者為原則。縱令另課徵財產稅，情況仍然相同。故課稅後的邊際購屋者，其收益應再增加稅額部分。於是，財產稅的課徵，將由建物效益的享用者負擔。

假設，土地的替代用途價值為固定不變，對土地改良亦可認為其情況相同。例如，對每平方公尺價值 2 萬元的素地（作為農地使用的價值）投入 8 萬元的改良投資，而開發成為每平方公尺 10 萬元的住宅用地。設每年對此按稅前價值課徵 1% 的地價稅，素地價值便降低為每平方公尺 1.8 萬元。欲使土地開發者能夠收回其投入的改良費用，宅地價格每平方公尺應為 9.8 萬元。宅地購買者每平方公尺每年必須支付 1 千元的地價稅，如將此予以資本還原（設還原利率為 10%），每年應負擔 1 萬元。換言之，如欲享受與課稅前同樣的宅地服務效益，宅地購買費與稅賦合計，每平方公尺應支付 10.8 萬元，較之課稅前計增加 0.8 萬元。該 0.8 萬元係針對土地改良所課財產稅的現在價值。所以，地價稅（包括財產稅）當中，針對素地者由素地的所有人負擔，針對改良部分便由改良物的使用者負擔。

探討素地地價稅的歸宿時，如欲實證賦稅負擔的分布情況，的確有所困難。故不得不假定，將土地價值全部視為素地的價值。但實際上，土地價值的大部分係來自土地的投資改良，尤其在郊區的新開發地區，宅地的開發費用乃占了土地價值的很大部分。故如果土地改良係由民間的開發者實施，則對土地所課徵的地價稅，其相當大的部分，將可認為由現在的土地所有人負擔。

但實際上，土地價值的增大並非全歸於民間開發者的宅地開發，而

價值增加的相當部分，乃由於鐵路、道路、下水道等公共投資的外部效果（external effect）所使然者。此等公共投資，如於土地仍為素地時實施，其效益便可認為經資本還原而包含於素地價值。果真如此，將可符合上述分析，對土地所課地價稅，便由決定課稅時的土地所有人負擔。反之，已經宅地化後而實施公共投資，以致土地價值提高時，對該價值上升所增課的地價稅（或財產稅），係由土地利用者負擔。

如上述，地價稅賦負擔的分布，即使土地價值的大部分係來自土地改良，但還是非常錯綜複雜，而更麻煩的問題係經改良的土地尚有買賣的情形。此際，未來的地價稅的負擔究由賣方或買方負擔，乃因市場情況不同而有所差異故不能一概而論。如果，需要的價格彈性低或供給的價格彈性高時，負擔將歸宿買方。雖然這種可能很高，但亦情況未必一定是這樣。

除此以外，茲將上述探討的摘要結果列敘如表 6-1。則無論租賃或讓售，對素地所課地價稅乃由決定課稅時的土地所有人負擔，而對建物或土地改良物所課財產稅，將由此等改良物服務效益的享受者負擔。

表 6-1　依傳統見解區分地價稅（財產稅）之歸宿

租或售　　　土地或建物	租賃	讓售
土地	市場租金不變 由土地所有人（出租人）負擔	市場地價下降 原土地所有人（賣方）負擔
建物或土地改良物	市場租金上升 由利用者（承租人）負擔	市場價格不變 由利用者（買方）負擔

二、一般均衡分析之轉嫁與歸宿

（一）課徵單一稅率之地價稅

首先，擬思考單一稅率之地價稅。亦即，對所有的土地與資本財（土地改良、建物等），課徵單一稅率的地價稅或財產稅。此際，土地或資本財（土地改良、建物等）的所有人，無法轉嫁其賦稅。就土地而

言，如前述，無法轉嫁所課的地價稅，而對土地改良物等可再生產的資本財，亦同樣無法轉嫁其賦稅。但欲將資本轉投資於其他對象，因對所有的資本財均按同一稅率課稅，故無法避免被課稅的情況（按前述分析係假設可將資本，不投資於建物或土地改良物而得以避免課稅。）故如資本財的供給為競爭市場，資本財的市場價格固定不變，故所課的稅乃由資本財的所有人負擔。假設資本財的供給為競爭市場，資本財的價格仍為不變。總之，地價稅或財產稅，均由土地或資本財的所有人負擔。

再者，此際扣稅後的收益雖然降低，但並不會產生所謂「稅賦的資本還原」。因為，扣稅後收益降低乃於所有的資本財普遍產生的現象，使得資本財之間的相對價格並不發生變化。亦即資產價值不變而扣除稅後的收益降低，扣稅後的收益率自然會降低。於是就土地的情況而言，於計算其現在價值時，分子的扣稅後收益雖然降低，但由於分母的還原利率亦按同比率降低，故其現在價值卻維持不變。就此而言，於前述傳統的見解認為，對土地課稅將經資本還原為地價，係由於假設資本財中唯獨土地被課徵特別賦稅之故。

將上述分析結果列如表 6-2，以便與表 6-1 互為比較。不問何種情況，如課徵單一稅率時，賦稅均由土地或資本所有人負擔，而不會發生稅的轉嫁。由於所有的土地與資本的所有人，乃透過扣稅後收益率的降低，比照其土地及資產的所有額大小，負擔稅賦。由於沒有產生稅的轉嫁，欲將稅的負擔的分布情況，弄清楚並沒有太大困難。換言之，並沒有按傳統見解分析時的困難。

表 6-2 單一稅率地價稅（財產稅）之歸宿（新見解）

租或售 土地或建物	租賃	讓售
土地	市場租金不變 土地所有人（出租人）負擔	市場地價下降 土地所有人（賣方）負擔
建物或土地改良物	市場租金不變 改良物所有人（出租人）負擔	市場價格不變 利用者（買方）負擔

（二）非單一稅率之地價稅

　　實際上，地價稅並非採取單一稅率。第一，地價稅為地方稅，地域不同，稅率可能不同（在臺灣，各縣市的累進起點地價不同），課稅基礎的估價方法可能有差異；第二，土地用途不同，可能課徵不同稅率之地價稅，尤其在臺灣，市地與農地，採取不同的稅制，差異更大。惟探討上述各種情況的地價稅課稅效果，亦為非常重要。

　　美國對此方面的研究當中，有關第一個命題的分析較多。這可能是因為美國的地方政府對地價稅和財產稅的徵稅，其自主裁量權比較大。按 P. Mieszkowski 的分析，[註12]其概要如下：在財產稅率（包括地價稅）高的地方，扣除後的資本收益率降低，使得資本流向其他地方。而資本的移動，將繼續流至各地的扣稅後的收益率趨於相同時為止。至於就資本流出去的地方而言，因其勞力與土地的邊際生產力降低，以致工資與地租下降。此外，資本財的市場租金上升，其中的一部分將轉嫁於產品價格。如在全國市場競爭生產及競爭銷售的產品，比較不容易引起價格上升，但只在當該地區生產並銷售的產品，只要其需要的價格彈性不高，將比較容易產生這種轉嫁。這樣將促使勞工的實際工資更趨下降。如果，勞力在地區之間也能夠移動，將自稅率高的地方向外流出。假如，勞力能夠完全移動，則財產稅（包括地價稅）與全國平均的乖離部分將被資本還原於不能移動的生產要素的土地上面。

　　總之，地價稅及財產稅所帶來的效果，大約可分為下列三項：第一，這些稅賦中如對全國平均有影響者，勢必降低資本財的收益率，故可將此稱為收益稅。（profit tax）；第二，對可再生產資本財（reproducible capital）的課稅中，與全國平均產生乖離者，其中一部分將轉嫁於產品致其價格上升，故可將此視為貨物稅（excise tax）；第

【註12】P. Mieszkowski, The Property Tax: An Excise Tax or A Profit Tax? *Journal of Public Economics*, Vol. 1, No. 1, (April 1972) pp. 73～96.

三，對可再生產資本財課稅中，與全國平均產生乖離者，其中一部分將資本還原於土地價值裡面。

上述分析卻未考慮，從地價稅或財產稅所取得的稅收，在財政支出面究竟被如何使用的問題。如果，此等稅收也用於提高土地價值的投資，上述結論也會產生變化。這方面的分析，可見於哈彌爾頓（B. W. Hamilton）的分析。【註13】

臺灣的地價稅（或財產稅）雖為地方稅，然其經濟效果的地區別差異很小。因其稅率結構殆無地區性的差異，只是課徵地價稅的累進起點地價各縣市各不相同，對資本及勞力的地區間移動的影響甚小。

惟實際上，也不是絕對沒有賦稅效果的地區性差異。蓋於土地開發時，如於變更用途使用時，當該地方政府時而徵收回饋金，或令開發者提供一定比例的公共設施用地等，以資平衡開發利益，只是回饋金的多寡或提供的公設用地比例，各地規定未盡相同。此等規定的經濟效果，可視為對資本財課稅的應用問題。惟應先區分，上述徵收回饋金及提供公設用地的規定，究係全國各地一律普遍規定，抑或只在特定地區方作此種規定，確有必要。

如只在某特定地區訂有上述回饋金或提供公設用地等規定，則可能產生上述第二項及第三項效果。亦即，於土地開發時訂有上述規定者，其負擔將轉嫁於開發產品（建物或宅地）價格促使價格上升，或資本還原於當該地區的地價上面。其中，何者的影響力較大乃決定於對宅地需求的彈性大小。如當該地區的宅地價格上升，使得宅地的需要者出走到其他地區者，上述第三項的效果較大。換言之，上述回饋金或提供公設用地規定的負擔，具有對地租課稅的特性。

如果，回饋金及提供公設用地的規定已在全國普遍實施時，其平

【註13】B.W. Hamilton, Capitalization of Intrajurisdictional Differences in Local Tax Prices, *American Economic Review*, Vol. 66, No. 5, (December 1976), pp. 743-53.

均的負擔部分，對宅地開發者乃具有對利潤課稅的效果。而與平均乖離的部分，則具有上述第二項及第三項效果。當然，開發者此際亦可將其資本轉投資於其他事業。此等資本轉移，從整體經濟的立場觀之，如屬於邊際部分者，開發者將可完全避免負擔。此際，徵收回饋金及提供公設用地等規定的效果，將可抑制郊區的宅地開發，惟可能促進既有市街區的住宅建設。再者，宅地開發通常為資本密集產業，如果資本脫離宅地開發，勢必提高其他部門的資本及勞力的比率，而產生降低利潤的效果。米斯可斯基教授（P. Mieszkowski）已於 1967 年時強調這個問題。【註14】但宅地開發事業在整體經濟活動當中所占的百分比並不很大，故其效果似沒有太大的影響。

【註14】P. Mieszkowski, On the Theory of Tax Incidence, *Journal of Political Economy*, Vol. 75, (June 1967) pp. 750-62.

第七章

從量稅與從價稅

使用供給曲線與需求曲線說明賦稅與歸宿問題，通常有兩種方式：一則將賦稅的課徵視為成本的增加，使得供給曲線向左上方移動；一則將賦稅的課徵視為收益的減少。對這兩種方式只能選用其中一種，則以二選一為原則。

為了說明方便起見，茲將設定四個假設：(1)供給曲線與需求曲線均為直線型；(2)課徵貨物稅所引起的所得重分配效果（income redistribution effect），以及資源重分派效用（resources reallocation effect）視為固定；(3)政府的支出部門及其他政策視為固定未變；(4)貨物稅的課徵採用從量比例稅。

第一節　從量稅

一、從量稅（Specific Tax）之分析

（圖 7-1）中的 AB 表示課稅前的需求曲線，SS 表示課稅前的供給曲線。AB 線與 SS 線相交於 E 點，此際形成價格 OP_0 為均衡價格，交易量 OQ_0 為均衡交易量。

茲假設課徵從量貨物稅，使得供給曲線勢將向左上方移動為 S_1S_1。SS 與 S_1S_1 之間的垂直距離（E_1C）表示所課的貨物稅。此際，新的均衡點為 E_1，新的均衡價格為 OP_1，新的均衡交易量為 OQ_1，可知，

價格由 OP_0 升至 OP_1，交易量卻自 OQ_0 減至 OQ_1。由於課徵 E_1C 的貨物稅，交易價格自 OP_0 升至 OP_1，使得消費者對每單位產品須多支付 P_0P_1 的價格，而稅額中的 E_1D 歸消費者負擔，交易量因而減少 Q_0Q_1。此外，當均衡點為 E 時，消費者可獲取 $\triangle AP_0E$ 的消費者剩餘（consumers surplus），但課稅後卻只能得到 $\triangle AP_1E_1$ 的消費者剩餘，兩者相減之後，則剩下多邊形 $\square P_1P_0EE_1$，如再予扣除轉嫁於消費者的稅賦 $\square P_1P_0E_1D$，便只剩下 $\triangle E_1DE$ 部分，而此部分為消費者的無謂損失（dead-weight loss）。如此說來，課稅對消費者的影響，不僅有賦稅的負擔及消費量的減少，同時尚有消費者剩餘的縮減，則消費者利益受到不少損失。

　　至於消費者的稅負大小，可從供給曲線與需求曲線的斜率或坡度判斷分明。為了分析的方便起見，茲將圖 7-1 的圖形改以方程式表示之。

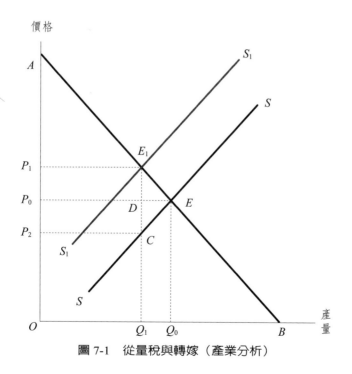

圖 7-1　從量稅與轉嫁（產業分析）

$$
\begin{cases}
P_d = a - \alpha q & \text{······················ (7-1)} \\
P_s = b + \beta q & \text{······················ (7-2)}
\end{cases}
$$

上式的 P_d 與 P_s，分別表示需要價格與供給價格，q 表示數量，α 與 β 分別表示常數。於 E 點達成均衡時，便可決定均衡價格 P_0，而 $P_0 = P_d = P_s$。

$$
\therefore
\begin{cases}
P_0 = a - \alpha q & \text{······················ (7-3)} \\
P_0 = b + \beta q & \text{······················ (7-4)}
\end{cases}
$$

解方程式可得 $a - \alpha q = b + \beta q$

$$
a - b = \alpha q + \beta q
$$

$$
\therefore q = \frac{a-b}{\alpha+\beta} \text{······················ (7-5)}
$$

於是均衡交易量為 $q_0 = \dfrac{a-b}{\alpha+\beta}$。

將（7-5）式代入（7-1）式，可得：

$$
P_0 = a - \alpha \left(\frac{a-b}{\alpha+\beta} \right) \text{······················ (7-6)}
$$

（7-6）式表示課稅前的均衡價格。茲如果課徵貨物稅（t），SS 曲線將移至 $S_1 S_1$，新的供給價格 P'_s，如下：

$$
P'_s = b + \beta q + t \text{······················ (7-7)}
$$

新的供給曲線 $S_1 S_1$ 與原來的需求曲線相交而形成新的均衡點，同時形成新的均衡價格 P_1。此際，$P'_s = P_d = P_1$，於是（7-3）與（7-7）的聯立方程式，可得：

$$\begin{cases} P_1 = a - \alpha q \\ P_1 = b + \beta q + t \end{cases}$$

$$\therefore a - \alpha q = b + \beta q + t$$

$$a - b - t = \alpha q + \beta q$$

$$q = \frac{a - b - t}{\alpha + \beta} \quad\text{..}\quad (7\text{-}8)$$

所以均衡交易量為

$$q_1 = \frac{a - b - t}{\alpha + \beta}$$

將（7-8）式代入（7-3）式，則得：

$$P_1 = a - \alpha \left(\frac{a - b - t}{\alpha + \beta} \right) \quad\text{..}\quad (7\text{-}9)$$

已知 P_1 與 P_0，則消費者因課徵貨物稅 t 所引起的稅負為：

$$\Delta P = P_1 - P_0$$

$$= \left[a - \alpha \left(\frac{a - b - t}{\alpha + \beta} \right) \right] - \left[a - \alpha \left(\frac{a - b}{\alpha + \beta} \right) \right]$$

$$= \alpha \left(\frac{t}{\alpha + \beta} \right) \quad\text{..}\quad (7\text{-}10)$$

從（7-10）式得知，消費者的稅負大小，將受到稅額大小與供求曲線斜率的影響。一般而言，稅額愈大，消費者的負擔也愈大；反之，消費者的負擔愈小。至於供求曲線斜率對消費者負擔的影響，如下小節所述。

二、供求彈性與從量稅

1. 當 $\beta = 0$ 時：

供給曲線乃與橫軸平行的水平線，則供給彈性為無限大（∞）時，（7-10）式可變成 $\alpha(\dfrac{t}{\alpha}) = t$。亦即，$t$ 元的貨物稅將全部歸由消費者負擔。則成本固定產業（constant cost industry）的長期供給曲線為水平時，屬此型態。於圖 6-8 表示此情況。

2. 當 β 為 ∞ 時：

則 $\alpha(\dfrac{t}{\alpha + \beta})$ 為零，表示供給曲線成為垂直直線。亦即供給彈性等於零，是以消費者可以避免所課貨物稅的負擔。圖 6-1 的情況屬之。

3. 當 $\infty > \beta > 0$ 時：

其供給曲線的情況係如圖 6-7 所示。此際，消費者的負擔將小於 t 元。如 β 愈小（供給彈性愈大），消費者的負擔卻愈大；假如 β 愈大（供給彈性愈小），消費者的負擔卻愈小。一般的短期供給曲線與成本遞增產業（increasing cost industry）的長期供給曲線均呈現此現象，並如前述圖 6-7 所示。

4. 當 $\beta < 0$ 時：

則消費者的負擔不僅是 t 元而已，甚至還要大於 t 元。此際，供給曲線係由左上方向右下方延伸的曲線。成本遞減產業（decreasing cost industry）的長期供給曲線呈現此現象。圖 6-9 的情形屬之。

5. 當 $\alpha > 0$ 時：

需求曲線為如圖 7-1 所示情況時，消費者的負擔將小於 t 元。當 α 愈大，表示斜率愈大使得需求彈性愈小。此際，消費者的負擔將愈趨近於 t 元。反之，如 α 愈小，表示需求彈性愈大，消費者的負擔便愈小。

6. **當 $\alpha = 0$ 時：**

$\alpha = 0$ 時，表示需求曲線的斜率為零，其彈性為無限大。此際，（7-10）式為零，消費者將可避免貨物稅的負擔。圖 6-3 的情形屬之。

7. **當 $\alpha < 0$ 時：**

此情況表示，需求曲線由右上方向左下方傾斜。這種情形稱為季芬的矛盾（Geffen's Paradox）。從經濟理論的觀點言，價格下跌而需求量反而減少的現象，只發生於劣等財貨（inferior goods）。則由於所得效果（income effect）使產品的需求減少的幅度大於，因替代效果（substitution effect）使產品的需求增加的幅度。此際，貨物稅的轉嫁，須視 α 與 β 的絕對值，方能判斷消費者負擔的大小。

如圖 7-2 所示，當需要曲線的斜率大於供給曲線的斜率時，則 $|\alpha|$ 大於 $|\beta|$，此際，如課徵 t 元的貨物稅時，消費者的負擔將超過 t 元。反之，如 α 小於 β 時，消費者不但不用負擔貨物稅，反可享受比

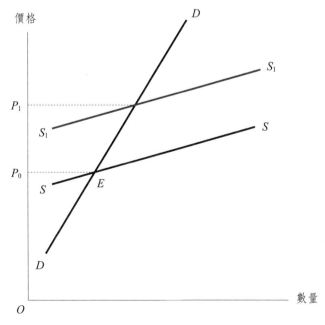

圖 7-2　季芬的矛盾（需求曲線的斜率大於供給曲線的斜率）

較低廉的價格。前者,則需求曲線的斜率大於供給曲線的斜率,係示於圖 7-2;而後者,則需求曲線的斜率小於供給曲線的斜率,係示於圖 7-3。

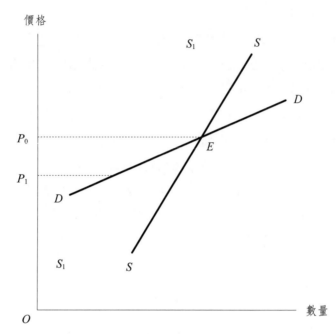

圖 7-3 季芬的矛盾（需求曲線的斜率小於供給曲線的斜率）

第二節 從價稅

一、從價稅（Ad Valorem Tax）之分析

為了分析方便起見,茲擬將課徵貨物稅視為淨收益的減少。

圖 7-4 中的 AB 表示產業原先的需求曲線,SS 表示供給曲線,E 為均衡點,並決定均衡價格 P_0 和均衡交易量 Q_0。由於徵收貨物稅導致收益減少,致需要減低為 BT 線,而 AB 線與 BT 線的垂直距離,表示對每單位產品所課的從價貨物稅。於是形成新的均衡點 E_1,由而決定新的均衡價格 P_1 和新的均衡交易量 Q_1。則消費者每單位產品貨物稅的負

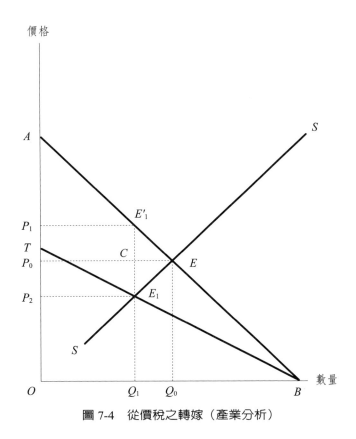

圖 7-4　從價稅之轉嫁（產業分析）

擔為 $\Delta P = P_1 - P_0$。亦即，消費者負擔了較原先為多的價格，並享受較少的產品。為了計算消費者的單位貨物稅的負擔（ΔP），擬用下列方程式予以說明：

$$\begin{cases} P_d = a - \alpha q \cdots\cdots\cdots\cdots\cdots\cdots\cdots\cdots\cdots\cdots\cdots\cdots\cdots\cdots\cdots\cdots\cdots（7\text{-}1） \\ P_s = b + \beta q \cdots\cdots\cdots\cdots\cdots\cdots\cdots\cdots\cdots\cdots\cdots\cdots\cdots\cdots\cdots\cdots（7\text{-}2） \end{cases}$$

當達到均衡點 E 時，則 $P_d = P_s$，並由前述得知，其均衡價格為：

$$P_0 = a - \alpha \left(\frac{a-b}{\alpha+\beta} \right) \cdots\cdots\cdots\cdots\cdots\cdots\cdots\cdots\cdots\cdots\cdots\cdots（7\text{-}6）$$

由於課徵從價貨物稅，使得淨收益線為：

$$(1-i)P_d = (1-i)(a-\alpha q) \quad\text{.......................}\quad (7\text{-}11)$$

此處 i 表示從價貨物稅率。當達成新均衡點 E_1 時，新的淨收益線與供給曲線相交，是以：

$$(1-i)(a-\alpha q) = b+\beta q \quad\text{..................................}\quad (7\text{-}12)$$

$$a(1-i) - \alpha(1-i)q = b+\beta q$$

$$[\beta+\alpha(1-i)]q = a(1-i)-b$$

$$\therefore q = \frac{a(1-i)-b}{\beta+\alpha(1-i)} = \frac{a-b-ai}{\alpha+\beta-\alpha i} \quad\text{.......................}\quad (7\text{-}13)$$

q 為新的均衡交易量，等於（圖 7-4）中的 Q_1。將（7-13）式代入（7-3）式，求得 P_1 為：

$$P_1 = a-\alpha\left[\frac{a-b-ai}{\alpha+\beta-\alpha i}\right] \quad\text{.................................}\quad (7\text{-}14)$$

然後比較 P_1 與 P_0 的差額，得知消費者的負擔為（7-14）式減（7-6）式的差額，則

$$\Delta P = P_1-P_0 = \left\{a-\alpha\left[\frac{a-b-ai}{\alpha+\beta-\alpha i}\right]\right\} - \left\{a-\alpha\left[\frac{a-b}{\alpha+\beta}\right]\right\}$$

$$= -\alpha\left\{\frac{(\alpha+\beta)(a-ai-b)-(a-b)(\alpha+\beta-\alpha i)}{[(\alpha+\beta)-\alpha i](\alpha+\beta)}\right\}$$

$$= -\alpha\left\{\frac{[\alpha a-ai\alpha-b\alpha+a\beta-a\beta i-b\beta]-[a\alpha+\beta a-a\alpha i-b\alpha-b\beta+b\alpha i]}{(\alpha+\beta)^2-\alpha i(\alpha+\beta)}\right\}$$

$$= -\alpha\left\{\frac{-(a\beta+b\alpha)i}{(\alpha+\beta)^2-\alpha i(\alpha+\beta)}\right\}$$

$$= \alpha \left[\frac{a\beta + b\alpha}{(\alpha + \beta)^2 - \alpha i (\alpha + \beta)} \right] i \cdots\cdots\cdots\cdots\cdots\cdots\cdots\cdots\cdots (7\text{-}15)$$

（7-15）式表示，消費者負擔從價的貨物稅部分。

二、供求彈性與從價稅

1. 當 $\alpha = 0$ 時：

（7-15）式也可寫成 $\Delta P = 0$。則需求彈性為無限大時，消費者將可無須負擔貨物稅。圖 7-5 表示成本遞增產業；圖 7-6 表示成本遞減產業，當需求彈性為無限大時，均無須負擔貨物稅的情況。

2. 當 $\alpha > 0$，$\beta \neq 0$ 時：

則 b 的大小與消費者的負擔將作同方向的變動，這顯然與從量稅不一樣。當 $\beta > 0$ 時，供給曲線的斜率為正，一般的經濟情況大都呈現此種現象。此際，消費者的負擔與 a、b、$|a|$ 的大小，形成相同方向的變動，而與 $|\beta|$ 形成反方向的變動。此時的 $\Delta P < P_1 i$，使得消費者的負擔小於新均衡點的從價稅額。成本遞減產業的長期供給曲線屬之情形（參閱圖 7-6）。

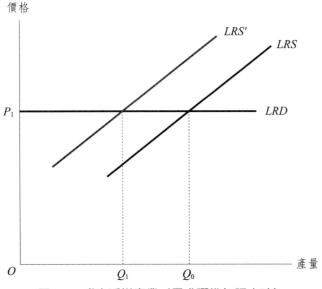

圖 7-5　成本遞增產業（需求彈性無限大時）

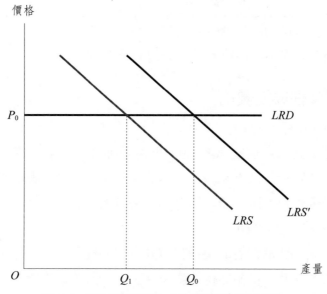

圖 7-6 成本遞減產業（需求彈性無限大時）

3. 當 $\alpha > 0$，$\beta = 0$ 時：

此際，供給曲線的斜率為零，（7-15）式可變成：

$$\Delta P = \alpha \left[\frac{b\alpha}{\alpha^2 - \alpha^2 i} \right] i = \frac{bi}{1-i}$$

則消費者的負擔與從價稅率成正比。同時，消費者新增的每單位稅負 ΔP，恰等於新均衡的每單位稅收。則 $\Delta P = P_1 i$，這種情形適用於成本不變（固定）產業的長期供給曲線。（參閱〔圖 6-8〕）

4. 當 $\alpha > 0$、$\beta < 0$，而 $|\alpha| > |\beta|$ 時：

則消費者貨物稅負擔的大小，與 b 和 $|\beta|$ 形成相同方向的變動。此際，由於 $\Delta P > P_1 i$，使得消費者的每單位貨物稅的負擔，超過政府的稅收。成本遞減產業的長期供給曲線屬之（參閱〔圖 7-6〕）。

第三節　從量稅與從價稅之比較

一、產業分析

　　貨物稅的徵收，通常採取從量稅抑或從價稅等兩種。又貨物稅的徵收，一般具有累退的特性，則所得收入愈多者，其所繳納的貨物稅額占個人所得的比例愈小。於是，如果課徵從價稅，消費者的負擔將依其消費額大小來決定；如果課徵從量稅，其負擔將依其消費量多寡來決定。就此而言，從價稅的累退特性，將較之從量稅小一些。換言之，從價稅比從量稅較為公平。

　　其次，為了獲取同額的稅收，究竟採取從價稅為宜抑或採取從量稅較好？茲擬利用簡單的圖形，俾利說明。惟為分析方便起見，擬設定下列三個假定：

1. 需求曲線、供給曲線與平均成本曲線，均假設為直線型。
2. 課稅後的所得重分配效果與資源重分派，均視為固定。
3. 政府的支出部門及其他政策，均視為既定因素。

　　茲擬以圖 7-7 進行說明。圖中 AB 表示稅前的需求曲線，SS 表示供給曲線。E 點為稅前的均衡點，此際 OP_0 為均衡價格，OQ_0 為均衡數量。茲設政府課徵從量貨物稅，使得淨收益線降低，新的淨收益線為 $A'B'$。AA' 的距離為單位貨物稅，E' 為新的均衡點，OP_1 為新的均衡價格，OQ_1 為新的均衡數量。此際，消費者的單位負擔增加了 P_0P_1，而政府貨物稅的總收入可用 $\square P_1GE'F$ 的面積表示之。如今，政府擬改課從價貨物稅並期取得同額的稅收，則課徵從價稅後的淨收益線應為通過 E' 點的 BC 線，而非為原來的 AB 線。從圖 7-7 得知，ED 的線段小於 EH 線段，此乃表示，在原來的均衡條件下，課 ED 單位的從價貨物稅，其稅收總額相等於每單位課徵 EH 的從量貨物稅。就此而言，為了

獲取同額的稅收，課徵從價稅乃優越於課徵從量稅。

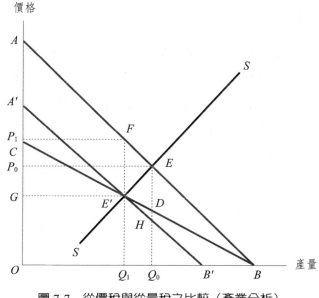

圖 7-7　從價稅與從量稅之比較（產業分析）

二、廠商分析

　　圖 7-8 的 *AB* 線表示，稅前，廠商所面臨的需求曲線或平均收益
線，*AD* 線為相對於 *AB* 線的邊際收益線。廠商為了追求最大的利潤，
勢必調整其產量至邊際收益等於其邊際成本。圖上邊際收益線 *AD* 與邊
際成本線 *MC* 乃相交於 *E* 點，由而決定廠商價格 *OP* 與廠商產量 *OQ*。
此際，如果課徵 *AA'* 的從量貨物稅，將使淨平均收益線縮減為 *A'B'*，
與相對應的邊際收益線為 *A'D'*，此與邊際成本線 *MC* 相交於 *E'* 點，於
是新的價格水準為 OP_1，新的均衡產量為 OQ_1。而貨物稅的總收入可用
□P_1GHF 的面積表示之。如今，政府如擬改課從價貨物稅，並期能達
到與課從量稅相同的產量與價格，亦即，課徵從價稅的結果，使得與淨
收益曲線 *BC* 相對應的邊際收益線 *CD* 與邊際成本線 *MC* 相交於 *E'* 點。
此際，貨物稅的總收入為 □P_1FMK 的面積表之，這較之徵收從量稅多
取得□*GKMH* 的稅收，而該部分的稅收，將全數歸由生產者負擔。

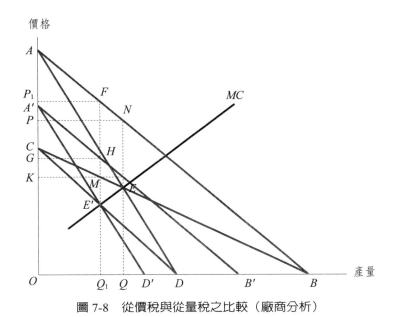

圖 7-8　從價稅與從量稅之比較（廠商分析）

綜上所述，我們得知：

1. 為了獲取相同的產量與價格，課徵從價貨物稅將可產生較多的稅
收。

2. 為了取得相等的貨物稅收，徵收從量稅所引起的物價上漲率較
高，而產量卻較少。

3. 在稅前的均衡情況下，政府課徵同額的單位稅收，從價稅所引起
的物價上漲率低於從量稅。但，當邊際收益等於平均收益時，從
價稅與從量稅所引起的物價上漲率並沒有差異。

4. 在稅前的均衡情況下，政府欲使稅後所引起的物價上漲率相同，
從價稅的稅收略少於從量稅。

第八章

均衡地價與提高地價稅及土地增值稅之效果

第一節　均衡地價之決定及其安定性

一、土地供給函數

　　首先，擬思考土地供給者對土地供給的態度。茲以 P_0 表本期地價、$\tilde{P}^e_1$ 表下一期的預測地價、R 表土地的取得價格。又以 $\tilde{h}^e_0$ 作為本期的預估（歸屬）地租。【註1】但本期的地租 η_0，應以本期末產生者為準。至於對土地的課稅，乃將土地供給者本期的地價稅率以 u_0 表之、下一期的稅率為 u_1，則 $u_1 = u_0(1+x)$，亦即，地價稅率乃按 x 比率向上上升。再將 Q_0 表本期資本利得稅率（capital gain tax）【註2】、Q_1 表下一期稅率，則 $Q_1 = Q_0(1+\ell)$，亦即，資本利得稅率乃按 ℓ 比率向上上升。此外，以 $\tilde{r}$ 表土地供給者的折扣率。按上述設想，土地供給者於下一期出售土地時，其純收益的現在價值為：

【註1】　如自用住宅用地的地租，歸宅地地主享用，此類地租稱為歸屬地租（possession rent）。

【註2】　此處以資本利得稅代稱土地增值稅。

$$\frac{1}{(1+\widetilde{r})}\ \{\widetilde{P}_1^e+\widetilde{\eta}_0^e-(1+\ell)\ Q_0\ (\widetilde{P}_1^e-R)\ -(1+\widetilde{r})\ u_0P_0$$

$$-u_0\ (1+x)\ \widetilde{P}_1^e\}\ \cdots\cdots\cdots\cdots\cdots\cdots\cdots\cdots\cdots\cdots\ （8\text{-}1）$$

但對土地供給者的地價稅係按每期課徵，並設想按市價評估課徵。
如土地供給者於本期出售土地，其純收益為：

$$\{P_0-Q_0(P_0-R)\ -u_0P_0\}\ \cdots\cdots\cdots\cdots\cdots\cdots\cdots\cdots\cdots\ （8\text{-}2）$$

如果（8-1）式小於（8-2）式，土地供給者將於本期出售土地，而
如（8-1）式大於（8-2）式，土地供給者勢將延後售地。

又 $\widetilde{P}_1^e$ 表下一期的地價，$\widetilde{\eta}_0^e$ 表本期末的預估地租，惟依各個土地供
給者而互有差異。至於土地供給者的折扣率（還原利率）$\widetilde{r}$，亦依各個
供給者而各不相同。譬方說，消費意願比較強的土地供給者，或預測
能自其他替代資產獲得較高收益率的土地供給者等，這些人的折扣率
將較高。於是，P_1^e 為土地供給者下一期的平均預估地價；η_0^e 為平均的
本期末預估地租；r 為土地供給者的平均折扣率，此際，如（8-1）式
大於（8-2）式且其差距愈大，社會全體的土地供給 L_s 勢必趨於減少。
當然，就 $\widetilde{P}_1^e$、$\widetilde{\eta}_0^e$ 及 $\widetilde{r}$ 等而言，將可以設想，預測土地供給者具有一定
範圍的分散。但在此處，寧可強調各個土地供給者乃各別具有不同的
$\widetilde{P}_1^e$、$\widetilde{\eta}_0^e$ 及 $\widetilde{r}$。

茲設，$P_1^e=(1+q)\ P_0$，則如將 q 當作平均的預估地價上升率，基
於上述，便可成立下式：

$$qP_0+\eta_0^e-Q_0\ [\ (1+\ell)\{(1+q)P_0-R\}\ -(P_0-R)(1+r)\ ]$$

$$-u_0P_0\ \{\ (1+x)(1+q)\ \}>rP_0\cdots\cdots\cdots\cdots\cdots\cdots\cdots\cdots\ （8\text{-}3）$$

如其差額愈大，L_s 愈變少。

又可將上式改寫成下式：

$$A = qP_0 + \eta_0^e - Q_0 \left[(1+\ell)\{(1+q)P_0 - R\} - (P_0 - R)(1+r) \right]$$
$$- (1+x)(1+q)u_0 P_0$$

土地供給函數便可表示如下：

$$L_s(A-rP_0)，L'_s(A-rP_0) < 0 \cdots\cdots\cdots\cdots\cdots\cdots\cdots\cdots\cdots\cdots (8\text{-}4)$$

二、土地需要函數

　　茲擬探討初次購買土地者的土地需要函數。$\widetilde{\Pi}_0^e$ 代表土地需要者的預估地租，但 $\widetilde{\Pi}_0^e$ 係於本期末方可產生。此處所稱土地需要者係指初次欲購買土地的人們，但並不考慮購地後究竟將其用於生產用途、住宅用途、或投機目的等。對土地需要者的本期地價稅率以 w_0 表之，下一期的稅率為 w_1，而 $w_1 = (1+y)w_0$，則地價稅率乃依 y 比率上升。同時，以 $\widetilde{i}$ 表土地需要者的折扣率（還原利率）。

　　按上述設想，土地需要者於本期購進土地，下一期將該土地出售，此際，其純收益的現在價值為：

$$\frac{1}{(1+\widetilde{i})} \{\widetilde{P}_1^e + \widetilde{\Pi}_0^e - Q_0(1+\ell)(\widetilde{P}_1^e - P_0) - w_0(1+y)\widetilde{P}_1^e\} \cdots\cdots (8\text{-}5)$$

　　但對土地需要者於本期購置的土地，於下一期，將按當時的市價與稅率課徵地價稅。故（8-5）式如大於本期地價 P_0 時，土地需要者將願意再購買土地。

　　然而，$\widetilde{P}_1^e$ 為下一期的預估地價，$\widetilde{\Pi}_0^e$ 為本期末的預估地租，然按各個土地需要者互不相同。土地需要者的折扣率 $\widetilde{i}$ 亦按各個土地需要者而互有差異。譬方說，設有租賃限制時，土地需要者的折扣率為借款利率，而有租賃限制時，折扣率為時間偏好率。如以 P_1^e 為土地需要者的平均預估地價、$\widetilde{\Pi}_0^e$ 為平均預估地租、i 為土地需要者的平均折扣率，則（8-5）式大於本期地價 P_0 愈大時，社會全體的土地需求 L_D 將愈增

大。設 $P_1^e = (1+q) P_0$，便可得下式：

$$qP_0 + \Pi_0^e - Q_0 (1+\ell)qP_0 - w_0 (1+y)(1+q) P_0 > iP_0 \cdots\cdots\cdots (8\text{-}6)$$

（8-6）式的差距愈大，L_D 愈大。此設定，

$$B = qP_0 + \Pi_0^e - Q_0 (1+\ell)qP_0 - w_0 (1+y)(1+q) P_0$$

土地需要函數可表示如下：

$$L_D (B - iP_0)，L'_D (B - iP_0) > 0 \cdots\cdots\cdots\cdots\cdots\cdots\cdots\cdots\cdots (8\text{-}7)$$

三、均衡地價之安定性

茲將探討土地供給函數 L_s 與土地需要函數 L_D 的交點所決定的均衡地價的特性及其安定性。首先擬探討，作為本期地價 P_0 的函數的土地供給函數，究竟具有何種特性。茲設 q、η_0^e、Q_0、ℓ、R、r、u_0 及 x 為一定，以 P_0 將（8-4）式予以微分，便可得（8-8）式如下：

$$\frac{dL_s(A - rP_0)}{dP_0} = \frac{dL_s(A - rP_0)}{d(A - rP_0)} \cdot \frac{d(A - rP_0)}{dP_0}$$

$$= L'_s (A - rP_0) [q - u_0 (1+x)(1+q)$$

$$- Q_0 \{ (1+\ell)(1+q) - (1+r) \} - r] \cdots (8\text{-}8)$$

上式的 $L'_s (A - rP_0)$ 為負，故上式的符號依 $d (A - rP_0) / dP_0$ 而定。茲設：

$$X = r + u_0 (1+x)(1+q) + Q \{ (1+\ell)(1+q) - (1+r) \}$$

$$\because X \gtreqless q，\therefore \frac{d \{ L_s (A - rP_0) \}}{dP_0} \gtreqless 0 \cdots\cdots\cdots\cdots\cdots\cdots\cdots (8\text{-}9)$$

將（8-9）式予以圖示，則如圖 8-1 與圖 8-2。

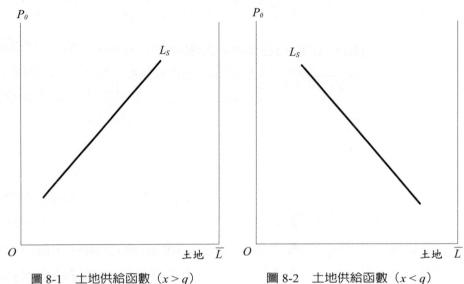

圖 8-1　土地供給函數（$x > q$）　　　圖 8-2　土地供給函數（$x < q$）

　　其次擬探討，作為本期地價 P_0 的函數的土地需要函數，究竟具有何種特性，設 q、Π_0^e、Q_0、ℓ、R、w_0、y 及 i 為一定，以 P_0 將（8-7）式予以微分，便得（8-10）式，如下：

$$\frac{dL_D\,(B-iP_0)}{dP_0} = \frac{dL_D\,(B-iP)}{d\,(B-iP)} \cdot \frac{d(B-iP_0)}{dP_0}$$

$$= L'_D\,(B-iP_0)\,\{q-w_0\,(1+y)\,(1+q)-Q_0\,(1+\ell)\,q-i\}\cdots\cdots(8\text{-}10)$$

　　由於上式中的 $L'_D\,(B-iP_0)$ 為正，所以上式的符號將依 $d(B-iP_0)$ ／dP_0 的符號而定。茲設

$$Y = i+w_0\,(1+y)(1+q)+Q_0\,(1+\ell)q$$

$$\because Y \gtreqless q \quad \therefore \frac{\{L_D\,(B-iP_0)\,\}}{dP_0} \gtreqless 0 \cdots\cdots\cdots\cdots\cdots\cdots\cdots (8\text{-}11)$$

將（8-11）式予以圖示，則如圖 8-3 與圖 8-4。

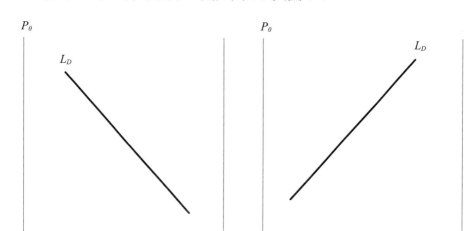

圖 8-3　土地需要函數（$Y > q$）　　圖 8-4　土地需要函數（$Y < q$）

　　基於土地供給函數 L_s 與土地需要函數 L_D 的特性，茲擬探討本期地價 P_0 的安定性。從圖 8-1～圖 8-4 的土地供給函數與土地需要函數，其組合共有 6 種類型。其中，$X > q$ 與 $Y < q$ 的兩種組合，並非現實的組合。蓋由 X 與 Y 的定義得知，欲使 $X > q$ 且 $Y < q$ 得以成立，則必須下列不等式亦得以成立為條件：

$$r + u_0(1+x)(1+q) + Q_0(\ell - r) > i + w_0(1+y)(1+q)$$

　　然而欲使上述不等式得以成立，土地增值稅率的上升率 ℓ 必須迅速。例如，$r + u_0(1+x) = i + w_0(1+y)$ 時，必須 $\ell > r$，即 ℓ 必須大於土地供給者的平均折扣率 r 為條件。但，這樣的設想並不現實。所以就現實言，則可以設想下列四種情況。

　　茲依華拉斯（Léon Walras）的調整過程，亦即，設想需要大於供給時地價便上升，反之，需要小於供給時，地價便下降。很容易得以瞭解，圖 8-5 與圖 8-7 乃表示安定的情況，而圖 8-6 與圖 8-8 係表示不安定的情況。

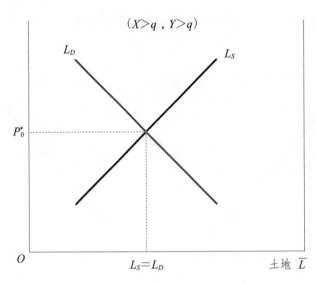

圖 8-5　安定均衡（$X > q$，$Y > q$）

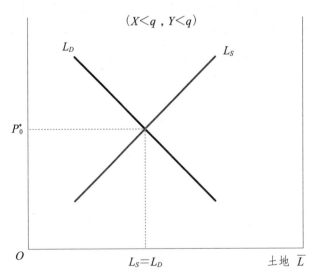

圖 8-6　不安定均衡（$X < q$，$Y < q$）

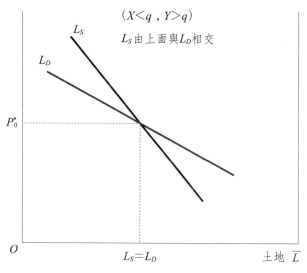

圖 8-7　安定均衡（$X < q$，$Y > q$）

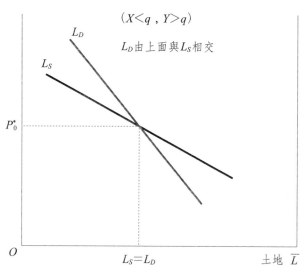

圖 8-8　不安定均衡（$X < q$，$Y > q$）

　　茲擬針對本期地價 P_0 為不安定的情況（圖 8-6 與圖 8-8），探討其經濟的含意。首先探討圖 8-6 之情況，則 $X < q$ 且 $Y < q$。所謂 $X < q$ 係指，隨著地價上升對一般的土地供給者而言，延後出售土地時其純收益

反而會增大,則 $q - Q_0 \{(1+\ell)(1+q) - (q+r)\} > r + u_0(1+x)(1+q)$,所以本期的地價 P_0 愈上升,本期的土地供給 L_s 將愈減少。又所謂 $Y < q$ 係指,隨著地價上升對一般的土地需要者而言,本期購進土地比較有利,則 $q - Q_0(1+\ell) q > i + w_0(1+y)(1+q)$,所以本期的地價 P_0 愈上升,本期的土地需求 L_D 將愈增大。因之,本期的地價 P_0 一旦離開均衡地價 P_0^*,其乖離的程度將逐漸擴大一,於是地價將顯示不安定的變動。

圖 8-8 表示 $X < q$ 與 $Y > q$ 的情況,係 L_D 線從 L_s 線的上方向下切交(即 L_D 的斜率的絕對值大於 L_s 的斜率的絕對值)。如上述,當 $X < q$ 時,本期地價 P_0 愈上升,本期的土地供給 L_s 將愈減少。又當 $Y > q$ 時,本期地價 P_0 愈上升,本期的土地需求將愈減少。然而,當 L_D 線由 L_s 線的上方向下切交時,隨著本期的地價 P_0 上升,本期的土地供給 L_s 減少的百分比大於本期土地需求 L_D 減少的百分比。結果,本期地價 P_0 朝向均衡地價 P_0^* 的上方離開,其差距將愈來愈擴大。換言之,地價將作不安定的變動。

第二節　提高土地保有稅(地價稅)之效果

一、對土地供給之影響

本節擬討論,提高土地所有者的土地保有稅率 u_0(地價稅率),或提高新購地者(初次購地者)的土地保有稅率 w_0,對本期的土地供給 L_s,或本期的土地需求 L_D,究有何種影響?經分析後再探討對本期的均衡地價 P_0^* 以及均衡土地交易量 L^*,究有何種影響?首先擬探討,提高土地供給者的土地保有稅率 u_0,對本期土地供給 L_s 的影響,究竟如何?

茲設 P_0、q、η_0、ℓ、R、r 及 x 為一定,以 u_0 微分(8-4)式便得(8-12)式:

$$\frac{\partial\left\{L_s\left(A-rP_0\right)\right\}}{\partial u_0}=L'_s\left(A-rP_0\right)\cdot\frac{\partial\left(A-rP_0\right)}{\partial u_0}$$

$$=-L'_s\left(A-rP_0\right)\left(1+x\right)\left(1+q\right)P_0>0\cdots\cdots(8\text{-}12)$$

上式的 $L'_s\left(A-rP_0\right)$ 為負數，故（8-12）式為正。亦即，提高土地供給者的本期土地保有稅率 u_0（地價稅），具有增大本期土地供給 L_s 的效果。增大本期土地供給 L_s 的效果，係隨著自本期至下一期地價稅率上升率 x 及預期地價上升率愈高，其效果愈高。但即使 x 及 q 為零時，對土地供給者提高土地保有稅，也具有增大本期土地供給 L_s 的效果。

綜上所述，提高對土地供給者的土地保有稅率（地價稅率）u_0，對本期土地供給的影響擬用圖表示，乃有下列兩種情況，如圖 8-9 與圖 8-10。

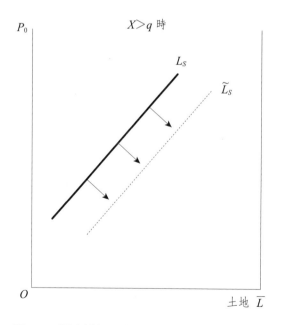

圖 8-9　提高地價稅對土地供給之影響 $x>q$ 時

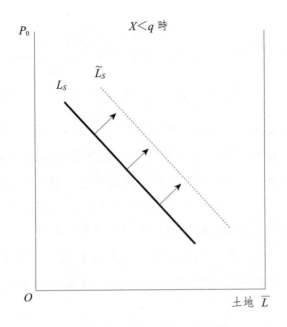

圖 8-10　提高地價稅對土地供給之影響 $x < q$ 時

二、對土地需求之影響

其次，擬探討提高土地需要者的土地保有稅（地價稅）率 w_0 時，對本期土地需要 L_D 的影響。茲設，P_0、q、Π_0^e、Q_0、ℓ、R、i 及 y 為一定，以 w_0 微分（8-7）式，則得（8-13）式，如下：

$$\frac{\partial \{ L_D(B-iP_0) \}}{\partial w_0} = L'_D(B-iP_0) \cdot \frac{\partial(B-iP_0)}{\partial w_0}$$

$$= -L'_D(B-iP_0)(1+y)(1+q)P_0 < 0 \cdots\cdots\cdots\cdots\cdots（8-13）$$

上式的 $L'_D(B-iP_0)$ 為正數，所以（8-13）式為負數。亦即，提高土地需要者本期的土地保有稅（地價稅）率 w_0，具有減少本期土地需要 L_D 的效果。減少本期土地需要的效果，隨著自本期至下一期的土地保有稅（地價稅）率的上升率 y，以及預期地價上升率 q 愈高，其效果愈大。但即使 x 和 q 為零時，提高土地需要者的地價稅率。（即土地保

有稅），仍具有減少本期土地需要 L_D 的效果。

綜上所述，提高土地需要者的地價稅率（土地保有稅）w_0，對本期的土地需要 L_D 的影響，如用圖表示，將有下列兩個情況。（參閱圖 8-11 與圖 8-12）

其次，擬探討提高土地供給者的地價稅率 u_0 或土地需要者的地價稅率 w_0，對本期土地供給量 L_s 或土地需求量 L_D 的影響，探討其對均衡地價 P_0^* 或均衡土地交易量 L^*，究有何種影響。茲先探討，安定的均衡地價 P_0^* 的情況。

此處擬只分析安定的均衡地價 P_0^* 的情況，不僅只由於在安定條件不充足的情況下，縱令分析地價稅（土地保有稅）對均衡地價及均衡土地交易量的影響，不但缺乏經濟意義以外，尚由於加強地價稅（土地保有稅）本身，亦具有安定化功能之故。亦即，從前述探討得知，安定的均衡地價的條件系，(1) $X > q$ 且 $Y > q$（參閱圖 8-5）與 (2) $X < q$ 且 $Y >$

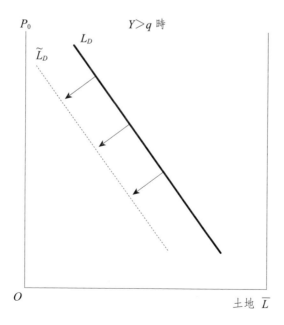

圖 8-11　提高地價稅對土地需求之影響 $Y > q$ 時

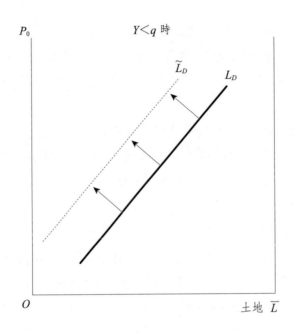

圖 8-12　提高地價稅對土地需求之影響 $Y < q$ 時

q，同時 L_s 曲線從上方向 L_D 曲線切交（參閱圖 8-7）。又不安定的均衡地價的條件係，(1) $X < q$ 且 $Y < q$（參閱圖 8-6）與 (2) $X < q$ 且 $Y > q$，同時 L_D 曲線由上方向 L_s 曲線切交（參閱圖 8-8）。此處所謂 X 和 Y 的意義如下：

$$X = r + u_0(1+x)(1+q) + Q_0 \{(1+\ell)(1+q) - (1+r)\}$$
$$Y = i + w_0(1+y)(1+q) + Q_0 \{(1+\ell)(1+q)\}$$

從上式得知，藉著提高土地供給者的地價稅率（土地保有稅）u_0 與土地需要者的地價稅率（土地保有稅）w_0，可將不安定的情況改變為安定的情況。

基於上述理由，擬將均衡地價的分析，限定於安定均衡的情況。首先擬探討 (1) $X > q$ 且 $Y > q$ 的情況。

(1) 的情況係，由於提高土地供給者的地價稅率（土地保有稅）

u_0，使得本期的土地供給 L_s 增加（L_s 曲線向右方移動），又提高土地需要者的地價稅率（土地保有稅）w_0，使得本期的土地需求 L_D 減少（L_D 曲線向左方移動）。於 (1) 的情況中，只提高土地供給者的地價稅率（土地保有稅）u_0 的影響，以及只提高土地需要者的地價稅率（土地保有稅）w_0 的影響，將其表示於圖 8-13 。

　　圖 8-13 表示，只提高土地供給者的地價稅率 u_0 時的影響。從圖示得知，此際均衡地價乃由 P_0^* 向 $P_{u_0}^*$ 降落，均衡土地交易量卻由 L^* 增至 $L_{u_0}^*$。圖 8-14 係表示，只提高土地需要者的地價稅率 w_0 時的影響。此際均衡地價乃自 P_0^* 降至 $P_{w_0}^*$，而均衡交易量卻自 L^* 減至 $L_{w_0}^*$。

　　綜上所述，無論提高土地供給者的地價稅率 u_0，或提高土地需要者的地價稅率 w_0，均具有降低均衡地價的效果。但欲求增大均衡土地交易量，則需要提高土地供給者的地價稅率 u_0。

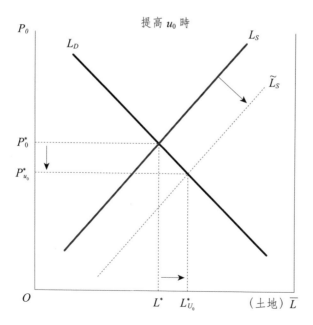

圖 8-13　提高地價稅對土地供給之影響　提高 u_0 時

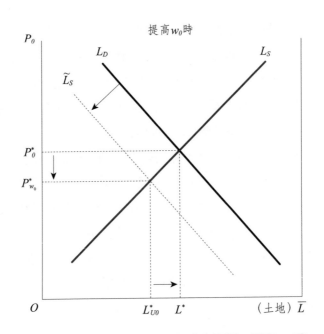

圖 8-14　提高地價稅對土地需求之影響　提高 w_0 時

　　其次，如同時提高土地供給者的地價稅率 u_0，及土地需要者的地價
稅率 w_0 時，均衡地價與均衡土地交易量，究竟會受到何種影響？有人
主張，如同時提高土地供給者與土地需要者的地價稅率時，毫不影響均
衡土地交易量。但就其結論而言，提高地價稅率並不影響均衡土地交易
量，是一種特殊的現象。一般而言，提高地價稅率，對均衡土地交易量
確有一些影響。

　　欲使地價稅的提高不致對於均衡土地交易量發生影響，則不僅對
土地供給者及土地需要者的地價稅率，不僅須依同一稅率提高（$u_0(1$
$+x) = w_0(1+y)$），尚須不徵收土地增值稅（$Q_0 = 0$）、土地供給者
的預估地租與土地需要者的預估地租務必相等（$\eta_0^e = \Pi_0^e$）、土地供給者
與土地需要者的折扣率（還原利率）相同（$r = i$）、以及土地供給函數
的斜率與土地需要函數的斜率必須相同（$L_s' = L_D'$）為必要條件。亦即於
（8-8）式與（8-10）式，假設，$Q_0 = 0$、$\eta_0^e = \Pi_0^e$、$r = i$、$L_s' = L_D'$，以及

$u_0(1+x) = w_0(1+y)$，便可成立：

$$\left| \frac{dL_s(A-rP_0)}{dP_0} \right| = \left| \frac{dL_D(B-iP_0)}{dP_0} \right|$$

又於（8-13）式及（8-14）式作了同樣的假設，便可成立：

$$\frac{\partial\{L_s(A-rP_0)\}}{\partial u_0} = \frac{\partial\{L_D(B-iP_0)\}}{\partial w_0}$$

所以，只要下列能夠成立，即 $Q_0 = 0$、$\eta_0^e = \Pi_0^e$、$r = I$ 以及 $u_0(1+x) = w_0(1+y)$，如提高土地供給者與土地需要者的地價稅率，雖能降低均衡地價，但未必能影響均衡土地交易量。如將此情況表示於圖，便如圖 8-15 所示。

該圖示的情況極為特殊。一般說來，提高

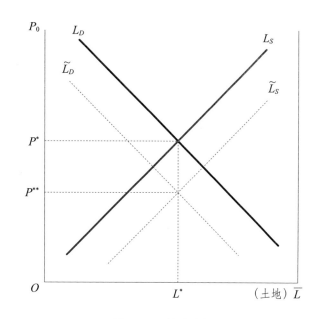

圖 8-15　特殊案例

地價稅率（土地保有稅率）都很可能對均衡土地交易量產生影響。

此處由於，$\eta_0^e = \Pi_0^e$、$r = i$、$L_s' = L_D'$，以及 $u_0(1+x) = w_0(1+y)$，如設有土地增值稅，即 $Q_0 > 0$ 時，擬探討地價稅率對均衡地價及均衡土地交易量的影響。此際，從（8-8）式（8-10）式得知，$X > q$ 且 $Y > q$ 的情況時，如假設 $r > \ell$ 時，便可成立：

$$\left| \frac{dL_s(A-rP_0)}{dP_0} \right| < \left| \frac{dL_D(B-iP_0)}{dP_0} \right|$$

另一方面，於（8-13）式及（8-14）式，如作同樣的假設，便能成立下式：

$$\left| \frac{\partial\{L_s(A-iP_0)\}}{\partial u_0} \right| > \left| \frac{\partial\{L_D(B-iP_0)\}}{\partial u_0} \right|$$

將此情況用圖表示，便如圖 8-16 所示。從圖示得知，如徵收土地增值稅時，即使按同一稅率提高土地供給者與土地需要者的地價稅率，均衡地價依然會下降，均衡土地交易量卻會增大。

其次擬探討 (2) 的 $X < q$ 且 $Y > q$，同時 L_s 曲線從 L_D 曲線的上方切交的情況。在此情況時，由於提高土地供給者的地價稅率 u_0，使得本期的土地供給 L_s 增加（L_s 曲線向右方移動），又提高土地需要者的地價稅率 w_0，使得本期的土地需求 L_D 減少（L_D 曲線向左方移動）。就 (2) 的情況言，只提高土地供給者的地價稅率 u_0 時，與只提高土地需要者的地價稅率 w_0 時的情況用圖表示時，便如圖 8-17 與圖 8-18 所示。

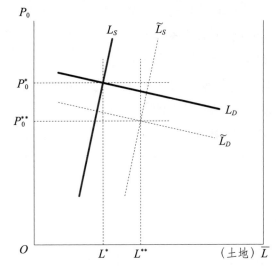

圖 8-16　特殊案例

圖 8-17 乃表示只提高土地供給者的地價稅率 u_0 時的影響。從圖示得知，此際，均衡價格係自 P_0^* 降至 $P_{u_0}^*$，均衡土地交易卻自 L^* 大幅增

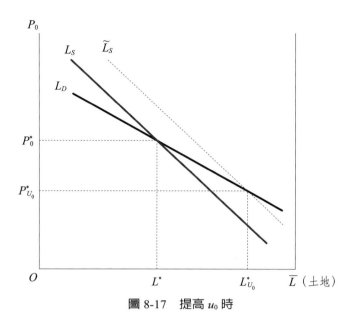

圖 8-17 提高 u_0 時

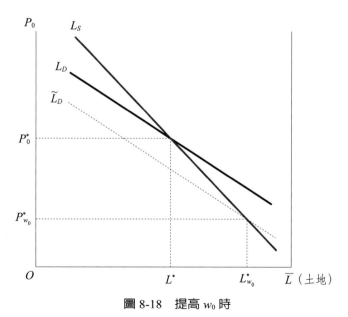

圖 8-18 提高 w_0 時

至 $L_{u_0}^*$。圖 8-18 係表示只提高土地需要者的地價稅率 w_0 時的影響。此際，均衡價格乃自 P_0^* 大幅降至 $P_{w_0}^*$，均衡土地交易量卻自 L^* 增至 $L_{w_0}^*$。

從上述得知，(2) 的情況，則 $X < q$、$Y > q$ 時，且 L_s 曲線係由 L_D 曲線的上方向下切交，此際，不管提高土地供給者的地價稅率 u_0，或提高土地需要者的地價稅率 w_0，均具有降低均衡地價，增大均衡土地交易量的效果。但是，降低均衡地價的效果係，提高土地需要者的地價稅率 w_0 的影響效果較大；而對均衡土地交易量的增大效果係，提高土地供給者的地價稅率 u_0 的影響效果較大。

第三節　提高土地增值稅之效果

一、課徵土地增值稅之效果

茲擬探討土地增值稅率 Q_0 提高後，對本期土地供給 L_s 及土地需要 L_D 之影響如何？並對本期均衡地價 P^* 以及對均衡土地供求量之影響如何？首先探討當土地增值稅率 Q_0 提高時，對本期土地供給 L_s 之效果。

茲設，P_0、q、η_0^e、ℓ、r、R、u_0 及 x 為一定，以 Q_0 微分（8-4）式，可得（8-14）式如下：

$$\frac{\partial \{L_s(A-rP_0)\}}{\partial Q_0} = L'_s(A-rP_0) \cdot \frac{\partial (A-rP_0)}{\partial Q_0}$$

$$= -L'_s(A-rP_0)\left[(1+\ell)\{(1+q)P_0 - R\} - (P_0-R)(1+r)\right] \cdots\cdots (8\text{-}14)$$

上式的 $L'_s(A-rP_0)$ 為負數，故（8-14）式的符號係依下式 $\partial(A-rP_0)/\partial Q_0$ 而定。從（8-14）式得知，下式的關係得以成立。

$$(1+\ell)Q_0\{(1+q)P_0 - R\} \gtreqless Q_0(P_0-R)(1+r) \cdots\cdots\cdots (8\text{-}15)$$

所以，$\dfrac{\partial \{L_s(A-rP_0)\}}{\partial Q_0} \gtreqless 0$

（8-15）式可以解釋如下：

就土地供給者而言，如本期出售土地時，應支付的預估土地增值稅為 $Q_0(P_0-R)$，如小（或大）於，本期不出售土地而延至下一期出售時應支付的預估土地增值稅額的現在價值 $(1+\ell)Q_0\{(1+q)P_0-R\}$／$(1+r)$ 時，此際如提高土地增值稅率 Q_0，則於本期售地的土地增值稅負擔比較輕或（重）。結果，本期的土地供給 L_s 將會增大或（減少）。

據上述，提高土地增值稅率 Q_0 時，對本期之土地供給 L_s 的效果擬予圖示，便可設想有下列四個情況（如圖 8-19、圖 8-20、圖 8-21 及圖 8-22 所示）。

下面擬探討當提高土地增值稅率 Q_0 時，對本期的土地需求 L_D 之影響如何？茲設 P_0、q、Π_0^e、ℓ、i、w_0 及 y 為一定，以 Q_0 微分（8-7）式，可得（8-16）式，如下：

$$\frac{\partial\{L_D(B-iP_0)\}}{\partial Q_0} = L'_D(B-iP_0) \cdot \frac{\partial(B-iP_0)}{\partial Q_0}$$

$$= -L'_D(B-iP_0)(1+\ell)qP_0 \cdots\cdots (8\text{-}16)$$

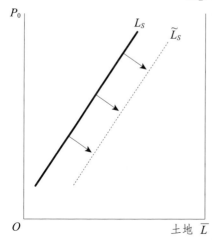

圖 8-19　提高增值稅率之效果
$(1+\ell)\{(1+q)P_0-R\} >$
$(P_0-R)(1+r)$ 當 $X>q$

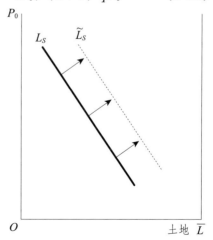

圖 8-20　提高增值稅率之效果
$(1+\ell)\{(1+q)P_0-R\} >$
$(P_0-R)(1+r)$ 當 $X<q$

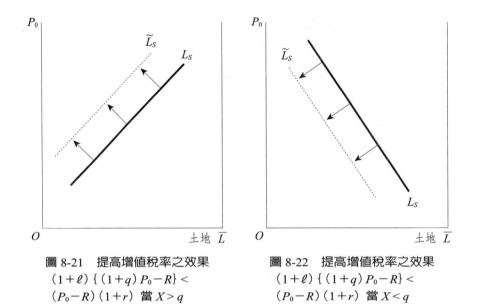

圖 8-21　提高增值稅率之效果
$(1+\ell)\{(1+q)P_0-R\}<$
$(P_0-R)(1+r)$ 當 $X>q$

圖 8-22　提高增值稅率之效果
$(1+\ell)\{(1+q)P_0-R\}<$
$(P_0-R)(1+r)$ 當 $X<q$

　　茲擬思考（8-16）式的符號。上式的 $L_D'(B-iP_0)$ 為正，所以（8-16）式的符號依 $A(B-iP_0)/AQ$ 而定。惟只要地價仍在上升，$\partial(B-iP_0)/\partial Q_0$ 為正數。所以（8-16）式的 $\partial\{L_D(B-iP_0)\}/\partial Q_0$ 為負數。

　　（8-16）式也可以作如下的解釋。對土地需要者而言，如於本期購進土地，而於下期出售該土地時，其應負擔的預估土地增值稅額 $(1+\ell)Q_0\{(1+q)P_0-P_0\}$ 如果為正，當提高土地增值稅率 Q_0 時，則於本期購進土地的增值稅負擔較重，使得本期的土地需求 L_D 減少。關於提高土地增值稅率 Q_0，對本期土地需求 L_D 的效果，須注意及下列兩點。第一，係於地價上升過程中，本期的土地需求者只要在考慮土地的轉售者，Q_0 的提高勢必減少本期的土地需求 L_D。第二，如本期的土地需要者不考慮土地的轉售者，提高 Q_0 對本期的土地需求 L_D 根本不發生任何影響。對上述這兩點，提高土地增值稅率 Q_0 對本期土地需求 L_D 之效果與對本期土地供給 L_S 的效果，互有差異。

　　如上述，於地價上升過程中，本期的土地需要者如將購進的土地考慮轉售者，提高土地增值稅率 Q_0 對本期的土地需求 L_D 的效果予以圖示，便可能有下列兩種情況。（參閱圖 8-23 與圖 8-24）

　　接下去擬探討，提高土地增值稅率 Q_0 對本期土地供給量 L_s 及土地需要量 L_D 之影響，然後再對均衡地價 P_0^* 及均衡土地需要量 L^*，探討究竟有何影響？所謂均衡地價 P_0^* 為安定的情況乃如圖 8-23、圖 8-24、圖 8-25、圖 8-26 各圖所示，(1) $X > q$ 且 $Y > q$ 的情況（參閱圖 8-5）與 (2) $X < q$、$Y > q$ 時，而且 L_s 應自 L_D 的上方向下切交的情況（參閱圖 8-7）。

　　首先，擬探討 (1) $X > q$、$Y > q$ 的情況。(1) 的情況可再分為 (i)（$1 + \ell$）$Q_0 \{(1+q)P_0 - R\} > Q_0(P_0 - R)(1 + r)$ 的情況與 (ii)（$1 + \ell$）$Q_0 \{(1+q)(P_0 - R)\} < Q_0(P_0 - R)(1 + r)$ 等兩種情況。首先觀察 (i) 的情況，則由於提高土地增值稅率 Q_0，使得本期的土地供給 L_s 增加

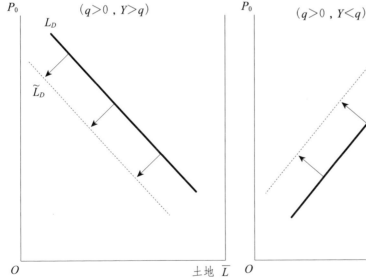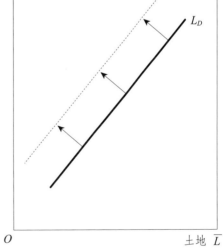

圖 8-23　增值稅率對土地需求
之影響（$q > 0$，$Y > q$）

圖 8-24　增值稅率對土地需求
之影響（$q > 0$，$Y < q$）

（L_s 曲線向右方移動），而本期的土地需求 L_D 減少（L_D 曲線向左方移動）。但本期的土地需要者如不考慮將本期購進的土地轉售時，土地增值稅率 Q_0 的提高，對本期的土地需求 L_D 根本不產生任何影響。就各個土地需要者的立場而言，雖有心中有意轉售土地的土地需要者，卻亦有心中沒有意願轉售土地的土地需要者。但從整個社會而言，如說，所有的土地需要者都毫不考慮土地的轉售者，卻有一點缺乏現實。下面乃設想，本期的土地需要者係在考慮土地的轉售，所以提高土地增值稅率 Q_0 時，將會減少本期的土地需求 L_D。於是，如有不考慮轉售土地的土地需要者，土地增值稅率 Q_0 減少本期土地需要 L_D 的效果，勢必減弱恰好等於不考慮轉售土地那部分的影響力。

　　根據上述，將 (i) 的情況，圖示如下：圖 8-25 表示，本期的大多土地需要者都在考慮轉售土地，換言之，乃表示有多數的投機性土地需要者的情況。此際，L_D 曲線向左方移動的程度（從 L_D 曲線移至 $\widetilde{L}_D$ 曲線），大於 L_s 曲線向右方移動的程度（從 L_s 曲線移至 $\widetilde{L}_s$ 曲線），所

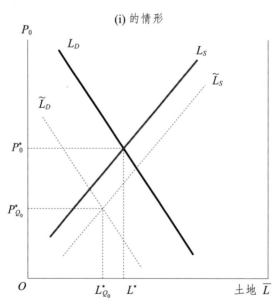

圖 8-25　土地增值稅與均衡地價（有土地投機時）

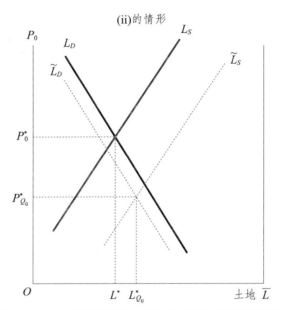

圖 8-26　土地增值稅與均衡地價（沒有土地投機時）

以，土地增值稅率 Q_0 的提高，將使均衡地價自 P_0^* 大幅降至 $P_{Q_0}^*$，但將均衡土地供求量自 L^* 減至 $L_{Q_0}^*$ 的可能性比較強。（當然，因本期的土地需要曲線與土地供給曲線的斜率大小程度不同，提高土地增值稅率 Q_0，亦有增加土地供求量的可能。）圖 8-26 表示本期的土地需要者，大多都沒有考慮轉售土地的情況。此際，L_D 曲線向左方移動的程度，如小於 L_s 曲線向右方移動的程度，所以，土地增值稅率 Q_0 的提高，很可能促使均衡地價下降，但卻增加均衡土地供求量。

其次，擬探討 (ii) 即 $X > q$、$Y > q$ 時，$(1+\ell)Q_0\{(1+q)P_0 - R\} < Q_0(P_0 - R)(1+r)$ 的情況。(ii) 的情況表示，提高土地增值稅率 Q_0，使得本期的土地供給 L_s 減少（L_s 曲線向左方移動），本期的土地需要 L_D 只要設想地價上升過程，勢必減少。如將 (ii) 的情況予以圖示，如下。

　　圖 8-27 係表示，本期的大多數土地需要者，都在考慮土地的轉售。此際，由於 L_D 曲線向左方移動的程度，大於 L_s 曲線向左方移動的程度，所以提高土地增值稅率 Q_0，將使均衡地價自 P_0^* 降至 $P_{Q_0}^*$，並使均衡土地需求量自 L^* 大幅減少至 $L_{Q_0}^*$。圖 8-28 係表示，本期的大多數土地需要者都不在考慮轉售土地的情況。此際，L_D 曲線向左方移動的程度，小於 L_s 曲線向左方移動的程度，所以，提高土地增值稅率 Q_0，將促使均衡地價上升，但減少均衡土地交易量。

　　其次，擬探討 (2) $X < q$、$Y > q$ 的情況，則 L_s 曲線從 L_D 曲線的上方向下切交的情況。（參考圖 8-7）(2) 的情況與 (1) 的情況相同，可再分為 (iii) 的 $(1+\ell)Q_0\{(1+q)P_0-R\} > Q_0(P_0-R)(1+r)$ 的情況與 (iv) 的 $(1+\ell)Q_0\{(1+q)P_0-R\} < Q_0(P_0-R)(1+r)$ 的情況。(iii) 的情況係如提高土地增值稅率 Q_0，將使本期的土地供給 L_s 增加（L_s 曲線向右方移動），但本期的土地需求將減少（L_D 曲線向左方移動）。

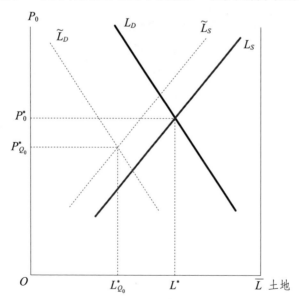

圖 8-27　土地增值稅與均衡交易量（有土地投機時）

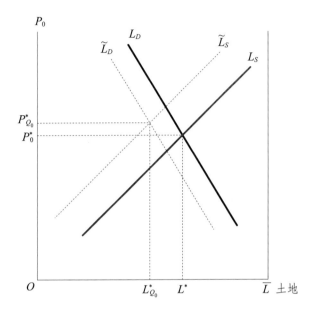

圖 8-28 土地增值稅與均衡交易量（沒有土地投機時）

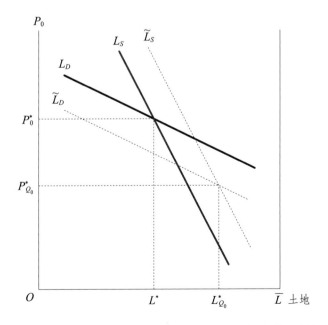

圖 8-29 土地增值稅與均衡地價、均衡數量（均衡數量增加）

結果，均衡地價亦自 P_0^* 降至 $P_{Q_0}^*$，均衡土地交易量係自 L^* 增至 $L_{Q_0}^*$。如果，大多數的土地需要者都考慮轉售土地時，均衡地價將大幅下降，但均衡土地交易量的增加幅度將減少。（參照圖 8-29）

下面擬探討 (iv) 的情況，亦即，$X < q$、$Y > q$ 且 $(1+\ell)Q_0\{(1+q)P_0 - R\} < Q_0(P_0 - R)(1+r)$ 的情況。此際，由於提高土地增值稅率 Q_0，使得本期的土地供給 L_s 減少（L_s 曲線向左方移動），本期的土地需求亦將減少（L_D 曲線向左方移動）。茲將 (iv) 的情形圖示於圖 8-30 與圖 8-31。

圖 8-30 表示，本期的大多數土地需要者，都在考慮轉售土地的情況。此際，L_D 曲線向左方移動的程度，大於 L_s 曲線向左方移動的程度，所以提高土地增值稅率 Q_0，將促使均衡地價下降。但 Q_0 對於均衡土地交易量的影響卻未能確定，而決定於本期土地需要曲線 L_D 與本期土地供給曲線 L_s 的斜率大小。（圖 8-30 係表示土地均衡交易量在減少的情況）而圖 8-31 係表示，本期的大多數土地需要者都沒有考慮轉售

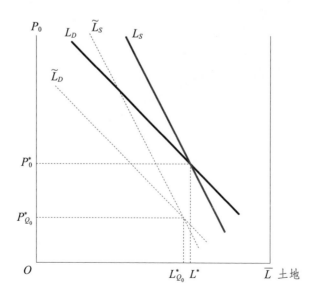

圖 8-30　土地增值稅與均衡價格、均衡數量（有土地投機者）

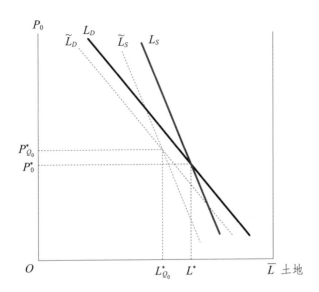

圖 8-31　土地增值稅與均衡價格、均衡數量（沒有土地投機者）

土地的情況。此際，L_D 曲線向左方移動的程度，小於 L_s 曲線向左方移動的程度，所以提高土地增值稅 Q_0，將促使均衡地價上升，但減少均衡土地交易量。

二、長期與短期土地增值稅之效果

　　前節乃探討，土地供給者與土地需要者，當考量於本期與下一期購買與轉售土地時，假如提高土地增值稅率，對本期的均衡地價及均衡土地交易量，究有何種影響的問題，經設定幾種情況加以檢討。從前面的分析得知，提高土地增值稅的影響並沒有很確定的答案。

　　接下去擬討論長期土地增值稅的影響。茲擬以都市計畫區域內的農地為例子，並假設此等農地可供作非農業用途（興建住宅）使用。此際土地供給者為農戶，其在都市計畫區內農地的取得價格很低，似可設想近乎零。前述（8-15）式中，如設 $R = 0$，當都市計畫區內農地的長期土地增值稅率 Q_0 提高時，便可成立表示影響本期土地供給 L_0 之方程式

如下：

$$(1+q)\,\ell+q \gtreqqless r \quad \therefore \frac{\partial\{L_s\,(A-rP_0)\,\}}{\partial Q_0} \gtreqqless 0 \cdots\cdots\cdots\cdots (8\text{-}17)$$

從（8-17）式可以作下列的推論。如果土地取得價格 R 正如都市計畫區農地那樣，幾乎可以毫無考慮的偏低時，不管預估地價上升率 q 大於土地供給者的折扣率 r，即（$q>r$），或 q 小於 r 即（$q<r$）時，只要逐漸提高土地增值稅率使能成立（$1+q$）$\ell+q>r$，而提高土地增值稅便能對土地供給者，增進土地供給的效果（即能將 L_s 曲線向右方移動）。但此處 ℓ 為 $Q_1=Q_0$（$1+\ell$），亦即，為本期至下一期的土地增值稅率的上升率。

在土地取得價格 R 為零的情況下，長期土地增值稅率 Q_0 對本期土地需求 L_D 的影響為 $\partial\{L_D(B-iP_0)\}/\partial Q_0$，並從（8-16）式得知為負數。即

$$\frac{\partial\{L_D\,(B-iP_0)\,\}}{\partial Q_0} = -L'_D\,(B-iP_0)\,(1+\ell)\,qP_0 < 0 \cdots (8\text{-}18)$$

從（8-17）式與（8-18）式及前面討論得知，在土地取得價格非常偏低的情況下，提高長期土地增值稅率 Q_0 時，能提升均衡地價並減少均衡土地交易量者，係在無法預期土地增值稅率長期將逐漸提高的情況下（$\ell=0$），同時預期地價上升率 q 又偏低，且沒有投機性的土地需求的時候。此際，由於能夠成立（$1+q$）$\ell+\ell<r$，經透過提高長期土地增值稅率 $Q_0=Q_1=Q$，本期的土地供給勢必減少。又由於預估地價上升率 q 偏低，也沒有投機性的土地需求，故由於提高長期土地增值稅率，使得本期的土地需求減少的程度，非常微小。結果，很可能使得均衡地價上升，均衡土地交易量減少。（參閱圖 8-28）

至於其他的情況，例如預估地價上升率 q 偏高，且具有轉售目的投

機性土地需求時，提高長期土地增值稅率 Q_0，勢必降低均衡地價。至於提高長期土地增值稅率 Q_0，究能否增加或減少均衡土地交易量，乃決定於本期土地供給曲線 L_s 與土地需要曲線 L_D 的斜率，以及由於提高長期土地增值稅率 Q_0，究能否使本期的土地供給曲線 L_s 與土地需要曲線 L_D 移動的程度大小。

如果預估地價上升率 q 低於土地供給者的折扣率（如其他替代資產的預估收益率）即（$q < r$），又預估地價上升率 q 的絕對值本身偏低時，亦能逐漸提高長期土地增值稅，使得均衡地價下降，增加均衡土地交易量。亦即，$q < r$ 時，從本期至下一期逐漸提高土地增值稅率 ℓ，使得 $(1+q)\ell + q > r$ 得以成立就可以。具體而言，如能設立，土地持有期間愈長其增值稅率愈高的，長期土地增值稅制度為宜。在此種長期土地增值稅制度的情況下，土地需要者從長期觀點擬以轉售目的從事購買土地，實際上確有困難，故依提高土地增值稅率 Q_0 以減少本期的土地需求 L_D 的程度，亦即，令 L_D 曲線向左方移動的程度，將不會很大。在另一方面，由於已成立 $(1+q)\ell + q > r$，如提高長期土地增值稅率 Q_0，對土地供給者具有增加本期土地供給 L_s（即 L_s 曲線向右方移動）的效果。所以，提高長期土地增值稅率 Q_0，可促使均衡地價下降，而能增加均衡土地交易量。

接下去擬探討短期土地增值稅之效果。此處所謂短期土地增值稅乃指大約於五年以內買進轉售的土地增值稅，或漲價金額在原地價一倍以內者，稱之。又設短期增值稅的稅率為各期間均為一定，即設想，$Q_0 = Q_1 = Q$。

於（8-15）式中，設 $\ell = 0$、$Q_0 = Q$，當提高短期土地增值稅率 Q，表示其對本期土地供給 L_s 的效果的方程式，便可以成立，如下：

$$q + \frac{rR}{P_0} \gtreqless r \quad \therefore \frac{\partial \{L_s(A - rP_0)\}}{\partial Q_0} \gtreqless 0 \quad\cdots\cdots\cdots\cdots\cdots (8\text{-}19)$$

從（8-19）式將可作以下說明。成為短期土地增值稅課徵對象土地的短期所有時，由於佔取本期地價 P_0 的土地取得價格（土地原價）R 的比率（R/P_0），較之土地長期持有時高，故只要預估地價上升率 q 並不特別微小，$q+rR/P_0 > r$ 成立的可能性非常大。譬如說，土地供給者的折扣率 r 為較高的 8%，而土地取得價格佔本期地價的百分比（R/P_0）卻為較低的 50% 時，只要預估地價上升率 q 如大於 4% 時，則可成立 $q+rR/P_0 > r$。設 r 為 5%、R/P_0 為 60% 時，如 q 大於 2% 時，便能成立 $q+rR/P_0 > r$。

地價上漲率如能預估在某一定比率以上時，$q+rR/P_0 > r$ 成立的可能性很大。所以，提高短期土地增值稅率 Q 時，對有意於短期讓售土地的土地供給者，確有可能促進其本期的土地供給（L_s 曲線向右方移動）。總之，針對取得價格佔本期地價的比率（R/P_0）的增加部分言，提高短期土地增值稅阻礙本期土地供給的可能性，將小於提高長期土地增值稅阻礙本期土地供給的可能性。但即使 $q+rR/P_0 > r$ 得以成立的時候，依提高短期土地增值稅，使得土地供給者從短期間的土地所有改採長期土地所有策略時，提高短期土地增值稅對阻礙本期的土地供給的可能很大。蓋自短期土地所有改採長期土地所有，便有降低稅率的可能。

提高短期土地增值稅率 Q 對本期土地需求 L_D 的影響為 $\partial\{L_D(B-iP_0)\}/\partial P_0$，於（8-16）式，使 $\ell = 0$，$Q_0 = Q$，便知於地價上升過程為負數。亦即，

$$\frac{\partial\{L_D(B-iP_0)\}}{\partial Q} = -L'_D(B-iP_0)\,qP_0 < 0 \quad\cdots\cdots\cdots\cdots\quad （8\text{-}20）$$

於地價上漲過程中，無論提高短期土地增值稅或提高長期土地增值稅，均具有減少本期土地需求的效果。但，只要預期地價上升率並不特別太高，前者的效果將小於後者的效果。因為，只要預期地價上升率並

不很高，只考慮短期土地所有便將其轉售的土地需要者畢竟很少，而短期土地增值稅對那些不想於短期間便轉售的土地需要者，毫不發揮任何影響。

如上述，提高短期土地增值稅，將促使均衡地價提高，減少均衡土地交易量，係由於預期地價上升率 q 很低或因為貶值，使得於短期間轉售土地的意願降低的時候。此際，從（8-19）式得知，$q+rR／P_0$ ＜ 0 得以成立，故提高短期土地增值稅率 $Q_0 = Q$，以致減低本期的土地供給 L_s。另一方面，從（8-20）式得知，此際本期的土地需求 L_D 幾乎不受影響。結果，均衡地價上升，均衡土地交易量將減少。（參閱圖8-20）縱令，提高短期土地增值稅能提高均衡地價，減少均衡土地交易量，但通常其幅度很小。因為，此際的預期地價上升率 q 很低，且 $q+rR／P_0 < r$ 經已成立，但土地取得價格 R 於本期地價所佔的比率（$R／P_0$），似不很高。

提高短期土地增值稅而能夠大幅提升均衡地價，對均衡土地交易量卻予大幅減少者，限於以往幾年間的地價上升率雖然偏高，但今後的預期地價上升率 q 特別偏低，或成為負值的時候。此際，由於土地的取得價格 R 佔本期地價 P_0 的比率（$R／P_0$）也偏低，所以 $q+rR／P_0$，亦將大幅低於 r。但縱令在這樣的情況下，如能創設土地保有時間愈長，其稅率隨之愈提高的長期土地增值稅制，便能避免因提高短期土地增值稅以致阻礙長期的土地供給。

本來，重課短期土地增值稅係藉著對短期的土地增值的不勞所得課徵重稅，以祛除短期的投機性土地需求，並確保分配的公平為目的。對短期的土地增值課徵重稅，其對公平分配的貢獻，極為明確。所以，經重課短期土地增值稅，並透過土地供給的減少以致阻礙長期的資源分配效果，除非此項阻礙現象非常明確，主張減輕短期土地增值稅的說法，便缺乏其理論基礎。

第九章

土地稅對地租與地價之影響

第一節　地價稅對地租之影響

一、地主沒有自行使用土地時

　　此處所謂「地租」，乃指於單位時間內，土地所提供勞役（service）的價格〔即流量（flow）的價格〕，而所謂「地價」，乃指收益財土地的價格〔即存量（stock）的價格〕。一般來說，收益財的價格將決定於資本的資本還原價值，如就土地而言，地價將決定於地租的資本還原價值。故，首先擬闡明，地租究係如何予以決定的問題。如眾所周知，地租的說明原理雖有所謂「差額地租論」，但在此處，將暫不考慮土地等級的差異問題。蓋，我們可以利用，一般性的地租說明理論。亦即，只要將土地的存量假設為固定不變，便可以用經濟理論說明地租的決定過程。茲為求理論說明的簡單化，設定下列幾個假定：

1. 設有一個經濟社會擁有 100 單位等質的土地。
2. 設地主（土地勞役的供給者）與土地租賃者（土地勞役的需求者）均為多數，土地勞役市場形成完全競爭市場。
3. 設不問生產目的或消費目的，地主都沒有自己使用土地的情事。

（後面將取消此一假設）

從上述得知，地主將盡可能令其所有的土地出租，而獲取較大的地租收入。於是，依上述假設 (1) 與 (3)，該 100 單位的土地將可全部出租。故土地勞役的供給曲線將如圖 9-1 所示，成為垂直的 SS 線。假設土地勞役的需求曲線為如圖所示的 DD' 曲線，B 點便是土地勞役市場的供求均衡點，於是 100 單位的土地全部（0S）出租出去，BS 成為均衡地租。

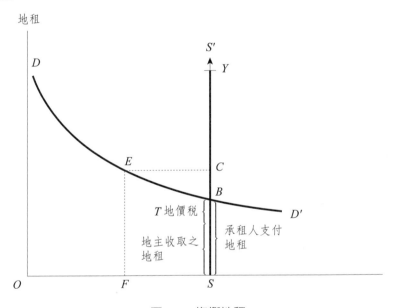

圖 9-1　均衡地租

那麼，土地勞役需求曲線 DD' 究竟是如何決定的？凡參與土地勞役市場的需求者，應該都持有各自盤算的需求價格，而需要價格乃是各個需要者願意支付的最高價格，高於此價格便不願意支付的價格。將全部土地承租人的最高需求價格，由高而低，依次排列者便是土地勞役的需求價格。一般而言，需求曲線可視為最高需求價格曲線。

其次考慮，土地承租人的最高需要價格是如何決定的問題。承租人如為企業時，該企業將考量當利用每單位土地時可能產生的預期純生產

為多寡,即從附加價值扣除土地以外的一切生產要素的費用(包括對每單位土地所投入自己資本的正常利潤(normal profit)的餘額。茲暫將此餘額稱為預期土地純收益,則該預期土地純收益便是對土地勞役的最高需求價格。

譬方說,茲設有一企業擬租賃土地從事經營,其對每單位土地的預期土地純收益假設為 1,000 元。此際,每單位土地的地租為 900 元時,每單位土地便產生 100 元的超額利潤,該企業一定很樂意承租此土地從事經營。如果,每單位土地的地租漲至 1,100 元時,租地經營勢必產生損失,當沒有人願意租賃土地。此際,預期土地純收益 1,000 元便是該企業能夠支付的每單位土地最高地租額,亦即,企業對每單位土地勞役的最高需求價格。

如圖 9-1 所示,需要曲線 DD′ 與供給曲線 SS′ 的交點 B 為均衡點,BS 為地租。此際,如對地主未予課徵土地保有稅時,BS 為土地承租人應付的地租,亦為地主收取的地租。換言之,企業支付的地租與地主取得的地租相等。茲假設,對地主課徵圖 9-1 所示 T 的土地保有稅(地價稅),原來的均衡狀態勢必改變。首先,開徵地價稅並不影響土地勞役的需要曲線。蓋租地人的最高需求價格為其預期土地純收益,而地價稅依法由出租人的地主繳納,故地價稅的徵收並不影響土地承租人的預期土地純收益。另一方面,地價稅的徵收,也不影響土地勞役的供給曲線 SS′。蓋依據假設,地主並不能自行使用其土地,故不管地租為多寡,土地存量 OS 不得不全部出租。所以,即使開徵地價稅,原來的 DD′ 曲線與 SS′ 曲線均不變化,均衡點亦自然而然不會變化。唯一的差異係租地人所支付的地租 BS 當中被扣除地價稅 T,地主收取的地租勢必減少這部分。

如果,地價稅的一部分或許全部由地主轉嫁於租地人時,其情況將怎樣?茲假設地價稅的全部均由地主轉嫁於租地人,則地租由 BS 再加地價稅 T 而增為 CS,全部要求租地人負擔。此際,對土地勞役的需

求可能減少 *EC* 或 *FS*，則 *FS* 的土地變成沒有人租賃而成為休閒地。*FS* 的地主勢必蒙受損失。地主為了避免蒙受損失，必須將地租降至原來水準 *BS*，試圖將全部土地出租。欲將 *OS* 的土地全部能夠出租出去，須將承租人應支付的地租降至 *BS* 的水準，故新徵的地價稅應由地主減少其收取的地租，以資應付。所以，不至於產生將地價稅轉嫁與承租人的情況。於是新徵地價稅時，市場價格的地租（租地人支付的地租）並不產生變化，只是地主收取的地租，將減少剛好與所徵地價稅相等的量。

圖上 *OS* 表示全部的土地存量，設其每單位土地的淨生產額為 *YS*，其中 *BS* 係歸屬土地的功能所得分配（functional income distribution）部分，亦可稱此為「理論上的地租」。於實行租賃制度者，此部分乃歸屬地主的「人為所得分配」。政府課徵地價稅 *T* 時，歸屬地主的地租中，*T* 部分便歸屬政府所有（暫不考慮地主自行使用土地）。換言之，理論上的地租大小將決定於土地勞役的供求關係，如課徵地價稅，此部分便分為政府稅收及地主收取的地租兩部分。

二、地主自行使用土地時

上述係假設地主沒有自行使用土地時的情況。下面將解除這個限制，則地主亦自行使用其土地時，探討地租的決定情況以及地價稅對地租的影響。圖 9-2 上的 O_1O_2 表示一定的土地存量，並同假設為等質。曲線 *RR′* 表示，地主自行使用其土地時的預期土地純收益，按高低次序依次排列者，亦是表示出租土地時地主的最低供給價格。茲假設地租 AO_1 為 1,000 元，如果自行使用土地者的預期土地純收益大於此金額的地主（FO_2 的地主），將不會出租土地，將土地留著自行使用比較有利。但預期土地純收益小於 1,000 元者（FO_1 的地主），由於出租比較有利，勢必將其土地出租。如果市場地租由原來的 1,000 元降至 600 元（BO_1）時，如圖 9-2 所示，願意出租土地者，便由原來的 FO_1 減至 DO_1，而不願意出租的地主，便由原來的 FO_2 增至 DO_2。故圖上的 *RR′*

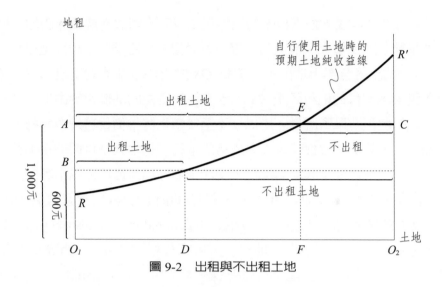

圖 9-2　出租與不出租土地

曲線，可視為表示土地勞役供給量變化的土地勞役供給曲線。

其次，圖 9-2 的 *RR′* 曲線係同於圖 9-3 的土地勞役供給曲線。而向右下方延伸的 *DD′* 曲線係有意承租人的預期土地純收益按高低順序依次排列者，表示這些有意承租人的租賃需要曲線，亦是土地勞役的需要

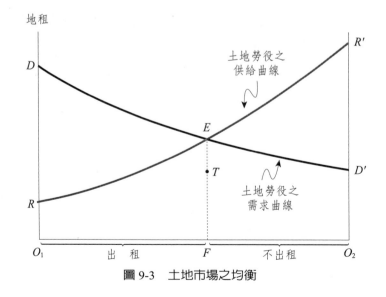

圖 9-3　土地市場之均衡

曲線。故 RR' 曲線與 DD' 曲線的交點 E 為土地勞役市場（土地租賃市場）的均衡點，均衡地租為 EF。此際，土地存量 O_1O_2 中，FO_1 部分將出租於承租人，而其餘 FO_2 部分便留給地主自行使用。

其次擬探討，地價稅的開徵，會不會影響土地勞役市場的均衡？如前述，地價稅係由土地所有人繳納而不加重承租人的負擔，故地價稅的徵收並不影響承租人的土地勞役需求曲線。但地價稅的徵收，會不會影響土地勞役的供給曲線？

圖 9-4 的 RR' 曲線同與圖 9-3 的 RR' 曲線，表示地主自行使用其土地時的預期土地純收益曲線。此際如課徵地價稅時，地主們繳稅後的預期土地純收益，勢必減少稅額部分，稅後的預期土地純收益曲線則以 $R_tR'_t$ 曲線表示之。當地主出租土地時，地主實際可以收取的地租，則自市場地租扣除地價稅後的金額。圖 9-4 的 AO_1 表示市場地租，扣除地價稅 AA_t 後的 A_tO_1 便是稅後地主收取的地租。此際，地主所關心者乃自行使用土地時的稅後預期土地純收益，是否大於課稅後的地租。如前者

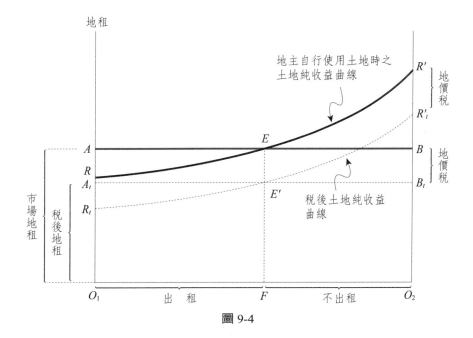

圖 9-4

大於後者，便留著自行使用土地比較有利，所以不出租；反之，如後者大於前者，則自行利用土地變成不利，所以樂意選擇出租土地。圖上的 E' 點成為土地決定出租抑或不出租的界線，則位於 F 點左側的地主將出租土地，而位於 F 點右側者將不出租土地。

然而，如圖 9-4 所示，E' 點係位於 E 點的正下方，所以即使課徵地價稅，如同圖 9-3 的情況，F 點左側的地主依然出租土地比較有利。亦即，課徵地價稅時，如市場地價的地租為 AO_1 時，出租的土地仍為 FO_1，所以課徵地價稅時，RR' 曲線亦為地主的土地勞役供給曲線。換言之，不管是否課徵地價稅，預期土地純收益曲線的 RR' 曲線，依然為地主的土地勞役供給曲線。

茲擬暫回顧圖 9-3，即使開徵地價稅，租地人的土地需要曲線與地主的土地勞役供給曲線，均不產生變化，故不但是均衡點 E 不變動，市場地價的地租 EF 也不會變動。而會變動者，當課徵地價稅時，其稅額如為圖 9-3 的 ET，地主收取的地租便自 EF 降至 TF 而已。所以地價稅的課徵，無論從形式上或實質上言，均成為地主的負擔，而不會產生轉嫁於租地人身上。又不僅地價稅的開徵，或增徵地價稅時，也不會產生轉嫁問題。總之，租地人支付的地租（即形成市場地價的地租）不變動，只是地主收取的地租，將減少因開徵或增徵的地價稅的稅額部分。

然而，在實際的社會裡，當開徵或增徵地價稅時，地主常將其稅額部分加在地租裡，轉嫁與承租人負擔。茲擬將其情形說明如下：

圖 9-3 的需求曲線 DD' 乃表示，將土地承租人利用土地時，將其期待土地純收益自大而小依次排列者。但在成長經濟情況下，土地承租人的土地純收益將年年增加，所以土地勞役的需求曲線，亦將年年向上移動。而在另一方面，地主的土地勞役供給曲線係表示，地主自行利用土地時的預期土地純收益，自小而大依次排列者，這在成長經濟情況下，亦將年年向上移動。所以，均衡點亦從 E 點漸往上方移動，均衡地租亦將較原來的 FE 增大。但在現實的土地勞役市場裡，土地租賃契約並

不一定按年更新，大多複數年方重訂一次，所以，契約地租常常固定於 *FE* 一段期間。換言之，由供求關係而決定的均衡地租將每年上升，但契約地租卻固定不變，此際，如地價稅增稅或加徵，地主藉機提高契約地租，如其增加額尚未超過均衡地租的上升額時，承租人大多會同意其調整契約地租。

　　上述情形，看起來，地主似將地價稅轉嫁與土地承租人負擔，但實際上係由於契約地租的調整缺乏彈性，而落後於供求關係而定的均衡地租，而非為地價稅的轉嫁，實係契約地租追趕均衡地租的現象而已。

第二節　地價稅對地價的影響

　　首先擬探討，在土地交易市場裡，地主的土地供給曲線是如何決定的問題。所有的地主應該都持有，自行使用其土地時的預期土地純收益，而將此自低而高按次序排列者，為圖 9-2 的 *RR'* 曲線。該預期土地純收益額，便是各該地主的土地勞役的最低供給價格。茲假設某地主的自行利用土地的預期純收益為 1,000 元，利率為 5％，並假設社會為靜態的社會時，將此予以資本還原時，便得 20,000 元的收益地價（1,000 元 ÷ 0.05 = 20,000 元），使用收益價格（usufruct value）乃為該地主的最低供給地價。

　　假設 1 單位土地能以 30,000 元出售，地主再以 30,000 元購買債券，則每年可以獲取 1,500 元的利息（依假設年利為 5％），收益大於自行利用土地的收益，所以樂意出售土地。如果每單位土地以 20,000 元售出，則每年可以獲取 1,000 元利息，故出售土地與留著自行使用的收益相同，所以每單位土地 1,000 元的純收益為該地主的最低供給價格。換言之，地主自行利用其土地時的預估土地純收益，將其資本還原

後的價值，將成為該土地的最低供給價格。【註1】

　　把所有地主各個的土地最低供給價格，自低向高依次排列者，為圖9-5 的 *SS'* 曲線，此便是土地的供給曲線。O_1O_2 係如同前，表示土地存量，縱軸乃表示地價。*DD'* 線表示購地者的需求曲線。亦即，購地者購買土地自行使用時，將其每單位土地預期土地純收益的資本還原價值，便是各個購地者的最高需求價格。而將各個購地者的最高需求價格自高往低，依次排列者，便是購地者的需求曲線，如圖 9-5 之 *DD'* 曲線。於圖 9-5 的供給曲線 *SS'* 與需求曲線 *DD'* 係相交於 *E* 點，市場地價決定於 *EF* 或 PO_1，土地交易量為 O_1F。

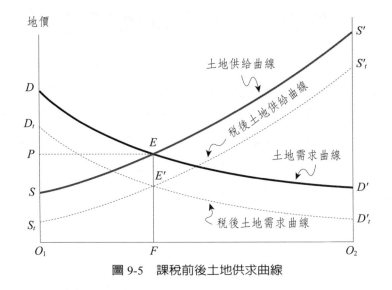

圖 9-5　課稅前後土地供求曲線

　　茲假設開徵地價稅時，上述的市場均衡，究竟作如何的變動？首先，觀察地主這邊的情況。從地主自行利用其土地時的預估土地純收益，減去地價稅後者，便是地主的預估稅後土地純收益。將此予以資本

還原者，便是課徵地價稅時的最低供給價格，此價格較之不課徵地價稅時的最低供給價格，則減少了地價稅稅額部分。換言之，課徵地價稅時，供作收益財的土地價值下降，以致最低供給價格下降，則供給曲線將自原來的 SS' 曲線降至 S_1S_1' 曲線（如圖 9-5 所示）。由於供給曲線與需求曲線按同幅度向下移動，所以新的均衡點 E' 將在原均衡點 E 的正下方。換言之，開徵地價稅後的地價，將較之原來的價格降低地價稅的資本還原價值額，但土地交易量則維持原來的 FO_1 的水準，數量不變。

　　一般而言，開徵或增徵地價稅時，除上述以外，尚可能因投機性的需求或因惜售等因素，而加快促成地價的下降。亦即，就需求面而言，則於地價稅的開徵或增徵，打散對地價上漲的期待，並可抑制投機性需求；如果購置時，便有每年繳納地價稅的壓力，亦有抑制投機性需求的效果。故圖 9-5 的需求曲線將可向左下方移動。再將供給面觀之，由於地價稅的開徵或增徵，如能打散地價上漲的期待，則似可減弱惜售土地的行為，同時，只要繼續保有土地者，便有年年負擔繳納地價稅的壓力，而減弱惜售土地的欲望。基於上述，地價稅的開徵或增徵，將使圖 9-5 的供給曲線向左下方移動的作用。由於供給曲線與需求曲線各自移動的結果，增強地價下降的趨勢。

　　圖 9-3 係表示土地租賃市場的均衡，而圖 9-5 係表示土地買賣市場的均衡。此際，圖 9-3 的 E 點與 F 點及圖 9-5 的 E 點與 F 點，互相究具有何種關係？似有必要加以說明清楚。茲擬先予言明其答案，則 (1) 圖 9-3 的 E 點與 F 點及圖 9-5 的 E 點與 F 點的特性相同；(2) 將圖 9-3 的 EF 的數值予以資本還原者，便是圖 9-5 的 EF。

　　同前述假設，(1) 土地租賃市場及土地買賣市場都是完全競爭的；(2) 參與此兩市場的經濟主體，各自利用土地時，其土地純收益的每年流量一直維持不變；(3) 每一個經濟主體都具有一定的利率，在此利率條件下，具有足夠的資金可以利用，在此情況下，現有地主以外，如欲

利用土地時，將有購買土地從事利用與租賃土地從事利用等兩種方式。但在兩個市場均已達成均衡時，採取任何一種經營方式，都不會產生盈虧的差異。換言之，每年支付地租以利用土地與借款購地每年支付的利息，當兩個市場均達成均衡時，兩方都不會產生損益的問題。亦即，地主出租土地收取地租，與地主出售土地將其土地售款存入銀行收取利息，兩者的收益相等。將圖 9-3 的均衡地租 *EF* 予以資本還原者，便是圖 9-5 的均衡地價 *EF*。

再者，圖 9-3 的均衡土地租賃量 O_1F 與圖 9-5 的均衡土地交易量 O_1F 亦應該相等，其理由如下：則該兩圖的 O_1F 係表示地主以外者利用土地的均衡數，其中屬於租賃土地者究有多少，屬於購買土地從事利用者究有多少，並不一定。蓋採取何種利用方式，經營的損益都是相等之故。茲為了探討方便起見，先考慮土地租賃市場的均衡已經成立，基此再實施土地買賣時，究會產生何種現象。

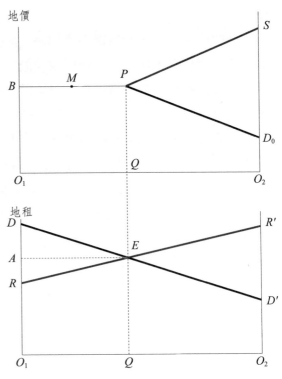

圖 9-6　上圖土地買賣市場

圖 9-6 的下圖表示土地租賃市場，上圖表示土地交易市場。兩圖中的 O_1O_2 均如前表示等質土地的一定存量，下圖的 *DD′* 曲線標示土地用役的需要曲線，*RR′* 曲線標示土地用役的供給曲線，*E* 點標示其均衡點，均衡地租為 *EQ*，均衡租賃土地數量為 O_1Q（與 *EA* 相等）。

　　此際，如亦實施土地交易時，如上圖所示，曲線 BPS 表示土地的供給曲線，曲線 BPD_0。表示土地需求曲線。圖中 BO_1 為均衡地租 AO_1 予以資本還原的價值。位於 O_1 至 Q 之間的地主出租土地便獲取 AO_1 的地租，地價如為，將地租 AO_1 予以資本還原價值 BO_1，理當願意出售。故位於 O_1 至 Q 之間的地主的土地最低供給價格應為 BO_1。所以位於 Q 點右方地主的最低供給價格為各個人的預期土地純收益，再予以資本還原後的價值，在此以 PS 線表示之。故 BPS 曲線便是地主的土地供給曲線。

　　其次，位於 O_1Q 之間的承租人購買土地時，其願意支付的最高價，應為均衡地租 AO_1 予以資本還原的價值 BO_1。此際，位於 Q 點右方的承租人的土地需求價格應為，各個人的預期土地純收益予以資本還原的價值，此處以 PD_0 線表示之。故 BPD_0 曲線便是土地需要曲線。於是在土地買賣市場裡，供給曲線 BPS 與需求曲線 BPD_0 的 BP 線段即兩者共同一致，所以 BP 間的任何一點都成為均衡點。此際，如供買賣的土地為 BM 時，其餘的 MP 土地便為租賃部分。換言之，在完全競爭狀態時，土地租賃市場與土地買賣市場並存著，由於兩者的經營損益沒有差異，將很難確定何者各有多寡。故於茲僅作上述說明。

第三節　土地增值稅對地價的影響

　　設有一靜態社會，在此，由土地利用獲取的土地純收益年年不變，同時，此處只有土地買賣市場而沒有土地租賃市場。此際，地主欲出售土地時，將以其自行利用土地時的年純收益之資本還原價值作為最低供給值。圖 9-7 的 SS′ 線便是地主售地時的最低供給曲線。而購地實施利用者，將以其購地利用時，可取得的土地純收益實施資本還原的價值，作為其最高需要價格。如購地供自家使用者，便將其每年所產生的效用估價額，再將其資本還原價值作為購地時的最高需要價格。圖上

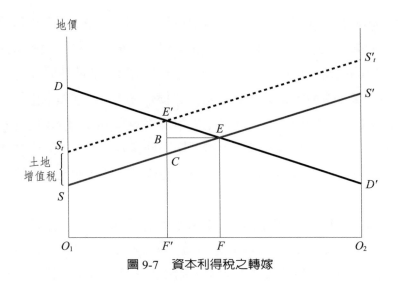

圖 9-7　資本利得稅之轉嫁

DD' 曲線便是此等購地者的最高需求價格。*DD'* 曲線與 *SS'* 曲線相交於 *E* 點，這點便是均衡點，*EF* 為均衡地價。

　　茲再假設對售地者課徵某一比率的資本利得稅（capital gain tax）。由於資本利得稅係針對售地人徵收，故不影響購地人的最高需要價格，需要曲線也不受到影響。【註2】但就供給面言，供給曲線將比照資本利得稅額向上方移動，即自 *SS'* 曲線移至 *S~t~S'~t~* 曲線。蓋地主至少能夠售得土地純收益的資本還原價值時，方願意出售其土地。為之，其售價必須加上稅額部分。這樣將使供給曲線向上移動。此處所謂向上移動，就是向左上方移動，所以就各個地價水準的供給言，勢必減少。換言之，開徵或加徵資本利得稅時，勢必引起供給縮減效果，此亦稱為供給的閉鎖效果（lock-in effect）。就圖 9-7 而言，課徵資本利得稅後，均衡點由 *E* 移至 *E'*，地價由 *EF* 升至 *E'F'*，而 *E'F'* 的價格中，*E'C* 部分為資本利得稅，地主取得部分為 *CF'* 並相等於該地主土地純收益的資本

【註2】　實際上，資本利得稅的開徵或加徵，將可抑制土地的投機性需要，由而使需要曲線向下方移動。只是此處假設為靜態的經濟社會，故不會有投機性的土地需求，故開徵資本利得稅對需要曲線也不會產生任何影響。

還原價值。此際，地主的取得部分 *EF* 減至 *CF'*，故稅額中 *BC* 部分歸地主負擔，其餘的 *E'B* 由買方負擔，則由納稅義務人地主轉嫁給買方負擔。[註3]

　　現行土地增值稅係按地價的漲價倍數採取超額累進課徵，其詳情如下：1. 土地漲價總數額超過原規定地價或前次移轉時核計土地增值稅之現值數額未達百分之一百者，就其漲價總數額徵收增值稅百分之二十。2. 土地漲價總數額超過原規定地價或前次移轉時核計土地增值稅之現值數額在百分之一百以上未達百分之二百者，除按前款規定辦理外，其超過部分徵收增值稅百分之三十。3. 土地漲價總數額超過原規定地價或前次移轉時核計土地增值稅之現值數額在百分之二百以上者，除按前二款規定分別辦理外，其超過部分徵收增值稅百分之四十。[註4]

　　土地增值稅乃針對交易地價超出地主原地價的增值額，按一定的比率課徵的機會稅。其情形，擬以圖 9-8 說明如下：茲設有一土地市場，尚未開徵土地增值稅，其供求情況如下。SS_1 為其供給曲線，DD_1 為其需求曲線，兩曲線相交於 *E* 為均衡點。此際，*PO* 為均衡地價，*OQ* 為土地交易數量。今假設地價上漲一倍，需求曲線自 DD_1 移至 D_2D_1，並開徵土地增值稅。但原地價並沒有變動，供給曲線仍維持原來的 SS_1 曲線，[註5]而兩曲線相交於 E_1 點為新的均衡點。於是，新的均衡地價為 P_1O（E_1Q_1）、新的均衡交易量為 OQ_1。適逢開徵土地增值稅，由於漲價在原地價的一倍以下，故將徵收漲價額的百分之二十的增值稅。稅後的收益線為 D_3D_1，並與供給曲線 SS_1 相交於 E_3 點，為新的均衡點。此際，交易地價為 P_2O，但歸地主取得的地價將減為 P_3O_1，P_2P_3 為應繳的土地增值稅。其中，E_2A 的增值稅轉嫁與購地者負擔，其餘的增值

【註3】　此處設想的靜態經濟社會裡，資本利得稅的開徵或加（增）徵，並不具備地價下降效果，反之，卻具有地價促升作用。

【註4】　依土地稅法第三十三條第一項之規定。

【註5】　假設地主取得土地後，並未實施任何土地改良、物價指數亦假設沒有變動。

稅 AE_3 將由地主負擔。土地交易量則由未徵收增值稅時的 OQ_1 減少為 OQ_2。換言之，開徵或增徵土地增值稅時，勢必抬高土地交易價格、減少土地交易數量，而地主能取得的地價收益勢必低於實際的交易地價。

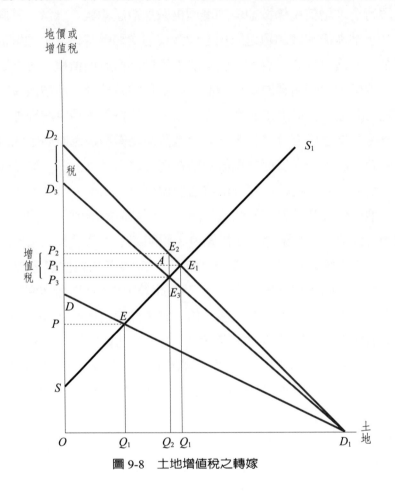

圖 9-8　土地增值稅之轉嫁

第十章

地價稅對土地利用之影響

第一節　基本模式

一、考慮時間因素

　　上述分析大多未考慮時間因素。下面擬探討，地價稅對因時間變遷導致土地利用變化的影響。這個問題非常重要。蓋為了促進都市土地之有效利用，乃有課徵空地稅之主張。然，徵收空地稅究竟有沒有促進土地利用之功能？又徵收空地稅會不會引起負面的影響？此等問題都值得探討。惟此處討論的地價稅，係指依超過平均（標準）稅率所課平均部分的地價稅。因為，對所有土地一律按標準稅率課稅時，勢將導致還原利率下降，並使土地的相對價值維持不變。

　　下面的分析，乃設想只對土地課徵財產稅（地價稅及房屋稅等），故還原利率可假定為外生而一定。於是與其他資產比較時，如地價稅的實效稅率較為偏低，於下面的分析便可將稅率視為負數。此際，如說要加強課稅，乃指減少稅率的絕對值。臺灣的地價稅制對土地價值較之市價偏低，對自用住宅用地採取特別稅率，故如按上述說明，似可視為稅率為負數。

　　至於如考慮時間因素時，早經林業經濟學者提出，地價稅的課徵對土地利用並未維持中立性。亦即，當課徵地價稅時，林業經營較之耕種

經營不利。此種說法已見於 1935 年菲爾蔡（F. F. Fairchild）等人的論文。【註1】後來也有不少同樣的論作，惟分析方法大致相同，則比較收益較早產生的土地利用（耕種業）與收益較晚產生的土地利用（林業生產），當課徵地價稅時，後者（林業）的現在價值將大幅下降的事實。

二、課徵地價稅對地價之影響

為了更詳細地檢討此處的分析，擬先建立課徵地價稅影響地價變動之方程式。為了說明方便起見，擬先設定下列幾個符號之定義。以下所稱還原利率（替代資產的收益率）為外生賦與的一定利率 r，並假設地價稅可以完全予以資本還原。

課稅前 t 時點的土地價值為 $W(t)$、課徵稅率為 b 的地價稅後的土地價值為 $V(t)$、t 時點的地價稅稅額為 $bV(t)$。又由課徵地價稅，使得土地價值將降低未來地價稅的現在價值部分，使得 $W(t)$ 與 $V(t)$ 之間，形成下列關係：

$$V(t) = W(t) - b\int_t^\infty V(r)\, e-r\,(r-t)\, dr \quad\text{（10-1）}$$

當課稅前的土地價值變動成為簡單的形式時，擬就此求取 $V(t)$ 的形式。首先，當 $W(t) = W_0\,(0 \le t < \infty)$ 時，$V(t)$ 亦成為不依附時間的定數，故自（10-1）式可得，

$$V(t) = \frac{r}{r+b}\,W_0\,(0 \le t \le \infty) \quad\text{（10-2）}$$

其次，T 時點以後的土地價值為定數 W_0，則之前之土地價值將可用其折扣值充當，即

【註1】　F. F. Fairchild and Associates, "Forest Taxation in the United States", U. S., Department of Agriculture, Misc. publication, No. 218, Washington: U. S. Government Printing Office, 1935.

$$W(t) = W_0 \qquad\qquad\qquad (t \geq T)$$
$$W(t) = W^{0-r(T-t)} \qquad\qquad (0 \leq t < T)$$

課稅後的土地價值於 T 期以後為 $\dfrac{rW_0}{(r+b)}$，於 T 期以前係經若干計算後，成為如下：

$$V(t) = \frac{r}{r+b} W_{0e}^{-(r+b)(T-t)} \qquad\qquad (0 > t > T) \cdots\cdots\cdots (10\text{-}3)$$

於是得知，土地價值的上升率將自課稅前的 r，升至課稅後的（$r+b$），則稅率部分為其上升幅度。此並不僅限定於上例，普通一般都是這樣。蓋將（10-1）式予以微分，便成為：

$$V'(t) - (r+b)V(t) = W'(t) - rW(t) \cdots\cdots\cdots\cdots\cdots\cdots (10\text{-}4)$$

由此可知，如果 $\dfrac{W'(t)}{W(t)} = r$，便 $\dfrac{V'(t)}{V(t)} = (r+b)$，於是可以瞭解上述關係。

三、地價稅與土地利用

茲將利用上述，擬探討地價稅對土地利用之影響。為之，設想有兩種土地利用方式。第一種土地利用型態暫稱為「土地利用 (一)」，係從現在起至無限的將來，每單位土地每時段會產生 1 的收益；第二種土地利用型態暫稱為「土地利用 (二)」，係自現在至 T 時點其收益為零，自 T 時點以後每時段將產生 c 的收益。根據已有的文獻，將前者稱為「永久年金」（perpetual annuity）或「永續收入」「sustained yield」，而將後者稱為「延緩的永久年金」（deferred perpetual annuity）。或「延緩的收入」（deferred yield）。

茲設折扣率（還原利率）為 r，「土地利用 (一)」的現在價值為 $\dfrac{1}{r}$；「土地利用 (二)」的現在價值為 ce^{-rT}/r。茲假設課徵稅率 b 的從價地價稅，於（10-2）式可將 $W_0 = \dfrac{1}{r}$，課稅後「土地利用 (一)」的現在價值為 $1/(r+b)$。至於「土地利用 (二)」，乃於（10-3）式使 $W_0 = c/r$，課稅後的現在價值為 $ce^{-(r+b)T}/(r+b)$。此假設，課稅前「土地利用 (一)」與「土地利用 (二)」的現在價值相同。此際，課稅後「土地利用 (二)」的現在價值較之「土地利用 (一)」的現在價值為低。於課稅前，「土地利用 (一)」與「土地利用 (二)」互相在競爭，惟由於課徵地價稅，所以不會採取「土地利用 (二)」。

菲爾蔡（F. F. Fairchild）於 1935 年[註2]與克倫柏拉（W. D. Klemperer）於 1974 年，[註3] 分別將上述分析應用於林業經營與耕種業經營之比較。耕種業比較在短時間內生產作物，獲取收益，可歸類於「土地利用 (一)」；而林業生產則自樹木成長至伐木收益的時間較為長期，故可歸類於「土地利用 (二)」。課徵地價稅以前，這兩種產業乃互相在競爭。按上述分析，一旦課徵地價稅，林業造成的現在價值，將較之耕種業造成的現在價值偏低，土地將全部用於耕種經營。所以，地價稅的課徵對土地利用的選擇便不成為中立性，而攪亂了資源的最適利用分配。茲如不課徵地價稅，而改為對年年產生的收益課徵收益稅。這樣一來，兩者的現在價值勢必比照稅率降低其價值，故對土地利用為中立的。所以不應課徵地價稅，而宜改課收益稅。這便是菲爾蔡（F. F.

【註2】　F. F. Fairchild and Associates, "Forest Taxation in the United States", U. S., Department of Agriculture, Misc. publication, No. 218, Washington: U. S. Government Printing Office, 1935.

【註3】　W. D. Klemperer, "Forests and the Property Tax-A Re-examination." *National Tax Journal*, Vol. 27, No. 4, (December 1974) pp. 645-51.

Fairchild）與克倫柏拉（W. D. Klemperer）兩人論文主張的概要。

　　上述分析，如僅適用於林業經營與耕種業經營的比較，則對臺灣土地問題的分析，便沒有太大的意義。但該分析，實際上亦可應用於都市土地的開發。斯哥拉（A. Skouras）於 1978 年、賓迪克（B. L. Bentick）於 1979 年，基於此觀點從事分析。【註4】、【註5】

　　茲設有一塊地可作兩種利用方法。第一係用於現在可利用的用途，此際，自現在起至無限的將來，每一期可以取得一定額的收益（地租）。第二係將此土地用於將來某一時點方可能的用途。此際，自 T 期以後每期可取得一定額的收益。由於建築技術的進步、人口增加、因公共投資促進環境改善等，後者的收益將高於前者。假如，土地的用途變更費用非常偏低時，自現在起至 T 時點止可將土地用於「土地利用 (一)」，而自 T 時點以後卻可將土地用於「土地利用 (二)」，所以根本不會發生任何問題。但一般而言，土地的用途變更費用非常高昂。所以，為了能將土地用於將來的用途，從現在至 T 時點的這段時間，宜將土地用於將來變更用途的成本較低的用途，諸如，材料堆置場、露天停車場、高爾夫球練習場等，這樣比較有利。事實也的確如此，雖然在地價非常昂貴的都市地區或交通頻仍的站前附近，卻尚有低度利用的土地，便是其例證。如果重視這個問題，便如蘇哥拉斯（A. Skowras）曾指出，「土地用途的變更費用為無限大。所以，如將土地用於某種用途，後來想再變更既存用途，幾乎為不可能。」【註6】我們似可作這樣

【註4】　A. Skouras, "The Non-Neutrality of Land Taxation," *Public Finance*, Vol. XXXⅢ, No. 1-2, (1978)

【註5】　B. L. Bentick, "The Impact of Taxation and Valuation Practices on the Timing and Efficiency of Land Use," *Journal of Political Economy*, Vol, 87, No. 4 (Aug. 1979) pp. 859-74.

【註6】　A. Skouras "The Allocation of Land between Speculatoers and Users under a Land Ownership Tax: A Comment." *The Economic Record*, Vol. 50, No. 131, (Sept. 1974) pp. 449-50, 並參閱註 4。

的假設。

在這個假設之下，上述兩種用途為互相排斥的（mutually exclusive）。按第二種土地利用的收益係自現在至 T 時點，收入為零，爾後成為定額。所以這裡的土地利用與前述的「土地利用 (一)」（永久年金）與「土地利用 (二)」（延緩的永久年金）是互相對照的。於是依上述分析，地價稅的課徵對第二種土地利用產生不利。所以，地價稅的課徵或提高稅率，將可減少「等待開發」的空地面積，而有促進土地利用的作用。就臺灣的情況言，如果課徵空地稅與荒地稅，確有促進土地利用的功能。

四、地價稅為非中立性

茲擬從另一個觀點觀察，地價稅對土地利用形成非中立性的原因。因為依原來的文獻所提，從事「永久年金」與「延緩的永久年金」的比較，將很可能促使問題的探討更趨複雜。

茲假設於 T 期以後，且只在 T 時點方能產生 e_{rT} 收益的投資，而 r 為折扣率（還原率）。該項投資的現在價值係不管 T 值多少，都是 1。此際，假如課徵 b 稅率的地價稅。該項投資於 t 期（$0 \leq t \leq T$）課稅前的財產價值為 $W(t) = e^{rT}$，所以自（10-1）式得稅後的價值為，

$$V(t) = e^{-bT} e^{(r+b)t} \qquad (0 \leq t \leq T) \quad \cdots\cdots\cdots\cdots\cdots\cdots \text{（10-5）}$$

所以其現在價值為 $V(0) = e^{-bT}$，且 T 愈大，現在價值將愈小。於是投資的懷孕期間（gestation period）愈長者，由於課稅以致下降的現在價值也愈大。同樣的事情如從逆向加以觀察，哪種投資的稅的現在價值比較大。此可從稅的現在價值成為（$1 - e^{-bT}$）而得以證實。

其次擬探討，為何會產生這樣的情況？如前述，如對土地課徵地價稅，勢必降低扣稅後的收益，故為維持土地資產與其他資產的利用競爭關係，須將扣稅前的地價上升率予以提高。如按此處所設假定，土地與

其他資產為完全可以互相替代，則如（10-4）式所示，地價上漲率剛好提升了自課稅前的 r 至稅率 b 的部分。茲設 T 為固定，T 期的資產價值 e^{rT} 亦不因課稅而為一定，（因為已假定 T 期以後並不產生收益。）所以地價上升率的增大，只有壓低現在價值方得實現。這樣乃宛如以折扣率（$r+b$）求取現在價值相同。如果比較 T 的值不相同的兩個投資，當折扣率為 r 時的現在價值均為 1，如用較之更大的折扣率求取現在價值時，當然，T 的值較大一邊的投資，其現在價值勢必變成較低。

同樣的情況，也可以用下列的方式表示。如上述，對土地課稅，就土地本身而言，乃與提高折扣率成為同值。然一般而言，如果折扣率（市場利率）提高，對懷孕期間長的投資比較不利。蓋所謂利率，係現在財貨與未來財貨的相對價格矣。

如上述，地價稅對土地利用的最適分配具有攪亂作用。因為，只對土地方可認為折扣率提高了，但市場利率卻維持不變。亦即，僅對土地利用的選擇，可採用不合理地偏高的折扣率。如果市場利率在上升，選擇懷孕期間較短的投資，乃表示為最適分配。但現在情況並非這樣。按托拉斯雷（R. Trestrail）於 1969 年謂：[註7]「地價稅的課徵與市場利率上升兩者，具有同樣的效果，如市場利率提高，當將選擇懷孕期間短的投資，所以地價稅的課徵，並不攪亂資源的最適分配。」但克倫柏拉（W. D. Klemperer）謂：[註8]這種說法是錯誤的。

上述分析，於研訂土地政策時，具有重要的意義。如前述，現行地價稅如與其他財產稅比較，似有點減輕（課稅地價偏低）。如依上述分析言之，意指稅率為負數。故就地價稅的效果而言，如與最適的社會狀態比較，多選擇懷孕期間較長的投資。就都市的土地利用觀之，似有增

【註7】　R. Terestrial, "Forest and the Property Tax-Unsound Accepted Theory," *National Tax Journal*, Vol. 22, No. 3 (November 1969) pp. 347-56

【註8】　W. D. Klemperer, "Forests and the Property Tax-A Re-examination." *National Tax Journal*. Vol. 27, No. 4, (December 1974) pp. 645-51.

加都市空地大於最適空地量之作用。故自社會觀點言，似有加重地價稅以促進土地有效利用的需要。（如徵收空地稅以促進土地利用。）

第二節　地價稅對土地利用之影響

一、影響的一般化

茲擬將於上述模型所設幾個假定的限制予以放鬆，使得問題的討論能更接近於一般化。首先擬檢討土地的需要價格為固定不變的假設，亦即，土地的需求曲線成為水平的假設。這個假設，尚可分為下面兩個部分；第一係土地利用產生的收益（「土地利用 (一)」的收益為 1，「土地利用 (二)」的收益為 c）乃不管土地用途的分配如何，均為一定；第二係將來的事情可以完全預測。茲將檢討，此等假設的意義及其是否妥當的問題。

二、利用法不同影響收益的變化

首先擬檢討第一個假設。於前述模式假設，如果「土地利用 (一)」的現在價值低於「土地利用 (二)」的現在價值時，所有的土地將利用於「土地利用 (二)」而不再生產「土地利用 (一)」所產生的財貨與勞務。然而，假如對此等財貨與勞務的需求彈性並非無限大時，其價格勢必上升。譬方說，以耕種業與林業為例，如果所有的土地都用於林業時，勢必導致農產品價格上漲。又就都市土地的利用言，假設所有的土地都為了準備將來的利用而將其保留為空地時，由現在的土地用途所產生的財貨或勞務的價格，勢必上漲。如上述，土地利用的收益高低，將受到受配土地數量的影響，如果受配的土地數量少，幾可認為其收益趨於高。

當然，以原先模式的假設較為適當的情形也有。如課稅對象地區在整體經濟裡只佔其中一部分時，亦即，土地利用收益係決定於整個經濟市場時的情形，便是。例如，假設在當該地區即使不再實施農業生產，

但在其他地區卻依舊實施農業生產時，農產品價格將繼續維持一定的水準。

　　如上述，第一個假設是否妥當，卻因情況不同而有所差異。但更重要的一件事係，有關課稅中立性的結論乃依據於這個假定。茲假定對土地的需要彈性並非無限（需要曲線向右下方延伸），從各種土地利用所得的收益並非為定數，而為被分配的土地數量的減少函數。如將分配予「土地利用 (一)」的土地總量以 D_1 表之，而自該土地利用每單位土地面積每時點可取得的收益，將以 $R_1(D_1)$ 表之。又分配於「土地利用 (二)」的土地總量以 D_2 表之，而自該土地利用每單位土地面積每時點可取得的收益，將以 $R_2(D_2)$ 表之。r 表示折扣率時，前者的現在價值為 $R_1(D_1) / r$，而後者的現在價值便是 $e^{-rT}R_2(D_2) / r$。當均衡時，此兩者應該一致。這便是現時點的土地價格。

　　圖 10-1 的縱軸表示現時點的土地價格，橫軸表示土地數量。分配於「土地利用 (一)」的土地係自原點向右邊逐漸增加，其需要曲線係向右下方延伸的曲線。在當該地區所有的土地總量以 D_0 表之，則 $D_2 = D_0 - D_1$。又分配於「土地利用 (二)」的土地數量以 D_2 表之，並從 D_0 點向左邊表示

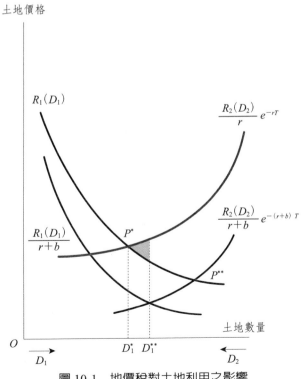

圖 10-1　地價稅對土地利用之影響

逐漸增加。其需要曲線係向左下方延伸的曲線。此等曲線的交點 P^* 表示均衡點。均衡時，分配與「土地利用 (一)」的土地數量為 D_1。

茲假設課徵稅率 b 的從價地價稅，此際，此兩條需要曲線均將向下方移動。結果，新的均衡將於 $D_1 = D_1^{**}$ 而達成。此際，「土地利用 (一)」每期可得 $R_1(D_1^{**})$ 的收益，故其現在價值無論在任何時點都是 $R_1(D_1^{**})/r$。而依據（10-2）式，課稅後的價值為 $R_1(D_1^{**})/(r+b)$。而於「土地利用 (二)」，自 T 期以後，每期將產生 $R_2(D_0-D_1^{**})$ 的收益。於是課稅後價值的變動，可得自將（10-3）式的 W_0 換為 $R_2(D_0-D_1^{**})/r$ 而得。所以 $t = 0$ 時的價值為：

$$V(0) = e^{-(r+b)T}R_2(D_0-D_1^{**})/(r+b)$$

於均衡點，上述兩個現在價值必須為相等。亦即，必須成立下式：

$$\frac{R_1(D_1^{**})}{r+b} = e^{-(r+b)T}\frac{R_2(D_0-D_1^{**})}{r+b} \quad\cdots\cdots\cdots\cdots\cdots\cdots \text{（10-6）}$$

依下列步驟，可從圖 10-1 求取滿足（10-6）式的解。

首先，將「土地利用 (一)」的課稅前需要曲線，於其所有的點乘上 $r/(r+b)$ 倍，繪出一條 $P = R_1(D_1)/(r+b)$ 曲線，再將「土地利用 (二)」的課稅前需要曲線，於其所有的點乘上 $e^{-bT}r/(r+b)$，繪出一條 $P = R_2(D_2)e^{-(r+b)T}/r+b$ 曲線，這兩條曲線的交點便是課稅後的均衡點。

新的均衡點 P^{**} 顯然位於課稅前均衡點 P^* 的右側。因為於 D_1^* 時，「土地利用 (二)」的需要曲線較之「土地利用 (一)」的需要曲線，大幅向下方移動。所以，因為課稅使得分配於「土地利用 (一)」的土地數量增大之故。圖 10-1 上面的斜線部分的面積，係兩種土地利用現在價值的差的積分值，表示由於課稅而產生的「無謂的損失」（deadweight loss）稱為「超額負擔」（excess burden）。

　　有一件重要的事情係課稅的攪亂乃受影響於，需要曲線彈性之大小。價格的變化具有課稅效果中立化之作用。所以，任何一個需要曲線非常缺乏彈性時，課稅對土地利用幾乎沒有影響，也可以不考慮無謂的損失。亦即，此際地價稅對土地利用的選擇，可視為中立。關於課稅中立性的結論，通常均決定於供求彈性的大小。前述，對純地租課稅為中立的結論，乃假定土地供給為完全缺乏彈性，而引導出來的。所以前述的模式乃將土地的需要曲線當作完全富於彈性，係等於不考慮影響課稅效果的重要因素。從「土地利用 (一)」的立場言，係從全部的土地數量扣除分配與「土地利用 (二)」的餘額，便是所說的土地供給。就圖 10-1 而言，向右上方延伸的曲線（從「土地利用 (一)」看）而表示「土地利用 (二)」的需要曲線，便是土地的供給曲線。所以，「土地利用 (二)」的需要缺乏彈性，係如同前述靜態時，土地供給為缺乏彈性，意義相同。因之，此際課稅成為中立，係為當然的結果。如為收益課稅，兩條需要曲線按照相同比率向下方移動，所以土地利用不因課稅而產生變化，諒很容易能夠瞭解。

三、將來預測的可能性

　　上述係探討由於土地分配影響土地收益的問題。下面將探討關於第二個假設對將來的預測可能性。截至目前為止的分析係假設，將來的開發後價值完全可以預測，所以，在沒有課稅的市場裡的土地分配，在社會上為最適度而對此課稅便產生攪亂。但一般而言，未來的開發後價值不能完全可以預測。尤其對採用公共投資的開發，便很容易產生過度的期待。圖 10-2 所示，雖然將來的收益僅為 R_2，但對此產生過大的期待 $\overline{R}_2$ 的需要曲線為 $\dfrac{\overline{R}_2(D_2)}{r}e^{-rT}$。其均衡點為 $\overline{P}^*$，位於最適 P^* 的左側。所以，空地持有量也超過最適值 D_1^* 為過大。結果產生了圖 10-2 上的斜線所示三角部分的無謂的損失。

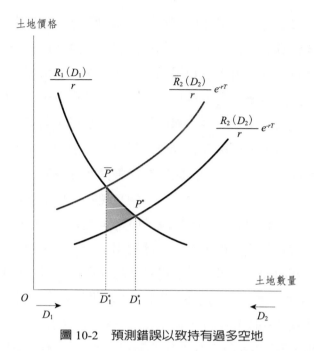

圖 10-2　預測錯誤以致持有過多空地

　　就臺灣的情況言，也有上述空地問題。此際，似可採取加徵地價稅的辦法，亦即開徵空地稅，藉此以促進土地的有效利用。又對將來的收益或土地價值具有不確定性時，土地將成為具有風險的資產。此際，便不能將土地視為與其他安全的資產具有完全的替代性，故不能將懷孕期間較長投資的現在價值，以簡單的資本還原計算而求取。處理此問題時，必須運用具有風險的資產選擇問題的固定方程式予以分析，此處暫不討論此問題。

四、開發時機的選擇

　　於前述「延緩的永久年金」的開始產生收益的時點，係由外部賦與的。以下擬將此一般化，乃將收益開始的時點（開發時點）當作可以選擇的。此將從土地利用能夠取得的收益，可由開發時點 t 的函數 $w(t)$ 賦與。並使 $w'(t)>0$，$w''(t)<0$。如於時點 t 實施開發，便可以求

得該時點以後每期 $w(t)$ 的收益，於是，時點 t 的土地價值為 $W(t)=$ $w(t)/r$，並將此稱為「開發價值」。沒有課稅時的問題係開發價值的現在價值 $e^{-rT}W(t)$ 令其最大化並將其定式化。其解 t^* 可由下式而得：

$$W'(t^*)\diagup W(t^*)=r\text{...（10-7）}$$

亦即，其最適解為開發價值的增加率，與利率相等之點。[註9]

　　以下擬探討，課徵稅率 b 的地價稅時的情形。此際，設最適解為 t^{**}。該時點以後的土地價值乃與時間無關的一固定值，故依據（10-2）式課稅後的土地價值由 $Z(t^{**})\equiv rW(t^{**})\diagup(r+b)$ 而得。該時點以前的土地價值係如前述，其上升率必須為 $(r+b)$。因為，欲使其與其他資產得以成立確定，該土地資產課稅後的收益率必須為 r。為之，毛收益率卻必須為 $(r+b)$。所以，於時點 t（$0<t<t^{**}$）之價值為：

$$Z(t)=e^{-(t^{**}-t)(r+b)}Z(t^{**})\text{...（10-8）}$$

所以扣稅後開發價值的現在價值為：

$$\Phi(t^{**})=e^{-rt^{**}}Z^{(**)}-\int_0^{t^{**}}be^{-rt}Z(t)dt\text{........................（10-9）}$$

　　此際，計算現在價值的折扣率（還原利率）依然為 r 不變。（10-9）式右邊的第二項（稅額的現在價值）為 $Z(t^{**})e^{-rt^{**}}$ $(1-e^{-bt^{**}})$。所以：

$$\Phi(t^{**})=e^{-(r+b)t^{**}}Z(t^{**})=\frac{r}{r+b}e^{-(r+b)t^{**}}W(t^{**})$$

將此予以極大化的 t^{**} 為：

【註9】　參閱 A Skouras, "The Non-Neutrality of Land Taxation." *Public Finance*. Vol. XXXⅢ, No. 1-2, (1978)。

$$W'(t^{**}) \diagup W(t^{**}) = r + b \cdots\cdots\cdots\cdots\cdots\cdots\cdots\cdots\cdots\cdots\cdots （10\text{-}10）$$

由於 $W(t)$ 乃向上方凸狀的曲線，故（10-10）式的解 t^{**} 較之（10-7）式的解 t^* 小。亦即，加徵地價稅（空地稅）具有加速最適開發時點之效果。

第十一章

土地增值稅減半徵收措施之檢討

　　民國九十年間，政府有關當局鑑於房地產市場不景氣的情況嚴重，不僅營建業者齊聲請求政府主管當局設法紓困，尚有房地產承銷業、仲介業的營業情況也非常冷清，業務蕭條。此外，建材業、裝潢業、家具業、水電業等的業務情況也受到嚴重的影響，無形中對整個社會經濟也產生負面的影響。尤其營建業者由於受到長期來房地產市場的不景氣，倒閉、歇業的情況似已到不能袖手旁觀的地步，於是緊急案經立法院審議通過，並公布自民國九十一年二月起，土地增值稅減半徵收二年，期以藉此辦法，能夠促進房地產市場的交易情形趨於活絡，幫助營建廠商手中的房屋存貨，得以儘速銷售完畢。

　　上述土地增值稅減半徵收方案，起先只擬實施二年，後來又延長一年，共實施了三年，直至民國九十四年一月底方告結束。惟自民國九十四年二月起，土地增值稅的稅率，則自原來的 40%、50%、60% 等三級，分別調降為 20%、30%、40% 等三級，俾利減輕售地的地主負擔。

第一節　土地增值稅概述

一、土地增值稅之開徵

　　我國於民國十九年六月三十日由國民政府制定公布，並於二十五

年三月一日明令施行的土地法，已列有徵收土地增值稅的規定。但，由於當時的政治環境特殊，旋即因全面進入抗日戰爭，一直未見土地增值稅的開徵。嗣於民國三十六年一月一日公布中華民國憲法，同年十二月二十五日施行。其第一百四十三條第二項後段規定：「土地價值非因施以勞力資本而增加者，應由國家徵收土地增值稅，歸人民共享之。」則土地增值稅乃憲法規定徵收的賦稅，如不徵收，等於違憲。但直至後來，在臺灣實施都市平均地權以前，都未曾徵收過土地增值稅。

繼於民國四十三年八月二十六日政府制定「實施都市平均地權條例」，同年九月七日由行政院核定，臺灣省為施行區域。當時的臺灣省政府，乃於民國四十四年擬訂「實施都市平均地權條例臺灣省施行細則」，經臺灣省臨時議會審議通過，再經行政院核定後，於民國四十五年一月十九日公布施行。嗣即指定五省轄市、六縣轄市、四十八鄉鎮，共五十九都市地區【註1】為實施都市平均地權地區，並於同年規定地

【註1】 臺灣首先開徵土地增值稅地區，如下表所示。

附表 1　民國 45 年臺灣省開徵地價稅及土地增值稅地區

縣市別	區數	地 區 名 稱	縣市別	區數	地 區 名 稱
省轄市	5	臺北市、基隆市、臺中市、臺南市、高雄市	雲林縣	5	斗六、斗南、虎尾、北港、西螺
臺北縣	6	板橋、三重、新店、景美、南港、中和	嘉義縣	2	嘉義市、朴子
宜蘭縣	3	宜蘭市、蘇澳、羅東	臺南縣	3	新營、鹽水、善化
桃園縣	2	桃園、中壢	高雄縣	3	鳳山、岡山、旗山
新竹縣	2	新竹市、竹東	屏東縣	3	屏東、潮州、東港
苗栗縣	7	苗栗、竹南、苑里、通宵、後龍、頭份、卓蘭	花蓮縣	3	花蓮市、鳳林、玉里
臺中縣	5	豐原、東勢、沙鹿、清水、大甲	臺東縣	1	臺東
南投縣	3	南投、埔里、草屯	澎湖縣	1	馬公
彰化縣	2	彰化市、員林	陽明山管理局	3	陽明山、士林、北投
合 計	59				

註：中和、卓蘭、陽明山等三地區為新開徵地價稅地區，餘 56 地區為自民國 38 年便已開徵地價稅地區。

資料來源：王士麟著《土地稅論》，滄海書局，頁 412。

價，開徵地價稅及土地增值稅。

　　自民國四十五年起，在臺灣省施行「實施都市平均地權條例」後，未能盡善，乃於四十七年七月二日修正公布施行，是為第一次修正。經第一次修正後，發現仍有缺點及執行上的困擾，於五十三年二月六日再作第二次修正。繼第二次修正後，由於土地增值額的計算，規定以重新規定之地價為基數，實施以來，輿論譁然，交相指責，於是不得不於五十七年再作第三次修正。此間，土地增值稅的徵收僅限定於都市區域，而平均地權四大綱領，即規定地價、照價徵稅、照價收買、漲價歸公的實施，尚未普及於全國土地。

　　嗣於民國六十六年二月二日總統令公布實施都市平均地權條例全文八十七條條文暨將其名稱定為平均地權條例，將平均地權的實施範圍從都市區域擴及至非都市土地。於是農地亦辦理規定地價，雖然繼續課徵田賦，但農地移轉亦須開徵土地增值稅。為求稅務行政的完整化，政府於民國六十六年七月十四日總統令制定公布土地稅法全文五十九條條文。從此，土地稅遂有專法加以規範。同時，創設一種稅目由兩種法律規定的先例。亦即，分別規定於財政部主管的土地稅法與內政部主管的平均地權條例。可見，土地稅的徵收除為達成財政目的以外，亦特別注重實施平均地權的政策重要性。

　　土地稅法制定以後，迄今，曾經作過十多次的條文的刪除或修正，但大多為局部的修正，而都未影響整體的法律架構。其中，比較特殊者為民國九十四年一月三十日總統令修正公布第三十三條，將增值稅的稅率從原來的 40%、50%、60% 等三級，分別調降為 20%、30%、40% 等三級。其效果，概與土地增值稅減半徵收措施相同。

　　此次修法除降低稅率以外，第三十二條又規定；公告土地現值應調整至一般正常交易地價；又全國平均之公告土地現值調整達一般正常交易價格百分之九十以上時，應檢討修正增值稅稅率。茲將歷次立法所

定，土地增值稅累進稅率的變改情形列如註二，【註2】以資參閱。

又為減輕長期持有土地所有人的稅負，此次修法亦列有減稅措施，分別規定於第三十三條第六、七、八項，其內容如下：

- 持有土地年限超過二十年以上者，就其土地增值稅超過第一項（指三十三條）最低稅率部分，減徵百分之二十。
- 持有土地年限超過三十年以上者，就其土地增值稅超過第一項最低稅率部分，減徵百分之三十。
- 持有土地年限超過四十年以上者，就其土地增值稅超過第一項最低稅率部分，減徵百分之四十。

【註2】 土地增值稅徵收稅率之變遷如附表2。

附表 2　歷次立法所定土地增值稅累進稅率（單位：%）

級距及稅率 立法年期 及名稱	漲價總數額在原地價 50% 以下部分	漲價總數額超過原地價50%至 100% 部分	漲價總數額超過原地價 100% 至 200% 部分	漲價總數額超過原地價 200% 至 300% 部分	漲價總數額超過原地價300% 以上部分
民國 19 年公布土地法	20	40	60	80	100
級距及稅率 立法年期及名稱	漲價總數額在原地價一倍以下部分	漲價總數額超過原地價一倍至二倍以下部分	漲價總數額超過原地價二倍至三倍以下部分	漲價總數額超過原地價三倍至四倍以下部分	漲價總數額超過原地價四倍以上部分
35 年修正土地法	20	40	60	超過原地價三倍以上部分 80	
43 年公布，47 年修正實施都市平均地權條例	30	50	70	90	100
53 年修正實施都市平均地權條例	20	40	60	80	100
57 年修正實施都市平均地權條例	20	40	60	超過原地價三倍以上部分 80	
66 年公布土地稅法暨平均地權條例	40	50	超過原地價二倍以上部分 60		
94 年修正土地稅法暨平均地權條例	20	30	40		

註：原地價係指原規定地價或前次土地移轉現值

二、土地漲價總數額的計算及增值稅的稅率

凡已規定地價之土地，於土地所有權移轉時，應按土地漲價總數額，徵收土地增值稅。但因繼承而移轉之土地，各級政府出售或依法贈與之公有土地，及受贈之私有土地，免徵土地增值稅。【註3】至於土地漲價總數額之計算，應自該土地所有權移轉或設定典權時，經核定之申報移轉現值中減除下列各項後之餘額，為漲價總數額：1. 規定地價後，未經過移轉之土地，其原規定地價。規定地價後，曾經移轉之土地，其前次移轉現值。2. 土地所有權人為改良土地已支付之全部費用，包括已繳納之工程受益費、土地重劃費用及因土地使用變更而無償捐贈一定比率土地作為公共設施用地者，其捐贈時捐贈土地之公告現值總額。【註4】惟上述原規定地價及前次移轉時核計土地增值稅之現值，遇一般物價有變動時，應按政府發布之物價指數調整後，再計算其土地漲價總數額。【註5】

依據土地稅法施行細則第五十條附件所示，土地漲價總數額之計算公式，如下：

$$\frac{\text{土地漲價}}{\text{總數額}} = \frac{\text{申報土地}}{\text{移轉現值}} - \frac{\text{原規定地價或}}{\text{前次移轉時所}} \times \frac{\text{臺灣地區消費者物價總指數}}{100}$$

（申報之土地移轉現值）

$$- \left(\frac{\text{改良土}}{\text{地費用}} + \frac{\text{工程受}}{\text{益費}} + \frac{\text{土地重劃負}}{\text{擔總費用}} + \frac{\text{因土地使用變更而}}{\text{無償捐贈作為公共}} \right)$$

（設施用地其捐贈土地之公告現值總額）

【註3】　參閱土地稅法第 28 條。

【註4】　參閱土地稅法第 31 條。

【註5】　參閱土地稅法第 32 條。

　　至於土地增值稅應徵稅額的計算，由於土地增值稅按超額累進稅率徵收，加上對土地持有期間長者，尚有減徵之優惠措施，其計算較為複雜。按土地稅法施行細則第五十三條附件所示，土地增值稅應徵稅額之計算公式，如下：

（一）第一級：

應徵稅額＝土地漲價總數額〔超過原規定地價或前次移轉時申報現值（按臺灣地區消費者物價總指數調整後）未達百分之一百者〕×稅率（20％）

（二）第二級：

應徵稅額＝土地漲價總數額〔超過原規定地價或前次移轉時申報現值（按臺灣地區消費者物價總指數調整後）在百分之一百以上未達百分之二百者〕×｛稅率（30％）－〔（30％－20％）×減徵率〕｝－累進差額（按臺灣地區消費者物價總指數調整後之原規定地價或前次移轉現值×A）

註：持有土地年限未超過 20 年者，無減徵，A 為 0.10
　　・持有土地年限超過 20 年以上者，減徵率為 20％，A 為 0.08
　　・持有土地年限超過 30 年以上者，減徵率為 30％，A 為 0.07
　　・持有土地年限超過 40 年以上者，減徵率為 40％，A 為 0.06

（三）第三級：

應徵稅額＝土地漲價總數額〔超過原規定地價或前次移轉時申報現值（按臺灣地區消費者物價總指數調整後）在百分之二百以上者〕×｛稅率（40％）－〔（40％－20％）×減徵率〕｝－累進差額（按臺灣地區消費者

物價總指數調整後之原規定地價或前次移轉現值×B）

註：持有土地年限未超過 20 年者，無減徵，B 為 0.30

持有土地年限超過 20 年以上者，減徵率為 20％，B 為 0.24

持有土地年限超過 30 年以上者，減徵率為 30％，B 為 0.21

持有土地年限超過 40 年以上者，減徵率為40％，B 為 0.18

第二節　土地增值稅減半徵收措施始末

一、減半徵收原則

土地增值稅為機會稅的一種，土地買賣交易愈多，所有權移轉愈頻繁，地主繳稅的機會愈多；又地價上漲的速度愈快，地價漲幅愈大，稅收亦必隨此增大。是故，土地增值稅的稅收多寡，亦將容易受到經濟景氣循環的影響，缺乏稅收穩定性的特點。一般說來，經濟活動愈熱絡繁榮，政局社會愈安定，土地買賣交易活動愈活潑，增值稅的增加速度愈快速。反之，房地產市場勢將走向蕭條。故可將土地增值稅稅收的增減，視如經濟景氣的溫度計，藉此衡量景氣熱度的高低。

自民國八十年代後半起（1995 年以後），房地產市場的景氣漸有走下坡之勢，房屋買賣情況趨向清淡。由於購屋者少，連帶影響關聯事業的經營，諸如，營造業、裝潢業、水電業、家具業等需求減少，普遍呈現一片不景氣景象。其中，尤其營建商所受的打擊最大。蓋大型營建商手中持有不少成屋存屋未能脫手，是以不僅沒有收益，且須負擔沉重的資金利息，其中資力較弱者，由於資金周轉失靈導致倒閉者，也屢見不鮮，情況相當嚴重。於是求助政府救援房地產市場之喊聲四起，使得政府不能再袖手旁觀，而必須有所作為。

如表 11-1 所示，民國八十三年（1994 年）土地增值稅的收入高達 1,711 億元，其前幾年情況亦大致相同，業績尚佳。[註6]但後來稅收卻

【註6】　民國八十一年土地增值稅的收入為 1,864 億元，八十二年的收入為 1,868 億元。

表 11-1　歷年土地稅（地價稅與增值稅）收入統計（單位：百萬元）

稅目別 / 年期	稅收合計 金額	%	所得稅 %	土地稅 小計 金額	%	地價稅 金額	%	增值稅 金額	%	其他 %	備註
1994	1,127,481	100	23.6	206,379	18.3	35,272	3.1	171,107	15.2	58.1	
1995	1,232,264	100	25.9	193,615	15.7	38,261	3.1	155,354	12.6	58.4	
1996	1,197,797	100	28.7	158,134	13.2	42,362	3.5	115,772			
1997	1,271,453	100	27.8	174,783	13.7	42.291	3.3	132,492	10.4	58.5	
1998	1,397,052	100	28.5	173,803	12.4	45,315	3.2	128,488	9.3	59.1	
1999	1,355,062	100	31.9	148,313	10.9	46,853	3.5	101,460	7.5	57.2	
2000	1,929,767	100	31.6	215,533	11.2	92,039	4.8	123,494	6.4	57.2	是年表示 7～12 月
2001	1,257,841	100	38.1	93,182	7.4	50,920	4.0	42,262	3.4	54.5	
2002	1,225,601	100	32.1	98,069	8.0	50,169	4.1	47,900	3.9	59.9	減半徵收
2003	1,252,766	100	32.8	111,803	8.9	50,762	4.1	61,041	4.9	58.3	減半徵收
2004	1,387,300	100	32.9	13,893	9.7	52,617	3.8	81,276	5.9	57.4	減半徵收
2005	1,567,396	100	39.9	135,370	8.6	53,706	3.4	81,664	5.2	51.5	
2006	1,600,804	100	40.4	131,207	8.2	54,660	3.4	76,547	4.8	51.4	
2007	1,733,895	100	42	133,692	7.7	59,009	3.4	74,682	4.3	49.4	
2008	1,760,438	100	47.4	116,082	6.6	59,127	3.4	56,955	3.2	46.0	
2009	1,530,282	100	41.9	112,366	7.3	59,053	3.9	53,313	3.5	50.8	
2010	1,622,244	100	36.4	163,356	8.4	63,044	3.9	73,312	4.5	55.2	

註 1：土地稅包含田賦，但農地田賦自 1987 年下期起已停徵。
註 2：2000 年表示當年 7 月至 12 月，之前表示 7 月至翌年 6 月，爾後表示當年 1～12 月
資料來源：據財政部統計處的賦稅統計年報而編製。

逐年下降，惟在民國八十九年（2,000 年）以前，稅收尚能維持 1,000 億元的水準。如表 11-2 所示按稅收多寡的名次觀之，減半徵收前四年尚能維持第四位的名次，增值稅的減收情況尚不太嚴重。及至民國九十年（2001 年），土地增值稅的收入竟減少至 423 億元，僅為其前一年（2000 年）的三分之一，更不及民國八十三年（1994 年）的四分之

表 11 - 2　歷年稅收名次別稅目及其百分比（單位：%）

位次 稅目 年期	第一位		第二位		第三位		第四位		第五位		第六位		備註
	稅目	%	稅目	%	稅目	%	稅目	%	稅目	%	稅目	%	
1994	所得稅	23.6	營業稅	17.4	增值稅	15.2	貨物稅	12.8	關稅	9.1	證交稅	3.5	
1995	所得稅	25.9	營業稅	17.4	貨物稅	12.7	增值稅	12.6	關稅	9.4	證交稅	4.2	
1996	所得稅	28.7	營業稅	18.1	貨物稅	12.9	增值稅	9.7	關稅	8.7	地價稅	3.5	
1997	所得稅	27.8	營業稅	17.6	貨物稅	11.5	增值稅	10.4	關稅	8.1	證交稅		
1998	所得稅	28.5	營業稅	17.5	貨物稅	10.8	增值稅	9.2	證交稅	8.6	關稅	8.2	
1999	所得稅	31.9	營業稅	18.6	貨物稅	10.7	關稅	7.6	增值稅	7.5	證交稅	6.2	
2000	所得稅	31.6	營業稅	16.8	貨物稅	11.4	證交稅	8.3	關稅	8.1	增值稅	6.4	
2001	所得稅	38.1	營業稅	16.2	貨物稅	10.6	關稅	7.4	證交稅	5.1	地價稅	4.0	增值稅3.4
2002	所得稅	32.1	營業稅	17.5	貨物稅	11.7	關稅	7.0	證交稅	6.3	地價稅	4.1	增值稅3.9
2003	所得稅	32.8	營業稅	15.8	貨物稅	11.7	關稅	6.6	證交稅	5.5	增值稅	4.9	
2004	所得稅	32.9	營業稅	16.8	貨物稅	11.5	證交稅	6.1	增值稅	5.9	關稅	5.7	
2005	所得稅	39.9	營業稅	15.2	貨物稅	10.7	關稅	5.3	增值稅	5.2	證交稅	4.4	
2006	所得稅	40.4	營業稅	14.8	貨物稅	9.9	證交稅	5.6	關稅	5.0	增值稅	4.8	
2007	所得稅	42.1	營業稅	14.2	貨物稅	8.6	證交稅	7.4	關稅	4.1	增值稅	4.3	
2008	所得稅	47.4	營業稅	13.9	貨物稅	7.2	證交稅	5.1	關稅	4.6	地價稅	3.4	增值稅3.2
2009	所得稅	41.9	營業稅	14.6	貨物稅	8.7	證交稅	6.9	關稅	4.5	地價稅	3.9	增值稅3.5
2010	所得稅	36.4	營業稅	16.5	貨物稅	9.3	證交稅	6.6	關稅	5.5	增值稅	4.5	

註 1：土地稅包括田賦、地價稅、土地增值稅三種。稅目分為土地稅、地價稅、增值稅等
　　　三種、茲為顯示增值稅的特徵，特予以稅目表示。
註 2：所得稅包括兩項子稅目，即營利事業所得稅暨綜合所得稅。
註 3：2001 年的增值稅列為第八位，2002 年的增值稅列為第七位。
資料來源：據財政部，統計處，賦稅統計年報而編製。

一，稅收減少的情況，令人驚訝不已。

　　的確，於民國九十年前後，營建廠商由於資金周轉不靈導致倒閉
者，屢有所聞，尤其規模較小資力較弱者為多。如不景氣的時間一旦拉
長，即使資金雄厚的大規模廠商勢亦難倖免。鑒於情況嚴重，使得主管
當局亦不得不考慮救濟辦法。政府遂研擬土地增值稅減半徵收法案，緊
急送請立法院審議通過，自民國九十一年二月起實施，希望藉此辦法促
進房地產市場趨於繁榮活絡，紓困營建廠商成屋存貨過多的壓力。土地

增值稅減半徵收方案，起先擬只實施二年，後來又再延長一年共實施了三年，直至民國九十四年一月底方結束了該方案。嗣自民國九十四年二月起，土地增值稅的徵收稅率卻將原來的 40%、50%、60% 等三級，調降為 20%、30%、40% 等三級，藉此擬能延續增值稅減半徵收效果。政府對土地增值稅減半徵收的期待型願景（wishful thinking），究能否如願以償，確有再作進一步探討的必要。

　　土地增值稅的徵收，原則上於出售土地時由售地人依法繳納。所以，土地增值稅減半措施的實施，雖有助於減輕售地人的稅負，但對於降低購屋人負擔方面，卻鮮有貢獻，故對於活絡房地產市場的期待，恐怕助益不大。蓋此次的房地產市場不景氣，導致廠商成屋存貨壓力沉重，究其原因，係由於購屋者的有效需求不足，造成廠商的成屋存貨過多，資金周金不靈等，為其主因。在此情況下，縱令實施減輕售屋者（廠商）的稅賦負擔，對於增進房屋的有效需求，殆無實質效果。此際，努力的重點宜著重於有效需求的促進，效果必定較大。

二、減半徵收措施的實施效果

　　圖 11-1 上的 *SS* 曲線表土地供給曲線、*DD* 曲線表土地需求曲線，兩曲線相交於 *E* 點，為均衡點。此際的土地交易量為 *OQ*，地價為 *OP*（*OP* = *EQ*）。設 *CD* 線為原地價線，則成交量為 *OQ* 時的原地價為 *HQ*，此價額恰等於交易地價的一半。土地增值額 *EH* 正好為原地價 *HQ* 的一倍，漲價金額在原地價一倍以下部分徵收 40%（按修正前的稅率）的土地增值稅。稅後，售地人的收入勢必減少。*BD* 曲線表稅後的收益線，而 *BD* 線與 *DD* 線之間的垂直距離 *ET*，為課徵 40% 土地增值稅時的稅額（*ET* ／ *EH* = 0.4 = 40%）。

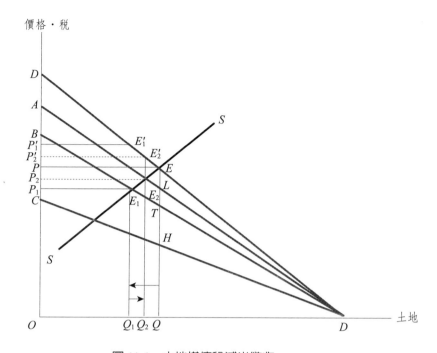

圖 11-1　土地增值稅減半徵收

　　BD 線與 *SS* 線相交於 E_1，為新的均衡點，則稅後的地價從原來的
OP 升至 *OP'_1*、交易量卻自 *OQ* 減至 *OQ_1*。*OP'_1* 為含增值稅的地價，而
售地人的實收地價為 *OP_1*，其實際收益減少了 *PP_1*，*P_1P'_1* 為售地人應繳
納的土地增值稅。

　　此際，如實施土地增值稅減半徵收辦法，售地人的稅負將可減輕
一半，使其售地收益增加了減稅部分。由於能使售地收益增加，使得
有意出售土地者，樂於出售土地。增值稅實施減半徵收後的土地需求
曲線以 *AD* 線表之，並與供給曲線 *SS* 相交於 E_2 點，是新的均衡點。而
交易地價則自減半徵收前的 *OP'_1* 降為 *OP'_2*，交易量則自 *OQ_1* 增至 *OQ_2*
〔計增加了 *Q_1Q_2*，售地人的單位地價收入乃自 *OP_1* 增至 *OP_2*（每單位
增加了 *P_1P_2*）〕。但每單位稅收將自 *P_1P'_1* 減少為 *P_2P'_2*。

　　從圖 11-1 可以看出，土地增值稅減半徵收的實施，將可減輕售地
人的稅負，增加其收益。但政府的稅收，將比照售地人所減輕的稅額

部分，減少收入。（減少的稅收 $= \square P_1 P_1' E_1' E_1 - \square P_2 P_2' E_2' E_2$）一方面，土地交易量將由 OQ_1 增為 OQ_2，增加量為 $Q_1 Q_2$。可見，土地增值稅減半徵收雖有增進房地產交易的功能，但其實質效果不大，如就實際的策略運用而言，宜以增進房地產的有效需求為優先，增值稅減半徵收的辦法，充其量只能說是其配套措施的一種，是增加供給量辦法的一種，而無助於有效需求的增大。如表 11-1 所示，增值稅減半徵收實施前一年（民國九十年或西元 2001 年）的土地增值稅收入計 423 億元；實施第一年（民國九十一年）的增值稅收入值為 479 億元，增加不多；實施第二年（民國九十二年）增值稅的收入增為 610 億元，雖然大於實施前一年的 423 億元，但仍大幅落後於實施前二年（民國八十九年）的 1,235 億元，減半徵收的效果尚未顯現；及至實施的第三年（民國九十三年）增值稅的方增為 813 億元，雖然幾達實施前一年 423 億元的兩倍，略具成效，但仍未達實施前二年的 1,235 億元，土地增值稅減半徵收的成效，還是相當有限。

增值稅減半徵收共實施了三年，於民國九十四年一月結束。接著正式修法，將增值稅徵收稅率從原來的 40％、50％、60％等三級，降低為 20％、30％、40％，擬繼續減輕土地增值稅的稅負，延續減半徵收效果。惟從表 11-1 可以看出，民國九十四年的增值稅收入 817 億元略高於九十三年的增值稅收入 813 億元以外，[註7] 民國九十五年的增值稅收入為 765 億元、九十六年的稅收為 747 億元、均低於民國九十三年的增值稅收入。

三、分期漸次提高土地增值稅率

如上述，欲活絡房地產市場，只仰賴減低土地增值稅的稅負，顯

【註7】 民國九十四年一月為實施增值稅減半徵收的最後一個月，趕辦減半徵收的售地人較多，該月份的稅收包括於民國九十四年，致該年份的稅收略高。

其效果有限，而須由增進有效需求的方向加強努力，雙管齊下，方能得到預期效果。至於有效需求的增進，除了普遍舉辦長期低利購屋貸款以外，尚有簡化房地產交易與移轉登記手續，降低有關各種規費等，方得奏效。

　　關於土地增值稅的減半徵收，雖非毫無成效，但效益未達預期水準亦為事實。又減半徵收政策結束後，尚繼續實施降稅政策，惟成效仍然微小，似沒有鼓勵房東或地主出售房地產。這也許由於房地產的有效需求不足而致之。然，減半徵收政策停止後，仍以降低稅率繼續實施減稅措施，在策略運用上，似非為最佳的選擇。蓋如欲增加房地產的供給量，宜於初期課徵較低稅率（如 10％或 20％等）的土地增值稅，爾後每隔三年或五年，分期提高增值稅稅率，並將此稅率提升時間表預先公告周知，藉此鼓勵有意出售房地產者，儘快出售俾利適用較低稅率，避免被課徵稅率較高的土地增值稅。蓋地主如延後售地，也許可以售得較高價格，惟由於稅負較重，繳稅後的收益反而減少，倒不如早一點出售，這樣對地主比較有利。亦即，能夠產生脫售效果（release effect），增加土地供給量。

　　圖 11-2 表示三種不同稅率的土地增值稅的轉嫁與訂價的情形。惟該三種稅率實際上乃於不同時間課徵，茲為說明方便起見，一齊繪畫於同一圖上。

　　圖上 *SS* 線表示土地的供給曲線、CD_0 線表示原來的需求曲線、後來地價上升，新的需求曲線為 DD_0 線，漲幅為原地價的一倍（$OG = DG$），土地出售時，依法對漲價部分課徵 20％ 的土地增值稅。這種稅率預定課徵三年，經過三年以後將提高為 30％，如仍未出售，再經過三年，稅率便提高為 40％，逐漸加重稅率，增加售地人的稅負。至於漲價幅度在原地價的一倍以上兩倍以內部分，以及漲價幅度在原地價的兩倍以上部分的增值稅稅率，則比照上述原則逐次調升。此種稅率調整的時間表必須預先公布周知，令地主們瞭解，愈早出售土地，其應負擔

的增值稅稅負比較輕微，藉此增加土地供給量。此際，除非地價的上漲漲幅大於增值稅的預告稅率以外，土地的延後出售，對地主的收益不利，故有促使地主儘早出售土地的作用。

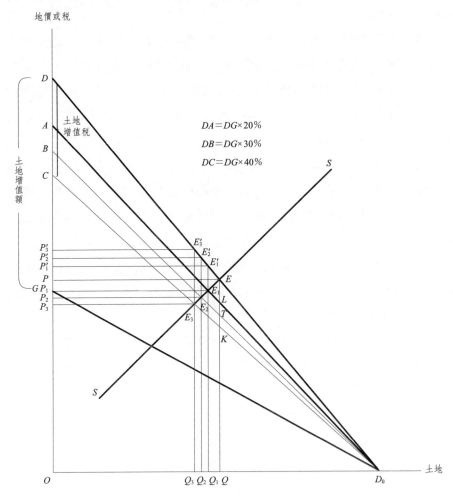

圖 11-2　不同稅率的土地增值稅

　　如圖 11-2 所示，供給曲線 *SS* 與需求曲線 DD_0 相交於 *E* 點，此際，*OQ* 為均衡交易量、*OP* 為均衡地價。對此如課徵 20％ 的土地增值稅（*GD* 為增值額，其 20％ 為 *AD* 為應課徵的土地增值稅），AD_0 線表

示稅後的收益線並與 SS 曲線相交於 E_1，此際，交易量減為 OQ_1，交易地價卻上升為 OP'_1（等於 $Q_1E'_1$），但售地人的收益便減為 OP_1（等於 Q_1E_1），$P_1P'_1$（等於 $E_1E'_1$）為應繳納的土地增值稅。

設供給曲線 SS 與需求曲線 DD_0 不變，對漲價額 GD 課徵 30％的土地增值稅（BD），稅後收益線 BD_0 與供給曲線 SS 相交於 E_2，為新的均衡點。此際，土地交易量減為 OQ_2，交易地價上升為 OP'_2（等於 $Q_2E'_2$），售地人的收益卻減為 OP_2（等於 Q_2E_2），應繳土地增值稅為 $P_2P'_2$（等於 $E_2E'_2$）。

供給曲線 SS 與需求曲線 DD_0 仍然不變，對漲價額 GD 課徵 40％（CD）的土地增值稅，稅後的收益線 CD_0 與供給曲線相交於 E_3，為新的均衡點。此際土地交易量減為 OQ_3，交易地價升為 OP'_3（等於 $Q_3E'_3$），但售地人的收益卻減為 OP_3（等於 Q_3E_3），應繳納的土地增值稅亦增為 $P_3P'_3$（等於 $E_3E'_3$）。

如上述，在供給曲線與需求曲線不變的情況下，如逐漸提高土地增值稅的稅率時，交易地價將繼續升高（$OP'_1 < OP'_2 < OP'_3$）、交易量逐漸減少（$OQ_1 > OQ_2 > OQ_3$）、售地人的收益亦逐漸降低（$OP_1 > OP_2 > OP_3$）。

四、數式分析的嘗試

設地主自行利用其土地的預期純收益為 R，年利率為 i，設 R 年年不變，地主出售該土地的最低供給價格以 P^s 表之，此際，將土地純收益以利率予以資本還原的價值，便是該地主的最低供給價格，其方程式如下：

$$P^s = \frac{R}{i} \quad\text{...（11-1）}$$

茲再假設土地純收益係逐年增大，其第 J 年的預估純收益為 R_J，又 n 年後地主出售其土地的預期售價以 P'' 表之，則可成立：（折算為

現在價值的土地純收益其 n 年的合計額）+（折算為現在價值的 P^n）=
$\sum_{j=1}^{n} \dfrac{RJ}{(1+i)^J} + \dfrac{P^n}{(1+i)^n}$，如將此方程式稱為經過調整的資本還原價格，該價格的大小，依 n 的大小而異。所以，經調整過的資本還原價格裡面的極大值，便是該地主願意出售的最低供給價格。如以方程式表示，便成為如下：

$$P^s = \max \left[\sum_{j=1}^{n} \frac{R_J}{(1+i)^J} + \frac{P^n}{(1+i)^n} \right] \quad\text{(11-2)}$$

從地主的立場言，如現在能以高於調整過的資本還原價格出售，則現在出售土地會比等至 n 年後以 P^n 出售較為有利。但（11-2）式的 P^s 值，將因不同的地主而產生差異。而將地主的最低供給價格 P^s，由低而高依次排列，便成為成長經濟市場的供給曲線。

茲為便於討論，設所有的地主都只具有現在出售土地，或等至 10 年後出售土地，這兩種選擇機會。若意想現在出售土地，其最低供給價格 P^s，係如下式：

$$P^s = \sum_{j=1}^{10} \frac{R_J}{(1+i)^J} + \frac{P_{10}}{(1+i)^{10}} \quad\text{(11-3)}$$

如果這塊土地為尚未利用的空閑地，其 P^s 係如下式：

$$P^s = \frac{P_{10}}{(1+i)^{10}} \quad\text{(11-4)}$$

一般而言，都市郊區的農地，都未對應於其地價應有的利用度，而普遍低度利用，所以（11-3）式右邊第一項將較之第二項小得很多。故對此等低度利用地而言，即使不考慮（11-3）式右邊第一項，亦與實際情況，相差不遠。

　　現在假設能以高於（11-4）式的 P^s 出售時，當然，現在出售該土地比較有利。假如現在的地價低於（11-4）式的 P^s 時，卻等至 10 年以後再予出售，比較有利。茲為說明方便起見，以下將設定幾個情況，擬依次探討土地增值稅的課徵，對地價的影響。

　　首先假設，現在如出售土地便課徵稅率 t_0（但，$1 > t_0 > 0$）的土地增值稅。但，如等至 10 年後方予出售，將不再徵收土地增值稅。果真如此，其現在的最低供給價格 P^s，應該如下式：

$$P^s = \frac{1}{1-t_0} - \frac{P_{10}}{(1+i)^{10}} > \frac{P_{10}}{(1+i)^{10}} \quad\quad\quad\quad\quad\quad（11\text{-}5）$$

　　於是供給價格上升，供給曲線向右上方移動，產生土地的閉鎖效果（lock-in effect）。此類土地增值稅的開徵或加徵（或增稅），將成為地價上漲的促進因素。

　　茲再假設，現在出售土地雖不課徵土地增值稅，但延後至 10 年以後再出售時，便要課徵稅率 t_0（但，$1 > t_0 > 0$）的土地增值稅。此際，其現在的最低供給價格 P^s 便如下式：

$$P^s = \frac{(1-t_{10})\,P_{10}}{(1+i)^{10}} < \frac{P_{10}}{(1+i)^{10}} \quad\quad\quad\quad\quad\quad（11\text{-}6）$$

　　於是現在的供給價格下降，供給曲線向下移動，由而產生脫售效果（release effect），促使地主現在出售土地。在此情況下，如開徵或增徵土地增值稅，便可形成地價的下降因素。

　　其次，設現在出售土地，便課徵 t_0 的增值稅，但延至 10 年以後出售則課徵稅率 t_{10} 的土地增值稅。如此，其現在的最低供給價格 P^s 係如下式：

$$P^s = \frac{1}{1-t_0}\,\frac{(1-t_{10})\,P_{10}}{(1+i)^{10}} = \frac{1-t_{10}}{1-t_0}\,\frac{P_{10}}{(1+i)^{10}} \quad\quad\quad\quad（11\text{-}7）$$

　　此際，如果 $t_0 = t_{10}$，供給價格將不變；如果 $t_0 > t_{10}$，便產生閉鎖效果（lock-in effect），供給減少；又如果 $t_0 < t_{10}$，便產生脫售效果（release effect）供給增加。此種情況，在土地稅制的運用方面，具有重要的意義。比方說，從現在某一特定稅率為基準，規定每經過一段時間，逐漸提高課徵稅率，並將該調高稅率的計畫時間表，預先公告周知。這樣的稅制，勢必能鼓勵地主樂於現在（即土地增值稅率較低時）出售土地，同時，亦可達成安定地價的目的。似有一舉兩得的效果。

第十二章

土地投機與土地稅制

　　1980 年代大都市發生的地價飆漲的現象，引起許多經濟學者的關心，對土地問題也產生了新的議論。許多學者設想，從土地資產的預期收益率與其他替代資產的預期收益率之間，能夠成立均衡關係，然後從人口、資訊等繼續向大都市集中、經濟發展促使預期地租上升、金融活動及利率的下降等，而說明地價飆漲。有些學者卻主張，如對未來的展望看好，期待地價（expectancy land value）偏高促使地價上漲，繼續促進地租上升，造成惡性循環，形成 1980 年代的泡沫膨脹地價。

　　茲擬設定，土地資產的預期收益率與其他替代資產的預期收益率之間的不均衡關係模式，探討該不均衡關係持續成立的條件、觀察金融因素、土地稅制等對該均衡關係的成立及對地價究有何種影響。為了便於討論，擬先設定一個不均衡模式俾利說明。

第一節　預期收益率之不均衡模式

　　首先擬探討土地資產的需要函數。對土地資產的需要 L^D 係，由於持有土地資產而預期產生的收益率，亦即，預期地價上升率 q 與歸屬地租（自用住宅地租）η 兩者，在地價 P 所佔的比率 η/P，較之其他最有利的替代資產的預期收益率 r 愈大，將跟著愈增大。亦即，$q + \eta/P - r$ 愈大，L^D 也愈大。再者，對土地資產的需要 L^D，將跟著貨幣供給

量 M 在國民生產總額所佔的比率 M/Y，亦即跟著 Marshall 的 k 愈上升愈增大。其理由如下。第一，M/Y 的上升，可視為表示「游資過剩狀態」，游資會提高土地的流動性，在投資選擇上，勢必提高土地資產的有利選擇。第二，M/Y 的上升，將加強通貨膨脹的展望，通貨膨脹期待的提升，勢必加強對抗通貨膨脹實物資產的土地的投資有利性。又 M/Y 的上升，勢將降低其他替代資產的預期收益率 r（例如，預期利率），於是具有增大對土地資產的需要 L^D（．）的效果。

綜上所述，可將土地需要函數 L^D（．）予以定式化如下式：

$$L^D\left(q+\frac{\eta}{P}-r\left(\frac{M}{Y}\right),\ \frac{M}{Y}\right),\ L^D_q,\ L^D_{\frac{\eta}{P}},\ L^D_{\frac{M}{Y}}>0 \quad\cdots\cdots\cdots\cdots\cdots\text{（12-1）}$$

接下去擬探討貨幣供給函數。如眾所周知，貨幣供給量 M 係依據通貨乘數 m 與熱錢（high-powered money）H 而定。熱錢受於政府貨幣政策之影響，係外部賦與的條件。至於通貨乘數 m 究由何者而定。為簡單化，於民間的儲蓄超過民間的投資時，通貨乘數係依據預期地價上升率 q 而定，則隨 q 上升而增大者。亦即如下式：

$$M=m\left(q\right)H,\ m_q>0\quad\cdots\cdots\cdots\cdots\cdots\cdots\cdots\cdots\cdots\cdots\cdots\cdots\text{（12-2）}$$

蓋當民間的儲蓄超過民間的投資時，金融機關勢必尋找風險較小的借款者。當金融機關在「準備過剩」的情況下、如果預期地價上升率 q 會提高時，勢必擴大對安全性較高的土地資產予以融資。於是 q 上升亦必使 m 增大。

下面擬思考地價的調整結構。為了便於簡化，茲擬將地價上升率，予以定式化如下：

$$\frac{\dot{P}}{P}=E\left(\frac{L^D\left(\cdot\right)-\overline{L}_s}{\overline{L}_s}\right),\ E>0\quad\cdots\cdots\cdots\cdots\cdots\cdots\cdots\cdots\text{（12-3）}$$

上式 $\overline{L}_s$ 代表土地供給，為了簡化，其數量假設固定不變。$\dot{P}$ 表示將地價 P 以時間 t 微分的數值 dP/dt。上式表示，對土地的超過需要率（超過需要對土地供給的比率）與地價上升率之間具有單一意義的關係，則如超過需要率上升，地價上升率亦必上升。

由於土地供給假設為固定，（12-3）式可改寫為：

$$\frac{\dot{P}}{P} = \frac{E}{L_s}\ (L^D\ (\cdot)\ -\overline{L}_s)\ ，E>0$$

設 $E/\overline{L}_s = \beta$，可得（12-4）式如下：

$$\hat{P} = \beta\ \{L^D\ (q+\frac{\eta}{P}-r\ (\frac{M}{Y}),\ \frac{M}{Y})\ -\overline{L}_s\}\beta>0\ \cdots\cdots\cdots\cdots（12-4）$$

$$L_q^D，L_{\frac{\eta}{P}}^D，L_{\frac{m}{Y}}^D>0$$

但，$\hat{P} = \dot{P}/P$

對預期地價上升率 q 的變動，可設定如下：

$$\dot{P} = \gamma(\hat{P}-q) + \varepsilon(\hat{P}^*-\hat{P})\ ，r>0，\varepsilon>0\ \cdots\cdots\cdots\cdots\cdots（12-5）$$

上式 $\hat{P}^*$ 表示正常地價上升率，也可定義為與地租上升率相等的地價上升率。又 γ 與 ε 係假定為常數。上式的意義係預期地價上升率 $\dot{q}$ 為，實際地價上升率 $\hat{P}$ 與期待地價上升率 q 的誤差的 γ 倍，與正常地價上升率 $\hat{P}^*$ 與實際地價上升率 $\hat{P}$ 的差額的 ε 倍的和，相等。上式的 ε 如果為零時，便為大家周知的合適期待值（adaptive expectation）的假定。

其次，擬探討地租函數。首先擬思考每人所得 y 與人口 N 以及歸屬地租 η 之間的關係。每人所得與人口增大時，對生產及生活居住所需的生產用地與住宅用地的需求勢必增大，使得土地的使用權價格（usufruct value），亦即地租亦增大。地價與地租究具有何種關係？

土地使用權價格的地租上升，顯然將促使土地資產價格上升，茲如經
（12-4）式所示。那麼，地價上升帶動地租上升的結構是否存在？一般
而言，地租上升常歸因於每人所得的增大及人口集中加以說明，通常都
未予考慮地價上升促使地租上升的因果關係。但在此擬思考，地價上升
將帶動地租上升的因素。亦即，當地價水準偏高時，地價在每人所得所
佔的比率（P/y）超過某一限度時，從資產選擇方面言，則購買土地
取得自用住宅比較有利。惟由於資金能力的限制致不得不承租土地或租
屋居住的階層也很可能增大。因為，土地無論在生產用途或居住用途，
都具最小必要規模之故。因此增加了租地及租屋等需求，並促使地租或
房租上升。大都市鬧區附近的住宅區地價的上升，似在顯示上述結構的
作用。綜上所述，地租函數也可作如下的特定化。

$$\eta = \mu y N g\left(\frac{P}{y}\right) \text{，} 0 < \mu < 1 \text{……………………………}（12\text{-}6）$$

$$\left(\frac{P}{y}\right) > \left(\frac{\overline{P}}{y}\right) \text{ 時，} g\left(\frac{P}{y}\right) = \left(\frac{P}{y}\right)^{a} \text{，} 0 < a < 1$$

$$\left(\frac{P}{y}\right) \leqq \left(\frac{\overline{P}}{y}\right) \text{ 時，} g'\left(\frac{P}{y}\right) = 0 \text{。}$$

對（12-6）式，取兩邊的對數並加以微分，則得（12-7）式

$$\left(\frac{P}{y}\right) > \left(\frac{\overline{P}}{y}\right) \text{ 時，} \hat{\eta} = \hat{y} + \hat{N} + a(\hat{P} - \hat{y}) \text{ ………………………}（12\text{-}7）$$

$$\left(\frac{P}{y}\right) \leqq \left(\frac{\overline{P}}{y}\right) \text{ 時，} \hat{\eta} = \hat{y} + \hat{N}$$

當 $\left(\frac{P}{y}\right) \leqq \left(\frac{\overline{P}}{y}\right)$ 時，使 $a = 0$，故以下的討論，將針對 $\left(\frac{P}{y}\right) >$

$\left(\frac{\overline{P}}{y}\right)$ 時的情況，予以探討。

由於正常地價上升率 $\hat{P}^*$ 係指，地租上升率 $\hat{\eta}$ 與地價上升率相等，亦即定義為 $\hat{P}^* = \hat{\eta}$，設 $\hat{y} = \alpha$、$\hat{N} = n$，則由（12-7）式可得，

$\hat{\eta} = \alpha + n + a\,(\hat{P} - \alpha)$，設 $\hat{P} = \hat{P}^*$，便得（12-8）式：

$$\hat{P}^* = \hat{\eta} = \alpha + \frac{n}{1-a} \text{...................................}（12\text{-}8）$$

上述方程式中，變數為 P、M、q、η 以及 $\hat{P}^*$，又獨立的方程式有（12-2）、（12-4）、（12-5）、（12-6），以及（12-8）等，故在體係是完整的。

第二節　均衡過程的特性及其安定性

本節擬引進新的變數 $\dfrac{\eta}{P} \equiv \ell$ 與 $x \equiv \dfrac{M}{Y}$，並依 ℓ、x 及 q 之微分方程式列述體系之變動、探討均衡過程的特性與體係之安定性。

由於 $\eta / P \equiv \ell$，所以 $\hat{\ell} = \hat{\eta} - \hat{P}$ 如再考慮（12-8）式，便得（12-9）式，如下：

$$\dot{\ell} = \ell\,\{\alpha\,(1-a) + n - (1-a)\hat{P}\} \text{...............}（12\text{-}9）$$

將（12-4）式代入（12-9）式以消去 $\hat{P}$，便得關於 ℓ 之微分方程式（12-10）如下：

$$\dot{\ell} = \ell\,\big[\alpha\,(1-a) + n - (1-a)\,\beta\,\{L^D\,(q\,,\ell\,,x) - \overline{L}^s\}\,\big],$$
$$L^D_q\,,L^D_\ell\,,L^D_x > 0\,,\beta > 0 \text{....................}（12\text{-}10）$$

以同樣的手續，求取關於 q 的微分方程式，從（12-4）、（12-5），與（12-8）式，可得（12-11）式，如下：

$$\dot{q} = (\gamma - \varepsilon) \beta \{L^D (q, \ell, x) - \overline{L}^s\} - \gamma q + \varepsilon (\alpha + \frac{n}{1-a}) \cdot \quad (12\text{-}11)$$

其次，由（12-2）式，求取關於 x 之微分方程式，如下：

$$\frac{M}{Y} = m (q) \frac{H}{Y}, mq > 0 \cdots\cdots\cdots\cdots\cdots\cdots\cdots\cdots\cdots\cdots\cdots\cdots \quad (12\text{-}12)$$

對上式再考慮 $x \equiv \dfrac{M}{Y}$，即得：

$$\dot{x} = x (m_q\hat{q} + \hat{H} - \hat{Y})$$

為了簡化，設 $\hat{H} = \hat{Y}$，亦即假設熱錢 H 的增加率與國民所得的增加率相等。從上式可得（12-13）式，如下：

$$\dot{x} = xm_q\hat{q} \cdots\cdots\cdots\cdots\cdots\cdots\cdots\cdots\cdots\cdots\cdots\cdots\cdots\cdots\cdots \quad (12\text{-}13)$$

將（12-11）式代入上式並將 $\dot{q}$ 消去，便可得關於 x 的微分方程式，如（12-14）：

$$\dot{x} = \frac{xm_q}{q} \{(\alpha - \varepsilon) \beta \{L^D (q, \ell, x) - \overline{L}^s\}\} - \gamma q + \varepsilon (\alpha + \frac{n}{1-a}),$$
$$m_q > 0 \cdots\cdots\cdots\cdots\cdots\cdots\cdots\cdots\cdots\cdots\cdots\cdots\cdots\cdots \quad (12\text{-}14)$$

（12-10）、（12-11），及（12-14）式為表述體系的微分方程式。

其次，擬求取體系的均衡解（q^*, ℓ^*, x^*）。從（12-10）式，於點（$\dot{\ell} = 0$）便成立：

$$\beta \{L^D (q^*, \ell^*, x^*) - \overline{L}^s\} = \alpha + \frac{n}{1-a} \cdots\cdots\cdots\cdots\cdots\cdots \quad (12\text{-}15)$$

假定 $\ell \neq 0$，從（12-11）式及（12-14）式，於點 $\dot{q} = \dot{x} = 0$

$$(\gamma - \varepsilon)\,\beta\,\{L^D\,(q^*,\ \ell^*,\ x^*)\ -\overline{L^s}\} = \gamma q^* - \varepsilon\,(\alpha + \frac{n}{1-a})$$

$$\cdots\cdots\cdots\cdots\cdots\cdots\cdots\cdots\cdots\cdots\cdots\cdots\cdots\cdots\cdots\cdots\cdots\cdots\cdots\cdots（12\text{-}16）$$

將（12-15）與（12-16）式，再考慮（12-4）與（12-8）式，於均衡點（q^*，ℓ^*，x^*）便成立：

$$q^* = \hat{P}^* = \hat{\eta} = \hat{P} = \alpha + \frac{n}{1-a} = \beta\,\{L^D\,(q^*,\ \ell^*,\ x^*)\ -\overline{L^s}\}\cdots（12\text{-}17）$$

　　從（12-17）式得知，在均衡過程中，實際地價上升率，係指與地租上升率相等的正常地價上升率，這便是形成與地租上升率相等的預期地價上升率。更須留意的一件事，係地價在每人所得所佔的比率（P/y）如超過一定的限度時，將地價對地租的影響如令其定式化如（12-7）式時，在均衡過程中，地租上升率如同地價上升率一般，則與不考慮地價對地租之影響時的情況並不相同。亦即，不考慮地價對地租之影響時，均衡過程中的地價上升率係，每人所得增加率 α 與人口增加率 n 的合計（$\alpha + n$），但依（12-7）式如考慮地價對地租的影響時，在均衡過程中的地價上升率為 $\alpha + n/（1-a）$。如果 $0 < a < 1$ 時，$\alpha + n/（1-a）$ 將大於 $\alpha + n$。於是，考慮地價對地租的影響時，即使在均衡過程中，地價上升率將高於不考慮地價對地租的影響的時候。

　　其次，擬探討均衡之地價水準。於均衡過程中，q、ℓ 及 x 為一定，設 $q^* + \dfrac{\eta}{P} - r\,(x^*) = Z$，均衡地價水準將可表示如（12-18）式：

$$P^* = \frac{\eta}{r\,(x^*) + Z - q^*}\cdots\cdots\cdots\cdots\cdots\cdots\cdots\cdots\cdots\cdots\cdots\cdots\cdots\cdots\cdots（12\text{-}18）$$

Z 表示，與其他以為最有利的替代資產的預期收益率比較時，從土

地資產可得的預期收益率、確定性、流動性、越年成本以及不可分割性等，究竟低劣多少？ Z 係表示此項低劣的程度。所以，土地資產的折扣率並非為 r，而應為 $r+Z$。如考慮（12-17）式，則（12-18）式可改寫為（12-19）式，如下：

$$P\left(t\right)=\frac{\eta_{oe}^{\left(\alpha+n/1-a\right)t}}{r\left(x^*\right)+Z-\left(\alpha+\dfrac{n}{1-a}\right)}\quad\text{.................................}\quad（12\text{-}19）$$

從（12-19）式得知，依（12-7）式，如考慮地價對地租的影響時，在均衡過程中，地價水準也會升高。

當土地資產的預期收益率大於其他替代資產的預期收益率時，人們的經濟行為將隨著預期地價上升而行動。於是產生投機目的之新的土地需求，而發揮促使地價上漲的效果。此外尚須注意金融的放鬆以及對土地融資的增加，助長地價不安定的主要因素這一件事。

然而，基於投機動機的蜘蛛網式的地價上升，不致於永續不停的。此處的模式，係實際的地價上升率如大幅超過，依據地租上升率變動的正常地價上升率時，人們將根據以往的經驗而更加重視，實際地價上升率與正常地價上升率之間的差距，亦即形成 $\varepsilon>\gamma$，而對於因投機需要而增大的蜘蛛網式的地價上升，產生煞車作用。

第三節　土地保有稅（地價稅）的效果

本節擬探討，當課徵 $u\times100\%$ 的土地保有稅（地價稅）時，對均衡過程中的地價上升率及地價水準，究竟會受到何種影響？又均衡過程的安定性究竟如何？

由於土地保有稅率（或地價稅率）不會成為變數，當課徵 $u\times100\%$ 的土地保有稅（或地價稅）時，其土地需要函數將成為

（12-20）式，如下：

$$L^D \left(q + \frac{\eta}{P} - u - r \left(\frac{M}{Y} \right), \frac{M}{Y} \right), \ L_q^D, \ L_{\frac{\eta}{P}}^D, \ L_{\frac{m}{Y}}^D > 0$$

$$\text{subject to } q + \frac{\eta}{P} - u \geqq r \cdots\cdots\cdots\cdots\cdots\cdots\cdots\cdots\cdots（12\text{-}20）$$

從上式及前述討論得知，在均衡過程中，將成立（12-21）式，如下：

$$q_u^* = \hat{P}^* = \alpha + \frac{m}{1-a} = \beta \left\{ L^D \left(q_u^*, \ell_u^*, x_u^* \right) - \overline{L}^s \right\} \cdots\cdots\cdots（12\text{-}21）$$

於（12-21）式中，q_u^*，ℓ_u^*，與 x_u^* 係表示課徵 $u \times 100\%$ 的土地保有稅時的均衡預期地價上升率、均衡地租、地價比率及均衡貨幣供給。國民所得比率。從（12-21）式得知，即使課徵 $u \times 100\%$ 的土地保有稅（地價稅），均衡過程中的地價上升率並不變化，而成為 $\alpha + n /$ $(1-a)$。

對於均衡貨幣供給。國民所得比率 x_u^* 為：

$$x_u^* \equiv \frac{M}{Y} = m \left(q_u^* \right) \frac{H}{Y}$$

由於，$q_u^* = q^* = \alpha + n /（1-a）$，所以 $x_u^* = x^*$，亦即，均衡貨幣供給。國民所得比率亦不會變化。

當課徵 $u \times 100\%$ 的土地保有稅（地價稅）時，均衡過程中的地價水準，究會受到何種影響？徵收土地保有稅（地價稅）時的均衡地價水準 P_u 可表示如下：

$$P_u = \frac{\eta_u}{r \left(x^* \right) + Z + u - q^*} \cdots\cdots\cdots\cdots\cdots\cdots\cdots\cdots\cdots（12\text{-}22）$$

以 u 微分（12-22）式，便得：

$$\frac{dP_u}{du} = \frac{P_u}{\eta_u}\frac{d\eta_u}{du} - \frac{P_u^2}{\eta_u} \quad \cdots\cdots\cdots\cdots\cdots\cdots\cdots\cdots\cdots\cdots\cdots\cdots（12\text{-}23）$$

從（12-6）式可得，$\dfrac{dP_u}{du} = \dfrac{a\eta_u}{pu}\dfrac{dp_u}{du}$，將此代入（12-23）式，便可得（12-24）式，如下：

$$\frac{dP_u}{du} = \frac{-P_u^2}{\eta_u（1-a）} < 0 \quad \cdots\cdots\cdots\cdots\cdots\cdots\cdots\cdots\cdots\cdots\cdots（12\text{-}24）$$

從（12-24）式得知，土地保有稅（地價稅），如考慮地價對地租的影響時則（$1 > a > 0$），不考慮地價對地租的影響時則（$a = 0$），乃均將降低均衡地價水準。

但我們以為，當課徵 $u \times 100\%$ 的土地保有稅（地價稅）時，均衡地價上升率為 $\alpha + n /（1-a）$ 而不會變化。然而，假如大幅提高土地保有稅率（地價稅率）u 時，均衡地價上升率反有下降的可能。那是因為，由於課徵高稅率的土地保有稅（地價稅），使得均衡地價水準大幅下降，以致 P / y 的數值大幅降低，導致 a 變成零的時候。換言之，地價的上升，促使地租上升的結構不發生作用的時候。此際，由於課徵土地保有稅（地價稅），使得均衡地價上升率由 $\alpha + n /（1-a）$ 降低為 $\alpha + n$。

下面擬探討，課徵 $u \times 100\%$ 的土地保有稅（地價稅）時，關於均衡過程的安定性問題。從（12-20）式得知，當課徵 $u \times 100\%$ 的土地保有稅（地價稅）時，均衡值將由 ℓ^* 變為 ℓ_u^*，但促使均衡體系安定化的條件並不變動。所以，欲使線型化的動態體系安定化的必要條件為：

$$\gamma\beta\left\{\left(1-\frac{\varepsilon}{\gamma}\right)\left(L_q^D（\cdot）+\frac{m_q x^* L_x^D（\cdot）}{q}\right)-\frac{（1-a）\ell_u^* L_{\ell_u}^D（\cdot）}{\gamma}\right.$$

$$-\frac{1}{\beta}\}<0 \cdots\cdots\cdots\cdots\cdots\cdots\cdots\cdots\cdots\cdots\cdots\cdots\cdots（12\text{-}25）$$

$$-\gamma\beta（1-a）\ell_u^* L_{\ell u}^D（\cdot）<0 \cdots\cdots\cdots\cdots\cdots\cdots\cdots（12\text{-}26）$$

但，$L_{\ell u}^D（\cdot）=\partial L^D（q^*，\ell_u^*，x^*）/\partial\ell_u^*$。此際，如課徵 $u\times$ 100% 的土地保有稅（地價稅）時，ℓ 的均衡值 ℓ_u^* 與未課徵土地保有稅（地價稅）時的 ℓ 的均衡值 ℓ^* 加以比較時，便可成立（12-27）式，如下：

$$\ell_u^* = r + Z + u - q^* > \ell^* > r + Z - q^* \cdots\cdots\cdots\cdots\cdots（12\text{-}27）$$

如考慮（12-25）式、（12-26）式以及（12-27）式時，課徵 $u\times$ 100% 的土地保有稅（地價稅）係較之沒有土地保有稅（地價稅）時，不僅可將均衡值自 $q^* + \ell^* - r（x^*）$ 拉降至 $q^* + \ell_u^* - u - r（x^*）$，且將透過將自 ℓ^* 增至 ℓ_u^*，而有利於抑制均衡體系的不安定性。但假如 $L_q^D（\cdot）$，$L_x^D（\cdot）$，β，以及 γ 的數值非常巨大時，欲以 $u\times$100% 的土地保有稅（地價稅）用於排除均衡體系的不安定性，卻非常困難。

第四節　對未實現資本利得課稅的效果

本節擬探討，當課徵未實現資本利得稅（即未實現土地增值或定期土地增值稅）時，對均衡過程中的地價上升率或地價水準，究竟會受到何種影響？又均衡過程的安定性究有何種影響。本節所稱 $\tau\times100\%$ 的未實現資本利得稅，係指不管土地是否出售，只要地價上升時，不問其漲價利益是否入袋，對此增值部分（即 capital gain）都要課徵 $\tau\times$ 100% 的未實現資本利得稅。

果真課徵此稅，追求資本利得（土地增值）為目的的土地持有，將會減少 $\tau\times100\%$ 的比率的部分，所以其土地需要函數便成為如

（12-28）式，如下：

$$L^D \left\{ (1-\tau) \, q \, \frac{\eta}{P} \, - \frac{M}{r} (\quad) \frac{M}{Y} \quad \right\} \, , \, L^D_{q\frac{\eta}{P}} \, L^D_{\frac{M}{Y}} \, L^D > 0 \cdots\cdots （12-28）$$

$$\text{subject to} \, (1-\tau) \, q + \frac{\eta}{P} \, \geqq r \left(\frac{M}{Y} \right)$$

從（12-28）式及前述分析得知，在均衡過程上便將成立（12-29）式，如下：

$$q^*_\tau = \hat{P}^* = \alpha + \frac{n}{1-a} = \beta \left\{ L^D \, (q^*_\tau \, , \, \ell^*_\tau \, , \, x^*_\tau) \, - \overline{L}^s \right\} \cdots\cdots\cdots （12-29）$$

此處的 q^*_τ，ℓ^*_τ 及 x^*_τ 係表示課徵 $\tau \times 100\%$ 的未實現資本利得稅（未實現土地增值稅）時的均衡預期地價上升率、均衡地租・地租的比率、以及均衡貨幣供給・國民所得的比率。從上式得知，即使課徵 $\tau \times 100\%$ 的未實現資本利得稅，在均衡過程中的地價上升率亦不會變動而為 $\alpha + n / (1-a)$，且這與預期地價上升率是相等的。

關於均衡貨幣供給・國民所得的比率 x^*_τ 而言，於

$$x^*_\tau = \frac{M}{Y} = m \, (q\tau^*) \frac{H}{Y}$$

由於，$q^*_\tau = q^* = \alpha + n / (1-a)$，所以 $x^*_\tau = x$，於是均衡貨幣供給・國民所得的比率，也不會變化。

如課徵 $\tau \times 100\%$ 的未實現資本利得稅時，均衡地價水準究將受到何種影響？當課徵未實現資本利得稅時，均衡地價水準 P_τ 為如（12-30）式所示：

$$P_\tau = \frac{\eta_\tau}{r \, (x^*) + Z - (1-\tau) \, q^*_\tau} \cdots\cdots\cdots\cdots\cdots\cdots\cdots\cdots\cdots\cdots （12-30）$$

再以 τ 微分（12-30）式，便得（12-31）式，如下：

$$\{r(x^*)+Z-(1-\tau)q^*\frac{dP_\tau}{d\tau} + q^*P_\tau\frac{d\eta_\tau}{d\tau} \qquad \cdots\cdots\cdots\cdots\cdots（12\text{-}31）$$

從（12-6）式可得下式：

$$\frac{d\eta_\tau}{d\tau}=\frac{a\eta_\tau}{P_\tau}\frac{dP_\tau}{d\tau}$$

於是（12-31）式可改寫為（12-32）式，如下：

$$\frac{dP_\tau}{d\tau}=\frac{-q^*P_\tau^2}{\eta_\tau(1-a)}<0 \cdots\cdots\cdots\cdots\cdots\cdots\cdots\cdots\cdots\cdots\cdots\cdots（12\text{-}32）$$

從（12-32）式得知，如課徵 $\tau\times100\%$ 的未實現資本利得稅時，將會降低均衡地價水準。

由於課徵 $\tau\times100\%$ 的未實現資本利得稅，而大幅降低均衡地價水準，結果，使得 P/y 值大幅下降，又讓地價上升促使地租上升的結構不產生作用時，則與土地保有稅（地價稅）的情況相同，因課徵未實現資本利得稅使得均衡地價上升率，將自課稅前的 $\alpha+n/(1-a)$ 降至 $\alpha+n$。

第五節　資本利得稅的效果

本節擬探討課徵已實現的資本利得稅（即土地增值稅，日本稱為土地讓渡所得稅）時，對均衡過程中的地價上升率或地價水準，究竟會受到何種影響？所謂資本利得稅係指當出售土地時，對已實現的土地漲價利益，徵收一定比例的賦稅，我國稱之為土地增值稅。課徵資本利得稅時，一般而言，土地持有者的保留需要與初次土地購買者的初次土地需求，並不相同。

　　茲擬將本期的資本利得稅率（即土地增值稅率）設定為 Q_0，下一期的稅率為 Q_1，而 $Q_1 = Q_0(1+w)$，亦即資本利得稅設以 w 的比率上升。又設以 R 代表土地的取得價格。據此計算土地持有者於下一期出售土地時的純收益的現在價值，係如（12-33）式，如下：

$$\frac{1}{1+r}\left[(1+q)P+\eta-(1+w)Q_0\{(1+q)P-R\}\right] \cdots （12\text{-}33）$$

　　而土地持有者如於本期出售土地時的純收益，係如（12-34）式所示：

$$\{P-Q_0(P-R)\} \cdots\cdots\cdots\cdots\cdots\cdots\cdots\cdots\cdots\cdots\cdots\cdots （12\text{-}34）$$

　　如果（12-33）大於（12-34）時，土地持有者將延緩出售土地，而持續保有土地。換言之，土地的保留需求增大。次將（12-33）式與（12-34）式加以整理，如能成立（12-35）的不等式，則土地的保留需求意願會增大。

$$q+\frac{\eta}{P}-Q_0\left[(1+w)\{(1+q)\frac{R}{P} \quad \} \frac{R}{P}(1- \quad)(1+r)\right]-r>0$$
$$\cdots\cdots\cdots\cdots\cdots\cdots\cdots\cdots\cdots\cdots\cdots\cdots\cdots\cdots\cdots\cdots\cdots\cdots\cdots\cdots\cdots\cdots （12\text{-}35）$$

　　茲擬考慮 $w=r$ 的情況。亦即，資本利得上升率 w 與從最有利的替代資產可得的預期收益率 r，兩者相等的情況。設（12-35）式中的 $w=r$，此際，土地的保留需求增大所需的條件係如（12-36）式所示：

$$\{1-Q_0(1+r)\}\, q\, \frac{\eta}{P}\, -r>0 \cdots\cdots\cdots\cdots\cdots\cdots\cdots\cdots\cdots （12\text{-}36）$$

　　對初次土地購買者而言，土地需求增大所需條件，係如（12-37）式所示：

$$\{1-Q_0\,(1+w)\}\,q\,\frac{\eta}{P}\,-r>0 \cdots\cdots\cdots\cdots\cdots\cdots\cdots\cdots\cdots\cdots\cdots（12\text{-}37）$$

　　然而，（12-36）式與（12-37）式為，土地持有者與土地購買者（初次土地需求者），於本期及下一期純收益的現在價值加以比較，據此考慮出售土地或購買土地而引導出來的。但資本利得稅（土地增值稅）係限定於出售土地時方予課徵的賦稅，如只比較本期與下一期純收益的現在價值，即使於本期出售土地較不會產生不利時，也可能將土地保持至下下期，於下下期出售較為有利的情況產生。下面設定，稅率的上升率 w 與其他最有利的替代資產的預期收益率 r 相等，檢討此種情況實現的可能性。

　　茲將土地持有者於下下期出售土地時的純收益，減去本期出售土地時的下下期純收益的餘額為 H，則得：

$$H=P\,[\,(1+q)^2\,\{1-Q_0\,(1+w)^2\}+\frac{\eta\,(1+r)+\eta_1}{p}$$
$$-\,(1+r)^2\,(1-Q_0)\,]$$

　　但 η_1 代表下期的歸屬地租。下面假設 $\eta_1=\eta\,(1+q)$，亦即，假設地租係與預期地價上升率 q 以同比率上升。又設，下期出售土地時的純收益與本期出售土地時的純收益的下期價值相等。亦即，如下式所示：

$$(1+r)\,(1-Q_0)=(1+q)\,\{1-Q_0\,(1+w)\}+\frac{\eta}{P}$$

將上式代入 H 時的數值為 $\overline{H}$，而 $\overline{H}>0$，並只考慮本期與下期時，即使於本期出售土地也不會變成不利時，如再考慮下下期且於下下期出售土地有時候比較有利。換言之，於本期出售土地反而較為不利。如計算 $\overline{H}$，便得下式：

$$\overline{H}=-P_0\,(1+q)\,Q_0\,(1+w)\,wq<0$$

從上式得知，如稅率的上升率 w 與其他替代資產可得的預期收益率 r 相等，同時，地租上升率與預期地價上升率相等。亦即，如作 $\eta_1 = \eta(1+q)$ 的設想時，則成立 $\overline{H} > 0$ 的可能，勢必被否定。

如考慮（12-36）式，（12-37）式及 $\overline{H} < 0$，$w = r$，亦即，將每期資本利得稅稅率的上升率 w 與其他以為最有利的替代資產的預期收益率 r，如設定為相等時，並課徵資本利得稅（土地增值稅）時，其土地需要函數如（12-38）式：

$$L^D \left[\left\{ 1 - Q_0 (1 + \overline{r}) \right\} q + \frac{\eta}{P} - \overline{r} \frac{M}{Y} \right]，L_q^D，L_{\frac{1}{P}}^D，L_{\frac{1}{Y}}^D > 0 \cdots \text{（12-38）}$$

$$\text{subject to } \left\{ 1 - Q_0 (1 + \overline{r}) \right\} q + \frac{\eta}{P} \geqq \overline{r}，w = \overline{r}$$

但於上式，r 為一定值，並以 $\overline{r}$ 表之。

從（12-38）式與前述討論得知，於均衡過程中將成立（12-39）式，如下：

$$q_Q^* = \hat{P}^* = \alpha + \frac{n}{1-a} = \beta \left\{ L^D (q_Q^*，\ell_Q^*，x_Q^*) - \overline{L}^s \right\} \cdots\cdots\cdots \text{（12-39）}$$

此處的 q_Q^*，ℓ_Q^* 及 x_Q^* 乃代表，於 $w = r$ 的設定下，課徵資本利得稅時的均衡預期地價上升率、均衡地租。地價的比率，以及均衡貨幣供給・國民所得的比率。從（12-39）式得知，於設定 $w = r$ 的條件下，即使課徵資本利得稅，在均衡過程的地價上升率並不變化而為 $\alpha + n/(1-a)$，即與預期地價上升率相等。因之，均衡貨幣供給・國民所得的比率，亦不會變動。

於設定 $w = r$ 的情況下，課徵資本利得稅（土地增值稅）時，均衡地價水準究將受到何種影響？課徵資本利得稅時的均衡地價水準 P_Q 係如（12-40）所示：

$$P_Q = \frac{\eta_Q}{\bar{r} + Z - \{1 - Q_0\,(1 + \bar{r})\}\, q^*} \cdots\cdots\cdots\cdots\cdots\cdots（12\text{-}40）$$

以 Q_0 微分（12-40）式，便得（12-41）式，如下：

$$[\bar{r} + Z - \{1 - Q_0\,(1 + \bar{r})\}\, q^*]\frac{dP_Q}{dQ_0} + (1 + \bar{r})\,q^* P_0 = \frac{d\eta_Q}{dQ_0}$$

$$\cdots\cdots\cdots\cdots\cdots\cdots\cdots\cdots\cdots\cdots\cdots\cdots\cdots\cdots\cdots\cdots（12\text{-}41）$$

從（12-6）式得知，$\dfrac{d\eta_Q}{dQ_0} = \dfrac{a\eta_Q}{P_Q}\dfrac{dP_Q}{dQ_0}$

於是（12-40）式得成為（12-42）式，如下：

$$\frac{dP_Q}{dQ_0} = \frac{-(1 + \bar{r})\,q^* P_Q^2}{\eta_Q\,(1 - a)} < 0 \cdots\cdots\cdots\cdots\cdots\cdots\cdots（12\text{-}42）$$

從（12-42）式得知，於 $w = r$ 的設定下，課徵資本利得稅（土地增值稅）時，便有降低均衡地價水準之功能。

於設定 $w = r$ 的情況下，課徵資本利得稅（土地增值稅）時，由於大幅降低均衡地價水準，導致 P/y 的數值大幅下降，使得地價上升帶動地租上升的結構不發生作用時，與對未實現的資本利得課稅的情況相同，對已實現的資本利得課稅造成的均衡地價上升率，則自課稅前的 $\alpha + n /（1 - a）$ 降至 $\alpha + n$。

從（12-24）、（12-32）及（12-42）式得知，將土地保有稅（地價稅）、未實現資本利得稅，以及稅率上升率 w 和其他最有利替代資產的預期收益率 r，假設為相等的情況下，如徵收已實現的資本利得稅（土地增值稅）時，均具有降低均衡地價水準的效果。此際，土地保有稅（地價稅）、未實現資本利得稅，以及設定 $w = r$ 時的資本利得稅（土地增值稅），何者對降低均衡地價水準的效果較大？為了說明的簡

單化,下面將假設對土地課稅並不引起地租水準的變動。亦即,假設,$\eta_u = \eta_\tau = \eta_Q$。

首先擬比較,課徵土地保有稅(地價稅)與未實現的資本利得稅,何者對降低均衡地價水準的效果比較大?從(12-22)式及(12-30)式得知,可以成立下式:

$$u < \tau q^* \Rightarrow P_u > P_\tau$$

從上式得知,課徵土地保有稅(地價稅)與未實現資本利得稅,何者對降低均衡地價水準的效果比較大,係決定於土地保有稅率(地價稅率)u、未實現資本利得稅率 τ、與均衡地價上升率 q^*,然而受到均衡地價上升率的影響較大。概略而言,如均衡地價上升率較高時,未實現資本利得稅對降低均衡地價的效果較大;而均衡地價上升率較低時,土地保有稅(地價稅)對降低均衡地價的效果比較大。

其次,擬比較土地保有稅(地價稅)與設定 $w = r$ 時的已實現的資本利得稅(土地增值稅),對降低均衡地價的效果為何?

從(12-22)式與(12-40)式得知,能夠成立下式:

$$if \quad u < Q_0(1+r)q^* \Rightarrow P_u > P_Q$$

從上式得知,課徵土地保有稅(地價稅)與設定 $w = r$ 時的已實現資本利得稅時,對降低均衡地價的效果究以何者為大?乃決定於土地保有稅率(地價稅率)u、已實現資本利得稅率(土地增值稅率)Q_0、稅率的上升率 w(依據假設,與其他最有利的其他資產收益率 r 相等),以及均衡地價上升率 q^* 等因素。一般而言,均衡地價上升率較高時,設定 $w = r$ 時的已實現資本利得稅(土地增值稅),對降低均衡地價的效果較大;而均衡地價上升率較低時,土地保有稅(地價稅)對降低均衡地價的效果較大。就這一點而言,設定 $w = r$ 時的已實現資本利得稅(土地增值稅),與課徵未實現資本利得稅,對降低均衡地價的效果,

大致相同。

第六節　小結

　　本章乃設定，土地資產的預期收益率與其他替代資產的預期收益率之間的不均衡模式，探討均衡過程的安定性及各種變數的變動情況。同時亦探討各種土地稅制對均衡過程的安定性及地價的變動，究有何種影響等問題。茲將本章的主要結論的概要，列述如下：

1. 在均衡過程中，實際的地價上升率與地租上升率相同，也相等於預期地價上升率。在均衡過程中，就影響地價上升率的因素而言，當地價水準不影響地租水準時，按上述的模式地價上升率為每人所得的增加率 α，與人口增加率 n 的合計，則與 $\alpha + n$ 相等。然在大都市區域裡，每人所得中地價所佔的比率高，地價上升將大於對租地及租屋的需求，由此促使地租上升時，地價上升率乃大於 $\alpha + n$。

2. 均衡過程中的地價水準 P^*，係決定於地租水準 η、均衡預期地價上升率 q^*（均衡預期地租上升率），以及折扣率 $r + Z$。η 與 q^* 愈高而 $r + Z$ 愈低時，均衡地價水準 P^* 將愈趨高。但此處的 r 乃表示，從其他最有利的替代資產可能取得的預期收益率；Z 卻表示，與其他最有利的替代資產可能取得的預期收益率比較時，土地資產的預期收益率在確實性、流動性、越年費用，以及不可分割性等方面，究具有多少程度的低劣性或不利程度。

3. 就地價的安定性而言，在一定的條件具備時，地價將開始發生不安定的變動。1980 年代在大都市所顯現的地價飆漲過程，這些條件的確顯現過。亦即，這些條件具備時，一旦土地資產的預期收益率大於其他替代資產的預期收益率，人們將預測地價的上漲而行動。基此便產生投機需求的土地需要，而具有進一步促使地價上漲的效果。此外，

金融的寬鬆以及對房地產融資的增加，亦將成為助長地價不安定的因素。

4. 土地保有稅（地價稅）的開徵，可能降低均衡過程中的地價水準，但並不改變均衡地價上升率。但如由於引進高稅率的土地保有稅（地價稅），使得均衡地價水準大幅降低，結果，使得地價占每人所得的比率（P/y）變小，地價上升帶動地租上升的結構不再發生作用時，開徵土地保有稅（地價稅）勢將降低均衡地價上升率。開徵土地保有稅（地價稅）對均衡過程安定性的影響而言，由於土地保有稅（地價稅）的開徵，以致保有土地的越年成本增大，並使均衡地租·地價的比率上升，而有利於抑制均衡過程的不安定性。然而，如對土地資產需求的投機動機非常大時，除非課徵高稅率的土地保有稅（地價稅），很難消除均衡體系的不安定性。

5. 徵收未實現資本利得稅（即定期土地增值稅），能降低均衡地價水準，但不改變均衡地價上升率，這點與徵收土地保有稅（地價稅）的作用相同。徵收未實現資本利得稅（定期土地增值稅），具有安定均衡體系之功能。亦即，縱令地價上升率向上方乖離時，只要能夠緊縮對土地的融資，訂定適當的稅率，徵收未實現資本利得稅（定期土地增值稅），仍有助於均衡體系的安定。

6. 如設定稅率的上升率與其他最有利替代資產的收益率相等的情況下，徵收資本利得稅（土地增值稅）時，則與徵收土地保有稅（地價稅）的情況相同，皆可降低均衡地價水準，但不改變均衡地價上升率。唯徵收資本利得稅（土地增值稅），具有安定均衡體系的功能。

7. 設土地保有稅（地價稅）、未實現資本利得稅（定期土地增值稅），以及稅率上升率 w 等與其他最有利替代資產的收益率 r 相等（$w = r$）時，課徵資本利得稅（土地增值稅），比較其對降低均衡地價效果時，一般說來，如於均衡地價上升率偏高時，未實現資本利得稅（定期土地增值稅）與 $w = r$ 時的資本利得稅（土地增值稅），對降

低均衡地價的效果，乃較之土地保有稅（地價稅）的降低效果大。惟於均衡地價上升率較低時，土地保有稅（地價稅）的均衡地價降低效果較大。

8. 如果預期地價上升率偏高，土地的投機需求普遍時，課徵未實現資本利得稅（定期土地增值稅）較之課徵土地保有稅（地價稅），對降低均衡地價水準及消除均衡過程的不安定性的效果較大。然而，課徵未實現資本利得稅（定期增值稅）時，對未實現的資本利得究竟有多寡，其評估業務極為困難，實際上，殊難執行。惟可以制定，稅率逐期上升的已實現資本利得稅（土地增值稅），以替代課徵未實現的資本利得稅（定期土地增值稅）。但如果課徵，土地持有期間愈長久者，其稅率愈偏高的資本利得稅（土地增值稅），將有利於加強均衡地價水準的降低效果。

第十三章

逃稅的經濟分析

第一節　避稅非為違法行為

一、避稅的意義

　　所謂避稅（tax avoidance），亦稱節稅或省稅（tax saving），是一種合法的減輕稅負的行為。亦即，在有關的稅法與規章的許可範圍內，選擇對納稅人最有利的規定，減少其應繳納的賦稅，藉以減輕稅負。為之，納稅義務人必須充分瞭解與熟習賦稅的稽徵法規，保存必要的證件及單據等，俾利繳稅時提交稽徵機關審核，藉此減輕應繳納的稅賦。

　　例如，就地價稅的徵收言，依現制，自用住宅用地的地價稅，係按優惠稅率的千分之二計徵。【註1】惟欲適用該優惠稅率者，須由土地所有權人檢附其土地所有權狀、建物所有權狀，以及戶口名簿等，提向所屬稅捐稽徵處申請，經其審核准許後，方能享受該項優惠稅率。換言之，凡欲適用優惠稅率者，須由當事人提出申請，且土地所有權人及其配偶與未成年之受扶養親屬，適用自用住宅用地按優惠稅率繳納地價稅者，以一處為限。

　　再者，現行地價稅制係採行按縣市別實施歸戶，據此徵收累進地價稅。故如將大量土地集中於某一縣市持有時，其地價的合計額將很容易

【註1】　參閱土地稅法第十七條。

超過當該縣市的累進起點地價，【註2】而按稅負較重的累進稅率課徵地價稅。因此，如能在各縣市分散持有土地，而且其地價總額都未超過，各當該縣市的累進起點地價時，雖然，其持有的土地總面積及其總地價都非常巨大，卻因都未超過各當該縣市的累進起點地價，所以均能避免被課徵累進稅率的地價稅，藉此達成避稅的目的。

二、常見的避稅方式

除了上述，常見的避稅方式，乃於繼承土地遺產應繳納遺產稅時，由於準用土地的抵繳遺產稅，故常有以公共設施保留地抵繳遺產稅者，藉此減輕稅負。蓋公共設施保留地於徵收前，其利用受到很多限制，如欲出售或抵押都有困難，使得其市價常低於公告土地現值。所以購買公共設施保留地，供與抵繳遺產稅者屢有所聞，這樣的避稅方式在都會圈運用的機會較多。

就臺北市的情況而言，目前尚有土地總價超過千億元的既成道路用地，仍未辦理土地徵收手續，使得此等用地的土地所有權人受到很大的犧牲，似甚不公平。惟就臺北市政府的目前財務情況言，實在無法籌措全部購地資金俾供補償。該案早經監察院提案糾正，並經大法官會議解釋謂，各縣市（臺北市以外的縣市亦有不少的類似情形）為保障人民權益，應分年編定補償地價預算，以供逐年補償地價之用。惟各縣市財政拮据，大都無法分年編定補償地價之預算，故成效極為微小。但此等土地的所有權人大多為年歲已高的老人，都希望有生之年能取得地價補償金供為花用，故只要有人願意購買，即使購價低一點，仍然有人願意出售者。

允許得以公共設施保留地抵繳遺產稅的辦法，誠為便民措施之一，不僅取得納稅人之稱許，同時，亦為解決既成道路用地長期不辦理土地

【註2】　參閱土地稅法第十六條。

徵收問題的措施，確有一舉兩得的效果。

　　如今，由於採購買既成道路用地抵繳遺產稅者日漸增多，政府稅收減少，財政部為抑制此項作法，乃規定以既成道路用地抵稅者，不再以抵繳地的公告土地現值的總額為抵稅數額，而改以實際購買價額作為抵稅數額。蓋既成道路用地的售價通常都低於其公告土地的現值，故對於購買此等用地抵稅者，頗有節稅的效果。除此以外，既成道路用地的所有權人因出售用地而可換取現金收入，普受歡迎；同時亦可藉此解決既成道路用地長期不辦理土地徵收的問題，誠有一舉數得的效果。此制既已改為按實際購地所支金額准予抵稅，對納稅人言已失去益處，是以，將不再有人購買既成道路用地的抵繳遺產稅的情況。從納稅人的立場言，減少了一個節稅的途徑。頃據報導，公設地抵遺產稅的辦法，將繼續實施。【註3】

　　就土地增值稅而言，土地稅法已列有土地增值稅之免徵、不徵、減免、退稅、優惠稅率等規定，其詳細如下：

（一）有關免徵與不徵的規定：

1. 私人捐贈供興辦社會福利事業或依法設立私立學校使用之土地，免徵土地增值稅。（第 28 條之 1）
2. 配偶相互贈與之土地，得申請不課徵土地增值稅。但於再移轉第三人時，以該土地第一次贈與前之原規定地價或前次移轉現值為原地價，計算漲價總數額，課徵土地增值稅。（第 28 條之 2）
3. 土地為信託財產者，於下列各款信託關係人間移轉所有權，不課徵土地增值稅。（第 28 條之 3）

【註3】　據民國 98 年 9 月 19 日聯合報 A4 版報導：公設地抵遺產稅續實施。其內容如下：財政部賦稅署昨天發布「遺產及贈與稅法施行細則」為防堵有錢人利用公共設施保留地抵繳遺產稅節稅的限定條款，行政院要求財政部再研究，因此暫時不會實施。如此一來，有錢人的遺產稅壓力大大減輕、遺產稅率已從原本的 50% 降為 10%，現在連公設地抵稅方便之門也保留，有錢人的遺產稅幾乎省掉一大半。

(1)因信託行為成立，委託人與受託人間。

(2)信託關係存續中受託人變更時，原受託人與新受託人間。

(3)信託契約明定信託財產之受益人為委託人者，信託關係消滅時，受託人與受益人間。

(4)因遺囑成立之信託，於信託關係消滅時，受託人與受益人間。

(5)因信託行為不成立、無效、解除或撤銷，委託人與受託人間。

4. 作農業使用之農業用地，移轉與自然人時，得申請不課徵土地增值稅。（第 39 條之 2）

（二）有關減免的規定：

1. 被徵收之土地，免徵其土地增值稅。（第 39 條）

(1)依都市計畫法指定之公共設施保留地尚未被徵收前之移轉，準用前項規定，免徵土地增值稅。

(2)依法得徵收之土地，土地所有權人自願按公告現值之價格售與需地機關者，準用第一項之規定。

(3)經重劃之土地，於重劃後第一次移轉時，其土地增值稅減徵百分之四十。

2. 區段徵收之土地，免徵其土地增值稅。（第 39 條之 1）

(1)區段徵收之土地，以現金補償其地價者，依前條第一項規定，免徵其土地增值稅。

(2)區段徵收之土地依平均地權條例第五十四條第一項、第二項規定以抵價地補償其地價者，免徵土地增值稅。

（三）自用住宅用地之優惠稅率。（第 34 條）

1. 土地所有權人出售其自用住宅用地者，都市土地面積未超過三公

畝部分或非都市土地面積未超過七公畝部分，其土地增值稅統就
該部分之土地漲價總數額按百分之十徵收之。

2. 土地所有權人，依第一項規定稅率繳納土地增值稅者，以一次為
限。【註4】

（四）有關退稅之規定：（第 35 條）

1. 土地所有權人於出售土地或土地被徵收後，自完成移轉登記或領
取補償地價之日起，二年內重購土地合於左列規定之一，其新購
土地價值超過原出售土地價值或補償地價，扣除繳納土地增值稅
後之餘額者，得向主管稽徵機關申請就其已納土地增值稅額內，
退還其不足支付新購土地地價之數額。

(1)自用住宅用地出售或被徵收後，另行購買都市土地未超過三
公畝部分或非都市土地未超過七公畝部分，仍作自用住宅用
地者。

(2)自營工廠用地出售或被徵收後，另於其他都市計畫工業區域
政府編定之工業用地內購地設廠者。

(3)自耕之農業用地出售或被徵收後，另行購買仍供自耕之農業
用地者。

前項規定所有權人於先購買土地後，自完成移轉登記之日起
二年內，始行出售土地或土地始被徵收者，準用之。

2. 設定典權之土地，出典人回贖時，無息退還原繳之土地增值稅：
（第 29 條）

則已規定地價之土地，設定典權時，應依法預繳土地增值稅，但
出典人回贖時，原繳之土地增值稅，應無息退還。

【註4】　參閱土地稅法第三十四條。

（五）增繳之地價稅可抵繳土地增值稅。（第 31 條）

　　土地所有權人辦理土地移轉繳納土地增值稅時，在其持有土地期間內，因重新規定地價增繳之地價稅，就其移轉土地部分，准予抵繳其應納之土地增值稅。但准予抵繳之總額，以不超過土地移轉時應繳增值稅總額百分之五為限。

　　上述為土地稅法有關土地增值稅的減免、優惠以及退稅等規定，凡欲合法地節省繳納土地增值稅者，當宜仔細瞭解此等規定，俾利進行節稅手續。惟除了土地稅法以外，其他有關的法令規章頗多，諸如，土地稅法施行細則、平均地權條例及其施行細則、土地徵收條例及其施行細則、農業發展條例及其施行細則、土地稅減免規則等，實在不勝枚舉。惟事關稅捐稽徵實務、行政業務規定錯綜複雜，不妨多向稅捐稽徵機關個別稅目主辦官員請益，或逕向稅務代理人、地政士查詢，諒必能取得有效的幫助。

　　例如，在稅率一定的情況下，決定土地增值稅負擔輕重的因素為土地漲價總數額的大小，則漲價總數額大，稅額多；漲價總數額小，稅額少。至於土地漲價總數額的計算，依土地稅法的規定，[註5] 如下：「土地漲價總數額之計算，應自該土地所有權移轉或設定典權時，經核定之申報移轉現值中減除左列各項後之餘額，為漲價總數額：1. 規定地價後，未經過移轉之土地，其原規定地價。規定地價後，曾經移轉之土地，其前次移轉現值。2. 土地所有權人為改良土地已支付之全部費用，包括已繳納之工程受益費、土地重劃費用及因土地使用變更而無償捐贈一定比率土地作為公共設施用地者，其捐贈時捐贈土地之公告現值總額。」簡言之，從經核定之移轉現值減除原地價及土地改良費用包括已繳納之工程受益費、土地重劃費用等之餘額為土地漲價總數額。

【註5】　參閱土地稅法第三十一條，土地漲價總數額之計算。

惟納稅義務人必須瞭解，土地改良費用未依規定申請驗證登記者，不得自漲價總數額中扣除。則土地改良如未依平均地權條例施行細則第十二條規定之程序申請驗證登記，便不得依據當地鄉鎮區公所核發之證明書所列金額，予以認定其土地改良費用，自土地漲價總數額中扣除。至於平均地權條例施行細則第十二條的規定如下：「土地所有權人為本條例所定改良須申請核發土地改良費用證明者，應於改良前先依左列程序申請驗證；於驗證核發前已改良之部分，不予核發土地改良費用證明：1. 於開始興工改良之前，填具申請書，向直轄市或縣（市）主管機關申請驗證，並於工程完竣翌日起十日內申請複勘。2. 直轄市或縣（市）主管機關於接到申請書後，派員實地勘查工程開始或完竣情形。3. 改良土地費用核定後，直轄市或縣（市）主管機關應按宗發給證明，並通知地政機關及稅捐稽徵機關。」

至於工程受益費的減除土地增值稅，乃於土地所有權移轉前已到期的工程受益費准自漲價總額中扣除。依工程受益費徵收條例第六條第二、三項規定：「就土地及其改良物徵收之工程受益費，於各該工程開工之日起，至完工後一年內開徵。第一項受益範圍內之土地及其改良物公告後之移轉，除因繼承者外，應由買受人出具承諾書，願依照規定繳納未到期之工程受益費，或先將工程受益費全部繳請，使得辦理移轉登記；經查封拍賣者亦同。」上項所規定，由買受人承諾繳納工程受益費的辦法，僅針對土地移轉登記前未到期的工程受益費而言。土地所有權人於出售土地繳納土地增值稅後，在未辦理產權移轉登記前，該項土地工程受益費既已開徵，自不適用上開規定，則所稱未到期之工程受益費由買受人出具承諾書繳納的規定，而仍應由土地所有權人繳納，並准自土地漲價總數額中扣除；其溢繳的土地增值稅，准退還。

關於從土地漲價總額中扣除工程受益費的問題，尚須瞭解下列幾項：

1. 法院拍賣之土地，承買人如承諾原代繳原土地所有權人欠繳的工程受益費，並於繳納通知書註明代繳人名稱或姓名，嗣後該土地再次移轉時，准自土地漲價總數額中扣除該代繳工程受益費後，核計應繳的土地增值稅。

2. 原以祭祀公業名義繳納的工程受益費，分割後再移轉時，所得就其派下員以其個人名義出售所分得的土地應負擔部分的比例，適用土地稅法第 31 條第 1 項第 2 款規定，從土地漲價總數額中減除。

3. 重劃後的土地，如有部分移轉，原繳納的工程受益費，應按分攤比例計算扣抵。

4. 夫妻如變更登記名義，原繳納的工程受益費，仍准予扣除。

5. 土地如已繳工程受益費，但在出售其中一部分土地時，誤未依規定於土地增值稅繳納前，提出工程受益費繳納收據申請減除以致溢繳土地增值稅，應准依稅捐稽徵法第 28 條規定補辦手續後，按其出售土地部分所已繳納的工程收益費，自土地漲價總數額中減除，重行核算土地增值稅，並退還其溢繳之稅款。

　　諸如此類的節稅規定不勝枚舉，而納稅人如欲節省應繳納的賦稅，即須詳悉有關的賦稅徵收之法令規章及其稽徵手續，並須預先收齊有關的納稅證明及單據等，如能與有關的賦稅稽徵人員聯繫與瞭解必要的稽徵手續或特別規定，對節稅的實質效果幫助更大。

第二節　逃稅的原因及其影響

一、逃稅的意義及其影響

　　納稅義務人以不正當的行為或以隱瞞及欺騙等方法，設法少繳甚至完全不繳納賦稅者，稱為逃稅（tax evasion），是一種不合法的行為，

若被發覺,勢必受到懲罰。例如,製作假帳、虛報經費、提高成本、降低利潤、逃避所得稅;又如利用小漁船在海上接運大陸貨物走私,以逃避關稅的徵課等,此等均為逃稅的違法行為,應受處罰。

節稅為合法的減輕稅負的行為,與其應受到懲罰的逃稅行為,截然有別。惟兩者之間的界線,卻尚有不明確的地方,似有進一步探討的必要。譬方說,法人公司購買配屬公司經營者專用的車輛,鮮少完全用於公務的處理,間有用於處理私事的情形在所難免,甚至其眷屬亦在使用公司車輛的情形,亦屢見不鮮。此際,車輛駕駛人員亦由公司雇用者為多,以致公司的支出增多,利益減少,營利事業所得稅的稅收,亦隨此減少,為所謂假公濟私作法的一種,時而所見。惟公司經營者卻因而得利,其實質所得高於形式所得,此等偏高的收益卻一塊錢稅賦也不必負擔,則瘦了公司,肥了老闆,實在非常不公平。蓋法人公司為經營人員提供無償的財物及服務等,以致公司的經營利潤降低,由於減繳營利事業所得稅,使得國家的稅收減少,股東的利益亦受到影響,造成不公平。由於公司經營者受到公司無償的服務或財物等,其實質所得高於形式所得,但其所得稅卻按形式所得稅課徵,使得無償給與部分的所得稅漏徵,造成社會的不公平。

從上述情況而言,該法人公司的經營者,顯有公私不分或假公濟私的事實。然,是否已造成逃稅行為,卻尚有議論之處。蓋其公私不分,資私利私的行為,顯有違背全部投資人或股東的付託,但是否違反法令規章的規定,卻尚須審慎探討。何況,其公私混用的情形通常並不嚴重,更不至於影響公司的盈虧。故除非股東或董監事提出異議或告發,通常都不會構成檢討的問題。但就稅務理論言,確有逃稅或漏稅的嫌疑,是一項值得研究探討的課題。

避稅係於現有法令規章的規定下,選擇對納稅人最有利的規定,減輕應繳的賦稅,是一種合法的行為,值得研究學習。但上述公私不分的利私行為,也許未必構成違法的逃稅行為,惟似可稱為漏稅。既為漏稅

行為，稅務當局應該有責任設法防止漏稅。

　　類似上述的情況者，尚有餐飲業常見的員工餐食的供應。為了營業的方便進行，通常由餐廳方提供從業員工的午餐或晚餐，成為一種福利制度。惟既不收費也不扣除員工薪資，純屬一種福利措施，同時亦有振奮員工士氣的作用，似有一舉兩得的效果。惟自公司或餐廳的立場言，等於支出增加，收益減少，營利事業所得稅的稅收減徵，不符賦稅理論。餐食的供應，是實物支給的一種，理應計入員工的薪資所得，合併於綜合所得計徵所得稅，避免漏徵。雖未構成逃稅，卻稽徵制度顯有疏漏，理應設法修補，以免漏徵的遺憾。否則，將有鼓勵不法者虛設公司，專為公司經營者提供免費的勞務及財物，便利假公濟私的作為。

　　如果社會上有人想逃稅，並真正冒險實行逃稅且為多數人時，勢必導致政府稅收減少，使得歲入不符歲出，影響行政業務的順利推行，後果非常嚴重。惟由於實行逃稅的難易程度，通常受到納稅人的個別環境條件相異的影響，勢必導致妨礙所得分配政策的推行，並損害賦稅公平原則的實現。逃稅行為如增多，亦將誤導經濟統計資料的判讀，由此可能導致錯誤的經濟政策。總之，逃稅的負面效果，通常有下列幾項：

（一）導致稅收減少：

　　須設法增稅或另闢新稅，以資彌補短收的稅賦。

（二）造成人民稅負不公平：

　　逃稅者獲取不法的利益，而誠實的納稅者勢必承受增稅或新稅的額外負擔，造成守法者吃虧的不公平社會現象。

（三）擴大所得分配不均現象：

　　逃稅者將可降低正常稅負，而守法者的稅負反而因增稅措施而加重，勢必擴大所得分配不均的差距。

（四）妨礙資源的有效分派（effective resources allocation）：

假如產業各業種之間存有逃稅的操作具有難易不同的情況時，勢必產生反效益的資源分派（ineffective resources allocation），妨礙資源的有效利用。

（五）導致賦稅統計資料失實：

由於提供的參考資料不正確，對經濟政策的研訂，可能產生錯誤的判斷或引發錯誤的投資行為。

如上述，逃稅行為似可視為人民對政策不信任的一種表現，所以逃稅行為的增加，亦可供作判斷人民不信任政府深度的指標。所以，逃稅的風氣也可能成為，人民糾正政府錯誤的行政措施的動機。同時，如果政府對逃稅行為採取寬鬆的處置，勢必誘導原先逃避重稅成為游資的資金，投入那些容易逃稅的行業而發揮正面的效果。此種說法，係由於所謂供給面經濟學者（supply-side economists）所主張，逃稅的正面效果。

二、逃稅的誘因及其規模

就經濟學的觀點言，逃稅行為通常採用賭博模式（gamble model）加以處理。所謂賭博模式，係比較衡量由於從事逃稅行為而可能獲取的不法利益，與逃稅行為萬一被查覺而遭受懲罰的不利益金額，究竟何者有利，然後下定決心（decision making）是否實行逃稅行為。如從徵稅機關的立場言，其對逃稅行為的處理，係針對為了增加稅收所需查帳及調查等成本，與因此可能增加的稅收多寡，兩者的比較選擇問題。這種成本與效益（稅收）的分析裡面，尚包含財政方面與貨幣方面的問題，以及懲罰在文化方面與精神方面所體驗的意義。惟自以往的經驗得知，對懲罰所抱持的恐懼感，的確對逃稅行為的防止，曾發揮了相當的嚇阻

效果（intimidate effect）。

　　一般而言，查帳頻率愈減少，查帳內容愈寬鬆，企圖冒險逃稅者勢必愈增多；反之，查帳次數愈頻繁、調查間隔愈不規則、查帳方法愈嚴厲，誠實報稅者（compliance）勢必愈多愈普遍。再者，所得或收入水準愈偏高者，愈易趨於企圖冒險逃稅。蓋其走險逃稅一旦成功，能夠獲取的非法利得亦將愈趨增大，於是逃稅的誘因亦將跟著增大，後果不堪設想。

　　從以往的經驗分析得知，社會的規範以及對誠實報稅（compliance）的認知程度兩者，對心想逃稅者通常都具有抑制作用。如果，誠實報稅的觀念，已成為社會上普遍性的風氣及精神上的規範，逃稅的行為將被大多數人認為不正當及不道德的不良行為。故如能從道德層面進行勸導，誠實報稅的風氣，比較易於建立。同時，如能對逃稅的違規者設法降低其在社會上的名譽及尊榮的地位，貶低其名聲等，可能發揮較大的嚇阻作用。但欲使這種作法能夠發揮效果，我們的社會必須普遍擁有高尚的道德觀念以及強烈的榮譽感。換言之，必須建立道德規範與守法觀念並重的法治社會。

　　再者，逃稅行為的情形，非常類似「無票搭車」或「搭便車」（free rider）的行為，故須對逃稅者特別加重道德及精神方面的負擔。就此而言，加強社會的道德規範，對防範一般的逃稅行為，實在非常重要。但在另外一方面，逃稅行為亦具有「信賴遊戲」（confidence game）的一部分特性。假如，某人獲悉其至親好朋之間，確有人常在從事逃稅行為者，將比較容易趨向於冒險逃稅行為。或者，自行深信，別人一定也在暗中從事逃稅行為者，通常比較容易趨向於冒險逃稅行為。

　　實際的賦稅制度是否公平，對逃稅動機的引發，亦具有密切的關聯。據悉，在美國確有不少公民認為，他們的賦稅制度並不很公平而有意冒險嘗試逃稅者。但是也有人認為，有意逃稅與賦稅制度不公平導致

人民不滿，兩者之間並沒有密切的相關關係。這種現象的差異，或許由於推行誠實報稅的因素有關聯。一般而言，愈不關心社會性榮譽感的，內心似愈傾向於想冒險嘗試逃稅。換言之，如果社會風氣較傾向於「笑貧不笑娼」時，將比較容易冒險走向逃稅行為。

通常，誠實報稅的風氣，與納稅人對社區活動（community communication）的參與程度多寡，具有密切的關係。一般而言，與社區居民愈陌生或愈沒有交往的納稅人，將愈容易走向於逃稅行為。世代居住於充滿親情濃厚的家鄉者，誠實報稅所佔的比例較高，同樣地，如從小就經常參與社區活動或團體活動者，其誠實報稅所佔的比例也比較高。換言之，走向逃稅的行為，似與背叛社會的不合群行為，具有相當密切的關係。

綜上所述，茲將容易產生逃稅行為的社會環境條件，列敘如下：

1. 冒險逃稅可能獲取的利益大小：冒險的利益愈大，逃稅的誘因愈大。反之，利益小，逃稅的誘因也變小。

2. 對逃稅者懲罰的輕重：懲罰輕，逃稅增多；反之，懲罰重，逃稅行為將減少。

3. 查帳頻率大小與查帳之寬嚴程度：查帳頻率小，逃稅誘因大；反之，查帳頻率頻繁，愈不利於逃稅。又查帳內容寬鬆，對逃稅者有利；反之，查帳內容嚴厲，對逃稅者不利，具有抑制逃稅的作用。

4. 所得水準高低：所得水準高者，對冒險逃稅的興趣較大；所得水準較低者，通常不熱衷於冒險逃稅。

5. 稅制是否公平：人民稅負公平時，冒險逃稅者較少，而心懷稅負偏重者，易於走向冒險逃稅。

6. 社會風氣好壞：笑貧不笑娼的社會，比較容易走向冒險逃稅；反之，注重榮譽感的純樸社會，心想冒險逃稅者，比較少。

7. 人民的守法精神：守法風氣不普遍的社會，比較容易走向冒險逃
　　稅；反之，守法習慣普遍，秩序良好的社會，比較少見冒險逃稅
　　行為。

　　至於欲估計逃稅行為的數量與規模，則因逃稅行為乃屬於違法行
為，故其推計，在技術上非常困難，通常很難取得正確的答案。惟自近
年以來，各國已逐漸認識此問題的嚴重性，都在從事嘗試性的研究。
而在美國，此項研究係屬於「地下經濟」（underground economy 或
shadow economy）分析的一部門，並從分析貨幣的保有情況，推估逃稅
的數額。英國係採取推計，從賦稅面觀察的所得動向與從消費面觀察的
所得動向的差距，用此估計其逃稅的規模。義大利係從勞動所得分配比
率下降的偏差，推估其逃稅的規模。由於納稅人的逃稅行為本身，實際
上很難予以掌握，同時，由於各國所採取的推計方法不同，使得各國逃
稅規模的推估結果，通常產生相當大的差異。據悉，經研究結果，各國
的逃稅金額的合計，佔取各當該國家的國民生產毛額（GNP）的比率，
大約自 4% 至 22% 之間。【註6】

　　另按世界銀行（the World Bank）的估算，自西元一九九○年至
一九九九年之間，各國地下經濟的總金額占各當該國的國內生產毛額
（GDP）的比率，其差距相當大。其中，最低為英國的 10.9%；最高為
泰國的 70%；而臺灣為 16.5%，並不很低。此期間，臺灣的每人 GDP
為 12,477 美元。其詳細，如表 13-1 所示。

【註6】　H. M. Hochman and J. D. Rodgers, "Pace to Optimal Redistribution", *American
　　　　Economic Review, Vol, 59, Sep. 1969，pp.542-557．此理論所說效用函數的相互依存
　　　　性係指，消費時有外部性的存在。所謂外部性，係如第三章第二節所述。

表 13-1　各國地下經濟占 GDP 之百分比

國別	占 GDP 之 %	國別	占 GDP 之 %
英國	10.9	新加坡	13.0
日本	11.1	臺灣	16.5
加拿大	11.8	義大利	18.7
美國	12.2	南韓	38.0
德國	12.8	菲律賓	50.0
丹麥	13.0	泰國	70.0
香港	13.0		

資料來源：2003 年 9 月 21 日，自由時報，21 面。

第三節　逃稅行為的決定與減少逃稅的策略

一、現實的逃稅模式

　　至於現實的逃稅模式究竟怎樣？茲將其試擬如下列方程式。惟此模式並非為討論納稅人究竟逃漏了多少稅捐，而乃討論納稅人如何作出要不要逃稅的決定（decision making）的模式。此模式如下：

$$(1-\pi)tQ_y - \pi ftQ_y - P_c > 0$$

上式代號所表示的意義，如下：

tQ_y　：逃稅額

t　　：對未申報所得的應徵稅率

Q　　：未申報應稅所得所佔的比例

y　　：應稅所得的總數額

ftQ_y　：被發覺逃稅行為時的罰款金額

f　　：罰款的比率，但 $f>1$

π　　：查帳頻率

P_c ：不誠實報稅時，逃稅者應承受的精神面痛苦

該模式乃表示，正常的納稅義務人對因逃稅而遭受懲罰時的可能損失，以及精神上痛苦的負擔等，均能得到充分補償而有餘時，方能冒險去實行逃稅的情形。

從模式得知，查帳頻率 π 與罰款比率 f 增大時，逃稅行為勢必隨之減少。但，假如精神上痛苦的負擔 P_c 減輕時，勢必增強冒險逃稅的風氣。至於稅率 t 的高低究竟對逃稅行為將產生何種影響，尚沒有顯著的關係，需要再進一步仔細的檢討。至於深信精神上負擔的影響力較大者，有時候並且對有些人，亦將會形成下式情況：

$$P_c > （1-\pi）tQ_y - \pi f t Q_y > 0$$

上式意指，如果稅率提高，勢必擴大逃稅行為的效果，並超出精神面的負擔，使得逃稅的件數隨之增多。

上述所稱精神上的負擔，其內容常不盡相同。如前述，別人是否在作逃稅活動、賦稅制度是否公平，以及與社區居民交往的親疏情形等，均與逃稅行為具有密切的關係。但精神上的負擔，乃與對風險的處理態度有特別的關聯。當計算利害損益帳時，凡注重收益帳者，將趨向於避免風險，而重視損失帳者，將趨走向冒險。故當查證確有逃稅行為時，如能擴大查封財物的實施範圍時，逃稅行為將趨於減少。蓋大多數納稅人欲領取退稅時，將盡量避免風險；但於納稅時，較易於走向冒險。

依據「認識的不協調理論」（Theory of Cognitive Dissonance）的說法，當查帳的頻率減低，逃稅的案件增多時，納稅人的誠實報稅的觀念將跟著降低，其對精神面負擔的感覺亦即隨之減弱。此際，徵稅機關如欲使人民的誠實報稅態度恢復至原來的水準時，由於他們的精神面負擔業已減弱，故勢必非大幅增加查帳次數不可。再者，如果精神面的負荷係因習慣而形成者，亦將產生同樣的結果。如將查帳頻率大幅降低足

夠於消除此項習慣時，走向逃稅者勢必增加，蓋因該習慣而產生的精神及道德成本亦將趨於消失。此際，如欲將誠實報稅的觀念恢復至原有水準，卻非大幅增加查帳及檢查次數不可。

　　諸如此類的論文，其實，只能涵蓋逃稅問題中某一領域的研究而已。至於逃稅行為對資源的分派、所得分配，以及社會安定等，究能產生何種影響？其影響的程度如何？卻尚須再作進一步的研究分析，方能瞭解其詳細。關於研究逃稅問題的重要性，目前只是方開始並作初步的認識而已。惟現在仍推論多於實證研究，今後必須加強經驗方面的分析。對於引發逃稅的動機與因素的研究，現在仍相當欠缺，今後尚須努力加強。對於賦稅結構與逃稅的關連問題，亦須繼續加強研究。

二、減少逃稅的策略

　　如前述，各國的逃稅總數額佔國民生產毛額（GNP）的比率高低，雖然不盡相同，但很可能沒有一個國家能夠做到逃稅行為為零的理想境界。所以，任何一個國家，或多或少都有人在進行逃稅的行為，但如其情況嚴重，可能影響及整個國家的經濟發展。如從公經濟的立場言，逃稅行為的害處多，而幾乎沒有好處可言。但自私經濟的立場言，當逃稅行為僥倖得成功，將為逃稅者帶來一筆不法利得，對個人有利，但對整個社會與人民均產生負面的影響。就此而言，理當設法防止損害社會公平與人民利益的逃稅行為的發生。

　　又如前述，影響逃稅因素大致有稅率的高低、處罰的輕重、查帳頻率的疏密、稅制是否公平、稅務人員素質良莠、誠實報稅風氣是否普遍等等，均與逃稅案件的多寡，具有密切的關係。

　　過高的稅率，果然容易引誘逃稅行為，但偏低的稅率，也未必能使逃稅行為完全消失。蓋如課稅客體的應稅價值龐大，此際，即使課徵稅率不高，卻因應繳稅額鉅大，故對納稅義務人仍富有冒險逃稅的誘因（incentive）。所以，稅率高低宜配合課稅客體的特性，亦即，課稅客

體究竟為辛勞所得抑或不勞所得（unearned income），據此訂定稅率高低。一般而言，前者通常採取較低稅率，而後者，各國大多採取較高稅率，藉此以資縮短人民的所得差距。

數年前，財政部鑑於大戶巨富者善於避稅，曾有研究降低遺產稅稅率之議。蓋富者大多於生前辦理贈與或將財產移置國外，故實際繳納遺產稅的數額並不很多，而高稅率的遺產稅，反有將資本移出國外的負面效果，無形中損害國內的經濟發展，於是研議降低遺產稅稅率。至於因此而短收的稅收，乃擬調高課稅地價，以增加的地價稅收，藉此彌補。其用心良苦的努力，反而令人頗覺詫異。當時的輿論亦提出，財政部偏好「劫貧助富」的詳論，有違社會公平原則，無法得到大多數國民的贊同。

然而，上述遺產稅的短收，並非由於遺產稅的逃漏而引起，而係由於遺產被繼承人生前善於避稅的結果，與逃稅行為無關。避稅係一種合法的行為，故遺產稅收入的減少，不宜歸罪於逃稅，而屬於有關稅法的不周全，或法令有漏洞也說不定。財稅機關既不努力防堵漏洞或修改有關法規，竟然研議降低遺產稅稅率，討好富人，卻將由於降低稅率導致減少的稅收，改以調高課稅地價加重地價稅，將其負擔轉嫁於土地所有權人，這在邏輯上甚不合理，亦不合乎徵收公平原則。難怪輿論批此做法為「劫貧助富」，亦非沒有道理。

查帳頻率疏密及懲罰輕重，對抑止逃稅行為的發生，關係非常密切。由於逃稅是一種違法的行為，故如能增加查帳次數及嚴格執行，必能發揮嚇阻效果，使得逃稅者心生恐懼，致不敢貿然走險，對抑止逃稅，確有積極的正面效果。只是，欲增加查帳次數，勢必增加投入龐大的查帳人力及經費，此等成本究能否由增加查帳次數以致逃稅行為減少所增加的稅收抵銷，甚至抵銷而有餘，尚須詳加檢驗。如果稅收增加額大於查帳成本增加額，當然值得增加查帳次數。只是此種損益帳的計算，在技術面的困難尚多，須再進一步的詳細研究。

在另一方面，假如查帳頻率過度頻繁，很容易引起擾民的責難而引發納稅人的不滿與抗拒，形成人民與政府之間的對立，有損親民政治的形象，故須審慎處理。為之，今後必須建立一套科學的查帳模式，既能發揮查帳舉弊功能，又不形成擾民的遺憾，也不造成人民生活的不便。如此，不僅能使查帳工作得以順利進行，亦有助於逃稅行為的防範與抑止。

再者，當逃稅行為被察覺時，其懲罰輕重及罰款多寡，均可直接並嚴重地影響納稅義務人是否冒險逃稅的決定。如果對逃稅的懲罰嚴重，罰款數額巨大，納稅義務人將不敢輕易地去嘗試逃稅。蓋沒有人能夠預先保證逃稅行為一定會成功，而萬一失敗被發覺時，由於懲處嚴重、罰款額龐大，使得大多數納稅義務人不敢貿然走險。因其嚇阻效果強大，逃稅行為自可減少。

茲擬以德國的市區公車為例，說明其對無票乘車者的處理情形。德國的公車都由當地的市政府或市公所經營，且為一人駕駛的所謂 one man car，車上沒有收票員，乘客在停靠站時可以自由上下車，司機只管開車及出售空白乘車票，乘客下車時不必收回票根。惟乘客上車時，須將其已購好的空白車票在車上前後門所設打卡機自行打卡，於是車票上便打出乘車年月日及時間與公車車號、路線號碼等，這樣便表示乘客已付汽車資，下車時不必收回票根，而打卡過的車票下車後便作廢。惟公車機關另設有機動查票員負責查票，兩人一組，於不特定的時間與不特定的地點，隨時可以上車查票，並從車廂的前後門同時上車，執行查票。此際，如尚沒有持有已在車上打過卡的車票者，則被認定為無票上車，加罰車資〔1 馬克（Mark）〕的 45 倍。據悉，在此制度下，跑票並不甚嚴重，但於匆忙時間帶（rush hour）乘客擁擠，查票確有困難，如勉強執行，勢必延誤時間，並遭受乘客埋怨，故於匆忙時間帶，跑票的情況難免絕無。假如增加查票員及查票次數，勢必提高營運成本，故經研討再三以後，決定提高罰款額為車資的 60 倍。現每次車資為歐

元（Euro dollar）1 元，約為新臺幣 40 元，如加罰 60 倍，即等於新臺
幣 2,400 元，金額不少。據聞，提高罰款倍數以後，跑票的情況顯著減
少，幾乎很少發生。就此而言，懲罰的加重或增加罰款額，對抑止逃稅
行為，確有積極的正面效果。

　　如欲抑止逃稅行為，尚有一項很重要的問題，係人民究有沒有誠實
報稅（compliance）的觀念與習慣。假如大多數國民對誠實報稅的觀念
既深厚又普及，則人民對逃稅行為將具有強烈的罪惡感及犯罪意識，故
於進行逃稅時，其精神上的壓力與負擔（即前述逃稅模式中的 P_c）勢
必增大。如果（P_c）趨大，逃稅者勢必減少。

　　一般說來，納稅義務人所具誠實報稅的觀念，其輕重厚薄不盡相
同。但此項習慣與風氣似可藉教育訓練、社區活動、人際交流等加以培
養及加強，以及增進榮譽感。首先，人民對納稅的觀念，除認其為國民
應盡的一種義務以外，亦應認其為對國家的一種貢獻、是一種榮譽。蓋
人民納稅愈多，對政府歲入的貢獻愈大，使得政府能為人民與社會執行
更多的業務與建設，增進人民福利，其功不可沒。其貢獻宛如保家衛
民，捍衛國家的勇敢軍人一般，只是前者出錢，後者出力，但功能相
同。對捍衛國家有功的軍人，政府常頒授勳章，晉陞其軍階等，以資表
揚，並博受全國人民之敬仰，良不勝風光。高額納稅者對國家之貢獻，
功同軍人的衛國保民行為，良值得表揚。惟納稅人只有繳稅的義務，社
會不管其繳納多少稅額，都認為理所當然，也不會稱讚其貢獻，使得人
民對稅捐之繳納，在心理上難免懷有心不甘、情不願的想法。

　　平心而論，政府對高額納稅人，似可研究考慮頒發勳章，以資表
揚其對國家與社會的貢獻，藉此增進他們的榮譽，或者可考慮聘請擔任
政府的榮譽顧問或榮譽市民等，以酬謝其貢獻，接受社會民眾的敬仰，
藉此提升他們的社會地位。如能提高高額納稅人的社會地位，並廣受人
民的尊敬，這對他們不僅是一種榮譽，同時亦必增強他們對社會的責任
感，使得他們更能心甘情願地繳稅。此風一開，對誠實報稅的風氣的推

展，必有正面的效用，人民的榮譽感亦能由而提升，納稅人對逃稅的精神負擔及壓力（即 P_c）勢必加重。這樣一來，逃稅行為的比率勢必隨之下降。

在一九六〇年代，當時，英國的經濟狀況並不很好，尤其外匯的收支情況不佳，連帶影響其國際地位，國力遠不如現在強盛。好在英國在文化藝術方面位於世界先進，當時更有聞名全球的所謂「披頭合唱團」（The Beatles）四人一組，[註7] 抱著電氣吉他，唱出節奏輕快的青春歌曲搖滾音樂（rock-and-roll），風靡全世界，轟動一時，頗受年輕人的喜愛。該合唱團在世界各地巡迴表演演唱，博受歡迎，並為英國賺進了不少外匯，為當時尚缺乏外匯的英國，貢獻頗大。為了表揚他們，英國女王特將其封為「爵士」（knight），以答其對英國的貢獻。當然，披頭合唱團亦曾向政府繳納了不少稅捐。又如表 13-1 所示，英國的地下經濟所占比率為 10.9%，可能為全世界最低，可見英國國民誠實報稅的風氣深厚之一斑。又鄰國日本，亦有對高額納稅者頒授勳章的規定，藉此以表揚其對社會與人民的貢獻，加強納稅人的榮譽感。日本的地下經濟占 GDP 的百分比為 11.1%（如表 13-1），略高於英國，為世界第二低水準。就此而言，由國家表揚高額納稅人的辦法，對提高人民誠實報稅的風氣，確有正面的效果。

【註7】　The Beatles, 1962 年於英國組成四人合唱團，演奏 rock music 風靡一世，於 1970 年宣布解散。

參考書目

一、中文部分

王士麟著，土地稅論，稅制叢書，滄海出版社出版，民國 70 年增訂再版。

林英彥主編，不動產大辭典，中國地政研究所印行，民國 97 年初版。

林森田著，土地經濟理論與分析，著者自行發行，三民書局經銷，民國 85 年。

林華德著，財政理論與政策，東華書局印行，民國 71 年第五版。

林華德著，當代財政學，圓上圖書有限公司經銷，民國 75 年初版。

殷章甫著，土地經濟學，五南圖書出版股份有限公司，2004 年二版一刷。

殷章甫著，土地稅，五南圖書出版股份有限公司，2005 年 12 月初版一刷。

陳立夫主編，土地法規，新學林出版股份有限公司，2008 年出版。

陳文龍譯，租稅理論，財政專著譯述叢書之十，財政部財稅人員訓練所編印，民國 64 年。

郭婉容著，經濟分析‧個體經濟學，八版，三民書局總經銷，民國 65 年。

劉瑞華譯，制度、制度變遷與經濟成就、時報出版，近代思想圖書館系列 29，民國 83 年。

歐陽勛著，經濟學原理，大專用書，三民書局印行，民國 74 年改訂再版。

鮑德徵著，土地法規概論，三民書局經銷，民國 75 年增修三版。

財政部統計處編印，中華民國歷年來，賦稅統計年報。

二、英文部分

A. B. Laffer, "An Equilibrium Rational Macroeconomics Eramework" in *Economic Issues of the Eighties*, ed. by N. M. Kamray and R. H. Day, The John Hopkines University Press, 1980.

A. C. Harberger, Taxation and Welfare, University of Chicage Press, 1974.

A. C. Harberger, The Incidence of the Corporation Income Tax, *Journal of Political Economy*, June 1962.

A. Skouras, The Non-Neutrality of Land Taxation Public Finance, Vol, XXXⅢ, No. 1-2, 1978.

Adam Smith, An Inquiry into the Nature and Causes of the Wealth of Nations, 1776.

B. P. Herder, Modern Public Finance, Illinois, Richard D. Inwin Inc. 1971, chap. 19.

E. D. Fagan and R. W. Jastram, Tax Shifting in the Short-run Quarterly *Journal of Economic,* August 1939.

E. R. A. Seligman, The Shifting and Incidence of Taxation, New York, Columbia University Press 1927.

Jonathon Skinner and Joel Slemrod, An Economic Perspective Evasion, *National Tax Journal*, Vol, 38, No. 3, Sept. 1985.

J. Tobin, Is a Negative Income Tax Practical? *The Yale Law Journal,* vol. 77, No. 1, Nov, 1967.

K. J. Arrow, The Role of Securities in the Optimal Allocation of Risk - Bearing Review of Economic Studies, vol. 41, 1964.

M. Friedman, capitalism and Freedom, The University of Chicago Press,

1962.

Michael W. Spicer, Civilization at a Discount: The Problem of Tax Evasion, *National Tax Journal*, Vol. 39, No. 1, March 1986.

R. A. Musgrave, The Theory of Public Finance, McGraw - Hill, 1959.

R. A. Musgrave and P. B. Musgrave, Public Finance in Theory and Practice, New York McGraw-Hill, Inc. 1980.

R. H. Coarse, The Problem of Social Cost, *Journal of Law and Economics*. Vol. 3, Oct., 1960.

W. D. Klemperer, Forest and the Property Tax,──A. Reexamination, *National Tax Journal*, vol. 27, No: 4, 1974.

三、日文部分

山之內光躬、日向寺純雄共著，現代財政の基礎理論，稅務經理協會發行，東京，1988 年。

山本守之著，新土地稅制，日本實業出版社發行，東京，1991 年，初版。

今西芳治等共著，現代財政理論，世界書院發行，東京，1987 年，第一版。

目良浩一等共著，土地稅制の研究，日本住宅總合センター發行，東京，1992 年，初版。

日本地方財政學會編，稅制改革の國際比較，勁草書房發行，東京，1995 年，第一版。

宮本憲一·植田和弘編，日本の土地問題と土地稅制，勁草書房發行，東京，1994 年，第一版。

青野勝廣著，土地稅制の經濟分析、勁草書房發行，東京，1991 年，第一版。

野口悠紀雄著，土地の經濟學，日本經濟新聞社，東京，1989 年，第

一版。

鶴田廣已·藤岡純一編著，稅制改革への視點，中央經濟社發行，東京，1988年，第一版。

附錄

土地稅法

民國六十六年七月十四日總統令制定公布全文五十九條條文

民國六十八年七月二十五日總統令修正公布第三十四條條文

民國七十八年十月三十日總統令修正公布第五十九條條文

民國八十二年七月三十日總統令公布刪除第五十六條條文

民國八十三年一月七日總統令修正公布第三十九及三十九條
之一條條文

民國八十四年一月十八日總統令修正公布第三十一及五十五
條之二條條文

民國八十六年一月十五日總統令修正公布第三十條條文

民國八十六年五月二十一日總統令修正公布第三十九條：並
增訂第二十八條之二條條文

民國八十六年十月二十九日總統令修正公布第三十條條文

民國八十九年一月二十六日總統令修正公布第十、三十九條
之二：增訂第三十九條之三：並刪除第五十五條之二條條
文

民國九十年六月十三日總統令修正公布第二、七、十三、二
十五及五十九條：並增訂第三條之一、五條之二、二十八
條之三及三十一條之一條條文；並自九十年七月一日起施
行

民國九十一年一月三十日總統令修正公布第三十三條條文

民國九十三年一月十四日總統令修正公布第二十八條之二及第三十三條條文

民國九十四年一月三十日總統令修正公布第三十三條條文

民國九十六年七月十一日總統令修正公布第五十四條條文

民國九十八年十二月三十日總統令修正公布第三十一及三十四條條文

民國九十九年十一月二十四日總統令修正公布第五十四條條文

第一章　總則

第一節　一般規定

第一條　（土地稅之分類）

土地稅分為地價稅、田賦及土地增值稅。

第二條　（主管機關）

本法之主管機關：在中央為財政部；在直轄市為直轄市政府；在縣（市）為縣（市）政府。

田賦實物經收機關為直轄市、縣（市）糧政主管機關。

第三條　（納稅義務人）

地價稅或田賦之納稅義務人如左：

一、土地所有權人。

二、設有典權土地，為典權人。

三、承領土地，為承領人。

四、承墾土地，為耕作權人。

前項第一款土地所有權屬於公有或公同共有者，以管理機關或管理人為納稅義務人；其為分別共有者，地價稅以共有人各按其應有部分為納稅義務人；田賦以共有所推舉之代表為納稅義務人，未推舉

　　代表人者，以共有人各按其應有部分為納稅義務人。

第三條之一　（合併計算地價總額）

　　土地為信託財產者，於信託關係存續中，以受託人為地價稅或田賦之納稅義務人。

　　前項土地應與委託人在同一直轄市或縣（市）轄區內之所有土地合併計算地價總額，依第十六條規定稅率課徵地價稅，分別就各該土地地價占地價總額之比例，計算其應納之地價稅。但信託利益之受益人為非委託人且符合左列各款規定者，前項土地應與受益人在同一直轄市或縣（市）轄區內所有之土地合併計算地價總額：

　　　一、受益人已確定並享有全部信託利益者。

　　　二、委託人未保留變更受益人之權利者。

第四條　（代繳）

　　土地有左列情形之一者，主管稽徵機關得指定土地使用人負責代繳其使用部分之地價稅或田賦。

　　　一、納稅義務人行蹤不明者。

　　　二、權屬不明者。

　　　三、無人管理者。

　　　四、土地所有權人申請占有人代繳者。

　　土地所有權人在同一直轄市、縣（市）內有兩筆以上土地，為不同之使用人所使用時，如土地所有權人之地價稅係按累進稅率計算，各土地使用人應就所使用土地之地價比例，負代繳地價稅之義務。

　　第一項第一款至第三款代繳義務人代繳之地價稅或田賦，得抵付使用期間應付之地租或向納稅義務人求償。

第五條　（增值稅之納稅義務人）

　　土地增值稅之納稅義務人如左：

　　　一、土地為有償移轉者，為原所有權人。

　　　二、土地為無償移轉者，為取得所有權之人。

　　三、土地設定典權者，為出典人。

　前項所稱有償移轉，指買賣、交換、政府照價收買或徵收等方式之移轉；所稱無償移轉，指遺贈及贈與等方式之移轉。

第五條之一　　（增值稅之代繳）

　　土地所有權之移轉，其應納之土地增值稅，納稅義務人未於規定期限內繳納者，得由取得所有權之人代為繳納。依平均地權條例第四十七條規定由權利人單獨申報土地移轉現值者，其應納之土地增值稅，應由權利人代為繳納。

第五條之二　　（課徵土地增值稅）

　　受託人就受託土地，於信託關係存續中，有償移轉所有權、設定典權或信託法第三十五條第一項規定轉為其自有土地時，以受託人為納稅義務人，課徵土地增值稅。

　　以土地為信託財產，受託人依信託本旨移轉信託土地與委託以外之歸屬權利人時，以該歸屬權利人為納稅義務人，課徵土地增值稅。

第六條　　（減免）

　　為發展經濟，促進土地利用，增進社會福利，對於國防、政府機關、公共設施、騎樓走廊、研究機構、教育、交通、水利、給水、鹽業、宗教、醫療、衛生、公私墓、慈善或公益事業及合理之自用住宅等所使用之土地，及重劃、墾荒、改良土地者，得予適當之減免；其減免標準及程序，由行政院定之。

　第二節　名詞定義

第七條　　（公有土地）

　　本法所稱公有土地，指國有、直轄市有、縣（市）有及鄉、鎮（市）有之土地。

第八條　　（都市土地）

　　本法所稱都市土地，指依法發布都市計畫範圍內之土地；所稱非都

市土地，指都市土地以外之土地。

第九條　（自用住宅用地）

本法所稱自用住宅用地，指土地所有權人或其配偶、直系親屬於該地辦竣戶籍登記，且無出租或供營業用之住宅用地。

第十條　（農業用地）

本法所稱農業用地，指非都市土地或都市土地農業區、保護區範圍內土地，依法供下列使用者：

一、供農作、森林、養殖、畜牧及保育業使用者。

二、供與農業經營不可分離之農舍、畜禽舍、倉儲設備、曬場、集貨場、農路、灌溉、排水及其他農用之土地。

三、農民團體與合作農場所有直接供農業使用之倉庫、冷凍（藏）庫、農機中心、蠶種製造（繁殖）場、集貨場、檢驗場等用地。

本法所稱工業用地，指本法核定之工業區土地及政府核准工業或工廠使用之土地；所稱礦業用地指供礦業實際使用地面之土地。

第十一條　（空地）

本法所稱空地，指已完成道路、排水及電力設施，於有自來水地區並已完成自來水系統，而仍未依法建築使用；或雖建築使用，而其建築改良物價值不及所占基地申報地價百分之十，且經直轄市或縣（市）政府認定應予增建、改建或重建之私有及公有非公用建築用地。

第十二條　（公告現值）

本法所稱公告現值，指直轄市及縣（市）政府依平均地權條例公告之土地現值。

第十三條　（田賦用詞之定義）

本法課徵田賦之用詞定義如左：

一、地目：指各直轄市、縣（市）地籍冊所載之土地使用類別。

二、等則：指按各種地目土地單位面積全年收益或地價高低所區分
　　之賦率等級。

三、賦元：指按各種地目等則土地單位面積全年收益或地價釐定全
　　年賦額之單位。

四、賦額：指依每種地目等則之土地面積，乘各該地目等則單位面
　　積釐定之賦元所得每筆土地全年賦元之積。

五、實物：指各地區徵收之稻穀、小麥或就其折徵之他種農作產
　　物。

六、代金：指按應徵實物折徵之現金。

七、夾雜物：指實物中含帶之沙、泥、土、石、稗子等雜物。

第二章　地價稅

第十四條　（課稅土地）

　　已規定地價之土地，除依第二十二條規定課徵田賦者外，應課徵地
　　價稅。

第十五條　（計徵基礎）

　　地價稅按每一土地所有權人在每一直轄市或縣（市）轄區內之地價
　　總額計徵之。

　　前項所稱地價總額，指每一土地所有權人依法定程序辦理規定地價
　　或重新規定地價，經核列歸戶冊之地價總額。

第十六條　（稅率）

　　地價稅基本稅率為千分之十。土地所有權人之地價總額未超過土地
　　所在地直轄市或縣（市）累進起點地價者，其地價稅按基本稅率徵
　　收；超過累進起點地價者，依下列規定累進課徵：

一、超過累進起點地價未達五倍者，就其超過部分課徵千分之十
　　五。

二、超過累進起點地價五倍至十倍者，就其超過部分課徵千分之二

　　十五。

三、超過累進起點地價十倍至十五倍者，就其超過部分課徵千分之
　　三十五。

四、超過累進起點地價十五倍至二十倍者，就其超過部分課徵千分
　　之四十五。

五、超過累進起點地價二十倍以上者，就其超過部分課徵千分之五
　　十五。

前項所稱累進起點地價，以各該直轄市或縣（市）土地七公畝之平
均地價為準。但不包括工業用地、礦業用地、農業用地及免稅土地
在內。

第十七條　（稅率）

合於左列規定之自用住宅用地，其地價稅按千分之二計徵：

一、都市土地面積未超過三公畝部分。

二、非都市土地面積未超過七公畝部分。

國民住宅及企業或公營事業興建之勞工宿舍，自動工興建或取得土
地所有權之日起，其用地之地價稅，適用前項稅率計徵。

土地所有權人與其配偶及未成年之受扶養親屬，適用第一項自用住
宅用地稅率繳納地價稅者，以一處為限。

第十八條　（工業用地等之特別稅率）

供左列事業直接使用之土地，按千分之十計徵地價稅。但未按目的
事業主管機關核定規劃使用者，不適用之：

一、工業用地、礦業用地。

二、私立公園、動物園、體育場所用地。

三、寺廟、教堂用地、政府指定之名勝古蹟用地。

四、經主管機關核准設置之加油站及依都市計畫法規定設置之供公
　　眾使用之停車場用地。

五、其他經行政院核定之土地。

在依法劃定之工業區或工業用地公告前，已在非工業區或工業用地設立之工廠，經政府核准有案者，其直接供工廠使用之土地，準用前項規定。

第一項各級土地之地價稅，符合第六條減免規定者，依該條減免之。

第十九條　（稅率）

都市計畫公共設施保留地，在保留期間仍為建築使用者，除自用住宅用地依第十七條之規定外，統按千分之六計徵地價稅；其未作任何使用並與使用中之土地隔離者，免徵地價稅。

第二十條　（稅率）

公有土地按基本稅率徵收地價稅。但公有土地供公共使用者，免徵地價稅。

第二十一條　（空地稅）

凡經直轄市或縣（市）政府核定應徵空地稅之土地，按該宗土地應納地價稅基本稅額加徵二至五倍之空地稅。

第三章　田賦

第二十二條　（田賦徵收對象）

非都市土地依法編定之農業用地或未規定地價者，徵收田賦。但都市土地合於左列規定者，亦同。

一、依都市計畫編為農業區及保護區，限作農業用地使用者。

二、公共設施尚未完竣前，仍作農業用地使用者。

三、依法限制建築，仍作農業用地使用者。

四、依法不能建築，仍作農業用地使用者。

五、依都市計畫編為公共設施保留地，仍作農業用地使用者。

前項第二款及第三款，以自耕農地及依耕地三七五減租條例出租之耕地為限。

農民團體與合作農場所有直接供農業使用之倉庫、冷凍（藏）庫、農機中心、蠶種製造（繁殖）場、集貨場、檢驗場、水稻育苗用地、儲水池、農用溫室、農產品批發市場等用地，仍徵收田賦。

公有土地供公共使用及都市計畫公共設施保留地在保留期間未作任何使用並與使用中之土地隔離者，免徵田賦。

第二十二條之一　（荒地稅徵收對象）

農業用地閒置不用，經直轄市或縣（市）政府報經內政部核准通知限期使用或命其委託經營，逾期仍未使用或委託經營者，按應納田賦加徵一倍至三倍之荒地稅；經加徵荒地稅滿三年，仍不使用者，得照價收買。但有左列情形之一者不在此限：

一、因農業生產或政策之必要而休閒者。

二、因地區性生產不經濟而休耕者。

三、因公害污染不能耕作者。

四、因灌溉、排水設施損壞不能耕作者。

五、因不可抗力不能耕作者。

前項規定之實施辦法，依平均地權條例有關規定辦理。

第二十三條　（徵收實物與代金）

田賦徵收實物，就各地方生產稻穀或小麥徵收之。不產稻穀或小麥之土地及有特殊情形地方，得按應徵實物折徵當地生產雜糧或折徵代金。

實物計算一律使用公制衡器，以公斤為單位，公兩以下四捨五入。代金以元為單位。

第二十四條　（徵收標準）

田賦徵收實物，依左列標準計徵之：

一、徵收稻穀區域之土地，每賦元徵收稻穀二十七公斤。

二、徵收小麥區域之土地，每賦元徵收小麥二十五公斤。

前項標準，得由行政院視各地土地稅捐負擔情形，酌予減低。

第二十五條　（驗收標準）

實物驗收，以新穀同一種類、質色未變及未受蟲害者為限；其所含沙、石、泥、土、稗子等類雜物及水分標準如左：

一、稻穀：夾雜物不得超過千分之五，水分不得超過百分之十三，重量一公石在五十三公斤二公兩以上者。

二、小麥：夾雜物不得超過千分之四，水分不得超過百分之十三，重量一公石在七十四公斤以上者。

因災害、季節或特殊情形，難達前項實物驗收標準時，得由直轄市、縣（市）政府視實際情形，酌予降低。

第二十六條　（隨賦徵購實物）

徵收實物地方，得視當地糧食生產情形，辦理隨賦徵購實物；其標準由行政院核定之。

第二十七條　（地目調整）

徵收田賦土地，因交通、水利、土壤及水土保持等因素改變或自然變遷，致其收益有增減時，應辦理地目等則調整；其辦法由中央地政主管機關定之。

第二十七條之一　（停徵田賦）

為調劑農業生產狀況或因應農業發展需要，行政院得決定停徵全部或部分田賦。

第四章　土地增值稅

第二十八條　（課徵時機）

已規定地價之土地，於土地所有權移轉時，應按其土地漲價總數額徵收土地增值稅。但因繼承而移轉之土地，各級政府出售或依法贈與之公有土地，及受贈之私有土地，免征土地增值稅。

第二十八條之一　（免徵對象）

私人捐贈供興辦社會福利事業或依法設立私立學校使用之土地，免

徵土地增值稅。但以符合左列各款規定者為限：

一、受贈人為財團法人。

二、法人章程載明法人解散時，其剩餘財產歸屬當地地方政府所有。

三、捐贈人未以任何方式取得所捐贈土地之利益。

第二十八條之二　（配偶贈與土地免增值稅）

配偶相互贈與之土地，得申請不課徵土地增值稅。但於再移轉第三人時，以該土地第一次贈與前之原規定地價或前次移轉現值為原地價，計算漲價總數額，課徵土地增值稅。

前項受贈土地，於再移轉計課土地增值稅時，贈與人或受贈人於其具有土地所有權之期間內，有支付第三十一條第一項第二款改良土地之改良費用或同條第三項增繳之地價稅者，準用該條之減除或抵繳規定；其為經重劃之土地，準用第三十九條第四項之減徵規定。

該項再移轉土地，於申請適用第三十四條規定稅率課徵土地增值稅時，其出售前一年內未曾供營業使用或出租之期間，應合併計算。

第二十八條之三（不課徵土地增值稅之情形）

土地為信託財產者，於左列各款信託關係人間移轉所有權，不課徵土地增值稅：

一、因信託行為成立，委託人與受託人間。

二、信託關係存續中受託人變更時，原受託人與新受託人間。

三、信託契約明定信託財產之受益人為委託人者，信託關係消滅時，受託人與受益人間。

四、因遺囑成立之信託，於信託關係消滅時，受託人與受益人間。

五、因信託行為不成立、無效、解除或撤銷，委託人與受託人間。

第二十九條　（出典地增值稅之退還）

已規定地價之土地，設定典權時，出典人應依本法規定預繳土地增值稅。但出典人回贖時，原繳之土地增值稅，應無息退還。

第三十條 （申報移轉現值審核標準）

土地所有權移轉或設定典權，其申報移轉現值之審核標準，依左列規定：

一、申報人於訂定契約之日起三十日內申報者，以訂約日當期之公告土地現值為準。

二、申報人逾訂定契約之日起三十日始申報者，以受理申報機關收件日當期之公告土地現值為準。

三、遺贈之土地，以遺贈人死亡日當期之公告土地現值為準。

四、依法院判決移轉登記者，以申報人向法院起訴日當期之公告土地現值為準。

五、經法院拍賣之土地，以拍定之當期之公告土地現值為準。但拍定價額低於公告土地現值者，以拍定價額為準；拍定價額如已先將設定抵押金額及其他債務予以扣除者，應以併同計算之金額為準。

六、經政府核定照價收買或協議購買之土地，以政府收買日或購買日當期公告土地現值為準。但政府給付之地價低於收買日或購買日當期之公告土地現值者，以政府給付之地價為準。

前項第一款至第四款申報人申報之移轉現值，經審核低於公告土地現值者，得由主管機關照其自行申報之移轉現值收買或照公告土地現值徵收土地增值稅。前項第一款至第三款之申報移轉現值，經審核超過公告土地現值者，應以其自行申報之移轉現值為準，徵收土地增值稅。

八十六年一月十七日本條修正公布生效日後經法院判決移轉、法院拍賣、政府核定照價收買或協議購買之案件，於本條修正公布生效日尚未核課或尚未核課確定者，其申報移轉現值之審核標準適用第一項第四款至第六款及第二項規定。

第三十條之一 （免徵土地增值稅之移轉現值與免稅證明）

依法免徵土地增值稅之土地，主管稽徵機關應依左列規定核定其移轉現值並發給免稅證明，以憑辦理土地所有權移轉登記：

一、依第二十八條規定免徵土地增值稅之公有土地，以實際出售價額為準；各級政府贈與或受贈之土地，以贈與契約訂約日當期之公告土地現值為準。

二、依第二十八條之一規定，免徵土地增值稅之私有土地，以贈與契約訂約日當期之公告土地現值為徵。

三、依第三十九條之一第二項規定，免徵土地增值稅之抵價地，以區段徵收時實際領回抵價地之地價為準。

四、依第三十九條之二第一項規定，免徵土地增值稅之農業用地，以權利變更之日當期之公告土地現值為準。

第三十一條　（漲價總數額之計算）

土地漲價總數額之計算，應自該土地所有權移轉或設定典權時，經核定之申報移轉現值中減除下列各項後之餘額，為漲價總數額：

一、規定地價後，未經過移轉之土地，其原規定地價。規定地價後，曾經移轉之土地，其前次移轉現值。

二、土地所有權人為改良土地已支付之全部費用，包括已繳納之工程受益費、土地重劃費用及因土地使用變更而無償捐贈一定比率土地作為公共設施用地者，其捐贈時捐贈土地之公告現值總額。

前項第一款所稱之原規定地價，依平均地權條例之規定；所稱前次移轉時核計土地增值稅之現值，於因繼承取得之土地再行移轉者，係指繼承開始時該土地之公告現值。但繼承前依第三十條之一第三款規定領回區段徵收抵價地之地價高於繼承開始時該土地之公告現值者應從高認定。

土地所有權人辦理土地移轉繳納土地增值稅時，在其持有土地期間內，因重新規定地價增繳之地價稅，就其移轉土地部分，准予抵繳

其應納之土地增值稅。但准予抵繳之總額，以不超過土地移轉時應繳增值稅總額百分之五為限。

前項增繳之地價稅抵繳辦法，由行政院規定之。

第三十一條之一　（課徵土地增值稅）

依第二十八條之三規定不課徵土地增值稅之土地，於所有權移轉、設定典權或依信託法第三十五條第一項規定轉為受託人自有土地時，以該土地不課徵土地增值稅前之原規定地價或最近一次經核定之移轉現值為原地價，計算漲價總數額，課徵土地增值稅。但屬第三十九條第二項但書規定情形者，其原地價之認定，依其規定。

因遺囑成立之信託，於成立時以土地為信託財產者，該土地有前項應課徵土地增值稅之情形時，其原地價指遺囑人死亡日當期之公告土地現值。

前二項土地，於計課土地增值稅時，委託人或受託人於信託前或信託關係存續中，有支付第三十一條第一項第二款改良土地之改良費用或同條第三項增繳之地價稅者，準用該條之減除或抵繳規定。

第三十二條　（物價變動之調整）

前條之原規定地價及前次移轉時核計土地增值稅之現值，遇一般物價有變動時，應按政府發布之物價指數調整後，再計算其土地漲價總數額。

第三十三條　（稅率）

土地增值稅之稅率，依下列規定：

一、土地漲價總數額超過原規定地價或前次移轉時核計土地增值稅之現值數額未達百分之一百者，就其漲價總數額徵收增值稅百分之二十。

二、土地漲價總數額超過原規定地價或前次移轉時核計土地增值稅之現值數額在百分之一百以上未達百分之二百者，除按前款規定辦理外，其超過部分徵收增值稅百分之三十。

三、土地漲價總數額超過原規定地價或前次移轉時核計土地增值稅
　　之現值數額在百分之二百以上者，除按前二款規定分別辦理
　　外，其超過部分徵收增值稅百分之四十。

因修正前項稅率造成直轄市政府及縣（市）政府稅收之實質損失，
於財政收支劃分法修正擴大中央統籌分配稅收規模之規定施行前，
由中央政府補足之，並不受預算法第二十三條有關公債收入不得充
經常支出之用之限制。

前項實質損失之計算，由中央主管機關與直轄市政府及縣（市）政
府協商之。

公告土地現值應調整至一般正常交易價格。

全國平均之公告土地現值調整達一般正常交易價格百分之九十以上
時，第一項稅率應檢討修正。

持有土地年限超過二十年以上者，就其土地增值稅超過第一項最低
稅率部分減徵百分之二十。

持有土地年限超過三十年以上者，就其土地增值稅超過第一項最低
稅率部分減徵百分之三十。

持有土地年限超過四十年以上者，就其土地增值稅超過第一項最低
稅率部分減徵百分之四十。

第三十四條　（稅徵標準及土增稅優惠稅率之適用）

　　土地所有權人出售其自用住宅用地者，都市土地面積未超過三公畝
　　部分或非都市土地面積未超過七公畝部分，其土地增值稅統就該部
　　分之土地漲價總數額按百分之十徵收之；超過三公畝或七公畝者，
　　其超過部分之土地漲價總數額，依前條規定之稅率徵收之。

　　前項土地於出售前一年內，曾供營業使用或出租者，不適用前項規
　　定。

　　第一項規定於自用住宅之評定現值不及所占基地公告土地現值百分
　　之十者，不適用之。但自用住宅建築工程完成滿一年以上者不在此

限。

土地所有權人，依第一項規定稅率繳納土地增值稅者，以一次為限。

土地所有權人適用前項規定後，再出售其自用住宅用地，符合下列各款規定者，不受前項一次之限制：

一、出售都市土地面積未超過一點五公畝部分或非都市土地面積未超過三點五公畝部分。

二、出售時土地所有權人與其配偶及未成年子女，無該自用住宅以外之房屋。

三、出售前持有該土地六年以上。

四、土地所有權人或其配偶、未成年子女於土地出售前，在該地設有戶籍且持有該自用住宅連續滿六年。

五、出售前五年內，無供營業使用或出租。

因增訂前項規定造成直轄市政府及縣（市）政府稅收之實質損失，於財政收支劃分法修正擴大中央統籌分配稅款規模之規定施行前，由中央政府補足之，並不受預算法第二十三條有關公債收入不得充經常支出之用之限制。

前項實質損失之計算，由中央主管機關與直轄市政府及縣（市）政府協商之。

第三十四條之一　（以自用住宅用地稅率課徵土地增值稅）

土地所有權人申請按自用住宅用地稅率課徵土地增值稅，應於土地現值申報書註明自用住宅字樣，並檢附戶口名簿影本及建築改良物證明文件；其未註明者，得於繳納期間屆滿前，向當地稽徵機關補行申請，逾期不得申請依自用住宅用地稅率課徵土地增值稅。

土地所有權移轉，依規定由權利人單獨申報土地移轉現值或無須申報土地移轉現值之案件，稽徵機關應主動通知土地所有權人，其合於自用住宅用地要件者，應於收到之次日起三十日內提出申請，逾

期申請者，不得適用自用住宅用地稅率課徵土地增值稅。

第三十五條　　（退稅）

土地所有權人於出售土地或土地被徵收後，自完成移轉登記或領取補償地價之日起，二年內重購土地合於左列規定，其新購土地地價超過原出售土地地價或補償地價，扣除繳納土地增值稅後之餘額者，得向主管稽徵機關申請就其已納土地增值稅額內，退還其不足支付新購土地地價之數額：

一、自用住宅用地出售或被徵收後，另行購買都市土地未超過三公畝部分或非都市土地未超過七公畝部分，仍作自用住宅用地者。

二、自營工廠用地出售或被徵收後，另於其他都市計畫工業區或政府編定之工業用地內購地設廠者。

三、自耕之農業用地出售或被徵收後，另行購買仍供自耕之農業用地者。

前項規定土地所有權人於先購買土地後，自完成移轉登記之日起二年內，始行出售土地或土地始被徵收者，準用之。

第一項第一款及第二項規定，於土地出售前一年內，曾供營業使用或出租者，不適用之。

第三十六條　　（原出售土地地價、新購土地地價）

前條第一項所稱原出售土地地價，以該次移轉計徵土地增值稅之地價為準。所稱新購土地地價，以該次移轉計徵土地增值稅之地價為準；該次移轉課徵契稅之土地，以該次移轉計徵契稅之地價為準。

第三十七條　　（追繳）

土地所有權人因重購土地退還土地增值稅者，其重購之土地，自完成移轉登記之日起，五年內再行移轉時，除就該次移轉之漲價總數額課徵土地增值稅外，並應追繳原退還稅款；重購之土地，改作其他用途者亦同。

第三十八條　　（刪除）

第三十九條　　（被徵收土地增值稅之減免）

被徵收之土地，免徵其土地增值稅。

依都市計畫法指定之公共設施保留地尚未被徵收前之移轉，準用前項規定，免徵土地增值稅。但經變更為非公共設施保留地後再移轉時，以該土地第一次免徵土地增值稅前之原規定地價或前次移轉現值為原地價，計算漲價總數額，課徵土地增值稅。

依法得徵收之私有土地，土地所有權人自願按公告土地現值之價格售與需地機關者，準用第一項之規定。

經重劃之土地，於重劃後第一次移轉時，其土地增值稅減徵百分之四十。

第三十九條之一　　（區段徵收土地土地增值稅之減免與課徵）

區段徵收之土地，以現金補償其地價者，依前條第一項規定，免徵其土地增值稅。但依平均地權條例第五十四條第三項規定因領回抵價地不足最小建築單位面積而領取現金補償者，亦免徵土地增值稅。

區段徵收之土地依平均地權條例第五十四條一項、第二項規定以抵價地補償其地價者，免徵土地增值稅。但領回抵價地後第一次移轉時，應以原土地所有權人實際領回抵價地之地價為原地價，計算漲價總數額，課徵土地增值稅，準用前條第三項之規定。

（編按：本條第二項中「準用前條第三項」，為修法上之疏漏，未為修正；「準用前條第四項」始為正確者）

第三十九條之二　　（農業用地之增值稅）

作農業使用之農業用地，移轉與自然人時，得申請不課徵土地增值稅。

前項不課徵土地增值稅之土地承受人於其具有土地所有權人期間內，曾經有關機關查獲該土地未作農業使用且未在有關機關所令期

間內恢復作農業使用，或雖在有關機關所令期限內已恢復作農業使
用而再有未作農業使用情事時，於再移轉時應課徵土地增值稅。

前項所定土地承受人有未作農業使用之情事，於配偶間相互贈與之
情形，應合計算。

作農業使用之農業用地，於本法中華民國八十九年一月六日修正施
行後第一次移轉，或依第一項規定取得不課徵土地增值稅之土地後
再移轉，依法應課徵土地增值稅時，以該修正施行日當期之公告土
地現值為原地價，計算漲價總數額，課徵土地增值稅。

本法中華民國八十九年一月六日修正施行後，曾經課徵土地增值稅
之農業用地再移轉，依法應課徵土地增值稅時，以該土地最近一次
課徵土增值稅時核定之申報移轉現值為原地價，計算漲價總數額，
課徵土地增值稅，不適用前項規定。

第三十九條之三　　（申請免徵土地增值稅之程序）

依前條第一項規定申請不課徵土地增值稅，應由權利人及義務人於
申報土地移轉現值時，於土地現值申報書註明農業用地字樣提出申
請；其未註明者，得於土地增值稅繳納期間屆滿前補行申請，逾期
不得申請不課徵土地增值稅。但依規定得由權利人單獨申報土地移
轉現值者，該權利人得單獨提出申請。

農業用地移轉，其屬無須申報土地移轉現值者，主管稽徵機關應通
知權利人及義務人，其屬權利人單獨申報土地移轉現值者，應通知
義務人，如合於前條第一項規定不課徵土地增值稅之要件者，權利
人或義務人應於收到通知之次日起三十日內提出申請，逾期不得申
請不課徵土地贈值稅。

第五章　稽徵程序

第四十條　（稽徵程序）

地價稅由直轄市或縣（市）主管稽徵機關按照地政機關編送之地價
歸戶冊及地籍異動通知資料核定，每年徵收一次，必要時得分二期

徵收；其開徵日期，由省（市）政府定之。

第四十一條　（特別稅率之申請）

依第十七條及第十八條規定，得適用特別稅率之用地，土地所有權
人應於每年（期）地價稅開徵四十日前提出申請，逾期申請者，自
申請之次年期開始適用。前已核定而用途未變更者，以後免再申
請。

適用特別稅率之原因、事實消滅時，應即向主管稽徵機關申報。

第四十二條　（公告）

主管稽徵機關應於每年（期）地價稅開徵六十日前，將第十七條及
第十八條適用特別稅率課徵地價稅之有關規定及其申請手續公告周
知。

第四十三條　（公告）

主管稽徵機關於查定納稅義務人每期應納地價稅額後，應填發地價
稅稅單，分送納稅義務人或代繳義務人，並將繳納期限、罰則、收
款公庫名稱地點、稅額計算方法等公告周知。

第四十四條　（繳納期限）

地價稅納稅義務人或代繳義務人應於收到地價稅稅單後三十日內，
向指定公庫繳納。

第四十五條　（田賦之核定及徵收）

田賦由直轄市及縣（市）主管稽徵機關依每一土地所有權人所有土
地按段歸戶後之賦額核定，每年以分上下二期徵收為原則，於農作
物收穫後一個月內開徵，每期應徵成數，得按每期實物收穫量之比
例，就賦額劃分計徵之。

第四十六條　（公告）

主管稽徵機關應於每期田賦開徵前十日，將開徵日期、繳納處所及
繳納須知等事項公告周知，並填發繳納通知單分送納稅義務人或代
繳義務人，持憑繳納。

第四十七條　（田賦繳納期限）

　　田賦納稅義務人或代繳義務人於收到田賦繳納通知單後，徵收實物者，應於三十日內向指定地點繳納；折繳代金者應於三十日內向公庫繳納。

第四十八條　（田賦實物代金之繳納期限）

　　田賦徵收實物之土地，因受環境或自然限制變更使用，申請改徵實物代金者，納稅義務人應於當地徵收實物之農作物普遍播種後三十日內，向鄉（鎮）（市）（區）公所申報。

　　申報折徵代金案件，鄉（鎮）（市）（區）公所應派員實地調查屬實後，列冊送由主管徵征機關會同當地糧食機關派員勘查核定。

第四十九條　（增值稅之核定）

　　土地所有權移轉或設定典權時，權利人及義務人應於訂定契約之日起三十日內，檢附契約影本及有關文件，共同向主管稽徵機關申報其土地移轉現值。但依規定得由權利人單獨申請登記者，權利人得單獨申報其移轉現值。

　　主管稽徵機關應於申報土地移轉現值收件之日起七日內，核定應納土地增值稅稅額，並填發稅單，送達納稅義務人。但申請按自用住宅用地稅率課徵土地增值稅之案件，其期間得延長為二十日。

　　權利人及義務人應於繳納土地增值稅後，共同向主管地政機關申請土地所有權移轉或設定典權登記。主管地政機關於登記時，發現該土地公告現值、原規定地價或前次移轉現值有錯誤者，立即移送主管稽徵機關更正重核土地增值稅。

第五十條　（增值稅繳納期限）

　　土地增值稅納稅義務人於收到土地增值稅繳納通知書後，應於三十日內向公庫繳納。

第五十一條　（繳清欠稅）

　　欠繳土地稅之土地，在欠稅未繳清前，不得辦理移轉登記或設定典權。

經法院拍賣之土地，依第三十條第一項第五款但書規定審定之移轉現值核定其土地增值稅者，如拍定價額不足扣繳土地增值稅時，拍賣法院應俟拍定人代為繳清差額後，再行發給權利移轉證書。

第一項所欠稅款，土地承受人得申請代繳或買價、典價內照數扣留完納；其屬代繳者，得向納稅義務人求償。

第五十二條　（代扣稅款）

經徵收或收買之土地，該管直轄市、縣（市）地政機關或收買機關，應檢附土地清冊及補償清冊，通知主管稽徵機關，核算土地增值稅及應納未納之地價稅或田賦，稽徵機關應於收到通知後十五日內，造具代扣稅款證明冊，送由徵收或收買機關，於發放價款或補償費時代為扣繳。

第六章　罰則

第五十三條　（滯納金）

納稅義務人或代繳義務人未於稅單所載限繳日期內繳清應納稅款者，每逾二日按滯納數額加徵百分之一滯納金；逾三十日仍未繳納者，移送法院強制執行。經核准以票據繳納稅款者，以票據兌現日為繳納日。

欠繳之田賦代金及應發或應追收欠繳之隨賦徵購實物價款，均應按照繳付或徵購當時政府核定之標準計算。

第五十四條　（罰鍰）

納稅義務人藉變更、隱匿地目等則或於適用特別稅率、減免地價稅或田賦之原因、事實消滅時，未向主管稽徵機關申報者，依左列規定辦理：

一、逃稅或減輕稅賦者，除追補應納部分外，處短匿稅額或賦額三　　倍之罰鍰。

二、規避繳納實物者，除追補應納部分外，處應繳田賦實物額一倍

之罰鍰。

土地買賣未辦竣權利移轉登記，再行出售者，處再行出售移轉現值百分之二之罰鍰。

第一項應追補之稅額或賦額、隨賦徵購實物及罰鍰，納稅義務人應於通知繳納之日起一個月內繳納之；屆期不繳納者，移送法院強制執行。

第五十五條　（追補）

依前條規定追補應納田賦時，實物部分按實物追收之；代金及罰鍰部分，按繳交時實物折徵代金標準折收之；應發隨賦徵購實物價款，按徵購時核定標準計發之。

第五十五條之一　（受贈土地之違規處罰）

依第二十八條之一受贈土地之財團法人，有左列情形之一者，除追補應納之土地增值稅外，並處應納土地增值稅額二倍之罰鍰：

一、未按捐贈目的使用土地者。

二、違反各該事業設立宗旨者。

三、土地收益未全部用於各該事業者。

四、經稽徵機關查獲或經人舉發查明捐贈人有以任何方式取得所捐贈土地之利益者。

第五十五條之二　（刪除）

第五十六條　（刪除）

第七章　附則

第五十七條　（施行區域）

本法施行區域，由行政院以命令定之。

第五十八條　（施行細則之訂定）

本法施行細則，由行政院定之。

第五十九條　（施行日）

本法自公布日施行。

本法九十年五月二十九日修正條文施行日期，由行政院定之。

國家圖書館出版品預行編目資料

土地稅之經濟分析／殷章甫著. ——初版.
——臺北市：五南, 2012.05
　面；　公分
ISBN 978-957-11-6590-5（平裝）
1.土地稅　2.經濟分析
567.24　　　　　　　　101002262

1K37

土地稅之經濟分析

作　　者 — 殷章甫

發 行 人 — 楊榮川

總 編 輯 — 王翠華

主　　編 — 張毓芬

責任編輯 — 侯家嵐

文字編輯 — 林秋芬

封面設計 — 盧盈良

排版公司 — 菩薩蠻數位文化有限公司

出 版 者 — 五南圖書出版股份有限公司

地　　址：106台北市大安區和平東路二段339號4樓

電　　話：(02)2705-5066　　傳　　真：(02)2706-6100

網　　址：http://wunan.com.tw

電子郵件：wunan@wunan.com.tw

劃撥帳號：01068953

戶　　名：五南圖書出版股份有限公司

台中市駐區辦公室／台中市中區中山路6號

電　　話：(04)2223-0891　　傳　　真：(04)2223-3549

高雄市駐區辦公室／高雄市新興區中山一路290號

電　　話：(07)2358-702　　傳　　真：(07)2350-236

法律顧問：元貞聯合法律事務所　張澤平律師

出版日期：2012年5月初版一刷

定　　價：新臺幣380元